O QUE FALTA PARA QUE O BRASIL TENHA UMA EFETIVA POLÍTICA DE EMPREENDEDORISMO?

A hipótese da dissonância cognitiva e a análise através do quadro de coalizões de defesa

O QUE FALTA PARA QUE O BRASIL TENHA UMA EFETIVA POLÍTICA DE EMPREENDEDORISMO?

A hipótese da dissonância cognitiva e a análise através do quadro de coalizões de defesa

Paulo Wilton Camara

Porto de Idéias
EDITORA

São Paulo, 2017

O que falta para que o Brasil tenha uma efetiva política de empreendedorismo?
A hipótese da dissonância cognitiva e a análise através do quadro de coalizões de defesa

Editor
Sebastião Haroldo de Freitas Corrêa Porto

Coordenação Editorial
Silvana Pereira de Oliveira

Diagramação
Otávio Silva

Capa
Nadya Hoffmann

Dados Internacionais de Catalogação na Publicação (CIP)
(Câmara Brasileira do Livro, SP, Brasil)

Camara, Paulo Wilton
O que falta para que o Brasil tenha uma efetiva política de empreendedorismo? : a hipótese da dissonância cognitiva e a análise através do quadro de coalizões de defesa / Paulo Wilton Camara. -- São Paulo : Porto de Idéias, 2017.
Bibliografia
ISBN 978-85-8061-146-5
1. Agendas 2. Coalizões de defesa 3. Desenvolvimento econômico 4. Empreendedorismo 5. Empresas - Crescimento 6. Micro e pequenas empresas 7. Políticas públicas I. Título.

17-09211 CDD-658.001

Índices para catálogo sistemático:
1. Empreendedorismo : Políticas públicas : Administração 658.001

Editora Porto de Idéias Ltda. | Rua Perdões, 101 | Aclimação | CEP 01529-030
São Paulo - SP - Brasil | Tel. (55) 11 3884-3814 | www.portodeideias.com.br

À Marina, Carlos Henrique, Maria Eduarda, Paulo Hamilton, Ana Beatriz e Maria Carolina, minhas grandes esperanças para um Brasil melhor.

A todos aqueles que empregam seu conhecimento e trabalho em prol do desenvolvimento.

O caminho até aqui

A elaboração deste livro tem como fonte a minha tese de doutorado[1]. Ela foi uma continuidade natural de estudo, como consequência da paixão e envolvimento, há muito, com tudo o que diz respeito ao empreendedorismo, às micro e pequenas empresas (MPEs), e mais recentemente, a esse direcionamento 'empreendedorismo e inovação'. Assim, o assunto aqui abordado surgiu da minha necessidade de maior aprofundamento e conhecimento sobre todo esse contexto.

No mestrado[2], tive a oportunidade de me envolver com as incubadoras de empresas, buscando entender as relações práticas e fundamentais entre a cultura do empreendedorismo e o sucesso daquelas instituições. Nesse particular, me ajudou muito a responsabilidade sobre a criação e gestão de uma incubadora (Soma Vassouras) em 2003, na Universidade Severino Sombra, em Vassouras / RJ.

Também foi de grande valia o período em que prestei serviços esporádicos para o Sebrae (Serviço Brasileiro de Apoio às Micro e Pequenas Empresas), de 2003 a 2012, como consultor e instrutor.

Fora do Brasil, os estudos do mestrado e do doutorado também me conduziram a experiências pontuais bastante ricas e produtivas, a partir do desenvolvimento de alguns trabalhos e pesquisas de campo, com visitas técnicas a empresas e instituições públicas, alicerçadas por um bom número de entrevistas com empresários locais. Essas experiências aconteceram em Madrid, Flórida e Cidade do México.

Pela vida profissional como administrador e professor, fui levado a buscar entender as principais dificuldades enfrentadas pelos vários empreendimentos em seus diversos mercados e como eles reagiam a essas dificuldades. Esse entendimento (ainda imperfeito) é fruto das duas dimensões profissionais que sempre atuaram em conjunto: a corporativa e a acadêmica.

---

1. Ciência Política (Políticas Públicas de empreendedorismo e inovação), 2016, IUPERJ.

2. Gestão Estratégica e Negócios (A relação entre a cultura empreendedora e o sucesso das incubadoras no Rio de Janeiro), 2004, UFRRJ.

A vivência corporativa me levou a ricas e interessantes experiências nas áreas de Gestão, Planejamento, Treinamento e Desenvolvimento, *Marketing*, Operações, Vendas, Logística, Promoções & Propaganda. Serei eternamente agradecido pelo conhecimento adquirido em verdadeiras escolas, como BCN, IBM do Brasil, PepsiCo (Rio, São Paulo e Manaus), Coca-Cola (Rio e Goiânia) e Philip Morris. Além disso, a oportunidade me levou a criar, em 1998 (e até hoje em atividade), a PW/TARGET Assessoria e Serviços Ltda., empresa de pequeno porte prestadora de serviços para organizações públicas e privadas, nas áreas de Planejamento, Gestão, Treinamento e Apoio Logístico.

A trajetória acadêmica iniciou-se em 1989 na extinta Universidade Gama Filho, tendo sido aprimorada em outras instituições, no Rio de Janeiro e em Goiânia. Nessa trajetória, em cursos de graduação e pós-graduação, foram trabalhadas disciplinas como Empreendedorismo, *Marketing*, Vendas, Planejamento e Gestão Estratégica. O trabalho de onze anos no Centro Universitário Augusto Motta - Unisuam - tem me direcionado, através da disciplina de Gestão Estratégica de Negócios, ao desenvolvimento de projetos de inovação (natural e obrigatoriamente associados ao empreendedorismo), aos quais são aplicados, pelos alunos, o aprendizado relativo ao conteúdo específico da disciplina. A coordenação do NAE[3] (2009 e 2011) também me oportunizou interessante e rico laboratório.

3. Núcleo de Apoio Empresarial, órgão da Unisuam responsável pela prestação de serviços de consultoria gratuita demandada por empresas situadas nos entornos de suas unidades.

Prefácio

Empreendedorismo!

A facilidade com que essa palavra vem sendo repetida nos últimos anos é diretamente proporcional à dificuldade que se tem em pronunciá-la rápida e corretamente. Por outro lado, é inversamente proporcional à verdadeira compreensão de seu significado e de suas implicações.

Na verdade, a palavra empreendedorismo tem sido repetida como se fosse uma panaceia capaz de, por si só, conduzir os países menos dinâmicos economicamente e mais socialmente desiguais ao eldorado do pleno desenvolvimento. Porém, e talvez até como consequência do vazio conceitual que essa repetição – que chega muitas vezes a ser exaustiva e enfadonha – representa e explicita, o que se observa no Brasil é que raramente o "apoio e o incentivo ao empreendedorismo" ultrapassam o âmbito do discurso.

"Incentivar o empreendedorismo" é uma ideia que, expressa de diferentes maneiras, está presente nos preâmbulos, exposição de motivos, justificativas, objetivos gerais e/ou todas as demais seções "conceituais" de praticamente todas as recentes políticas públicas de desenvolvimento econômico e social do país. E isso é válido para as três esferas da federação. Porém, os diversos indicadores relativos à atividade empreendedora evidenciam que o Brasil tem avançado muito pouco nesse campo. Diante de tanto discurso e de tão parcos resultados, a primeira pergunta que surge é: que erros cometemos nas nossas políticas públicas de empreendedorismo que faz com que, ao fim e ao cabo, não produzam resultados efetivos?

Uma primeira pista para a resposta aparece quando analisamos mais detidamente as ações previstas nas políticas públicas de desenvolvimento e as metas para elas estabelecidas. O que se observa é que muito pouco do que nelas está formalmente definido é capaz de, de fato, fomentar a o tão alardeado empreendedorismo. Em outras palavras, o discurso não se materializa em ações concretas.

Diante dessa constatação, surge para nós uma outra pergunta; muito provavelmente a verdadeira pergunta-chave: por que, afinal de contas, fala-se tanto em empreendedorismo como objetivo e tão pouco se estabelece de concreto nas políticas governamentais para o seu efetivo incentivo e consequente desenvolvimento no país. Oferecer ao leitor a compreensão de alguns dos processos que levam a essa realidade – dando assim, importantes componentes da resposta a essa pergunta – é, certamente, a principal contribuição desta obra.

Evidentemente, no prefácio devemos cuidar para não antecipar os resultados do estudo, o que privaria o leitor do prazer do desvelamento da obra. Mas creio que, sem incorrer nesse risco, posso destacar o que de mais original ela apresenta.

O primeiro ponto de destaque do trabalho é reconhecer que políticas públicas são produzidas a partir de disputas de grupos de interesses que se opõem ou se compõem em sua construção. E, a partir desse reconhecimento, buscar uma forma de compreender como tais interesses se articulam em torno das políticas que, ao menos, nominalmente, se referem ao empreendedorismo. Mais além, tratar essa questão por meio de uma ferramenta que possibilita elevado rigor metodológico, o Quadro de Coalizão de Defesa – QCD – é, sem dúvida alguma, uma significativa contribuição.

O segundo ponto que merece ênfase é analisar em que medida a própria compreensão do que é, de fato, "empreendedorismo" – compreensão essa que, como dissemos de início – não é nem trivial, nem disseminada – impacta na formulação das políticas no Brasil.

E mais não digo para não cair na armadilha da antecipação a que me referi há pouco. Deixo ao leitor o prazer de percorrer a obra e desvendá-la por si mesmo...

Mauro Oddo Nogueira, DSc.
Professor e Pesquisador do Ipea.

Sumário

Introdução

> The need to act is clear. Entrepreneurs have the power to create jobs and drive growth – but first we need to give them the tools and the environment that will enable them to succeed. (MARIA PINELLI, Global Vice Chair, Strategic Growth Markets, EY, 2013).

A premissa que norteia este livro considera o empreendedorismo como um fator de desenvolvimento e competitividade, situando o papel das políticas públicas nesse contexto.

Já desde o início da década passada, diversos autores apontavam para uma nova transformação da economia. Audretsch e Thurik (2001) chamam a atenção para as mudanças que vêm ocorrendo nos países da *Organisation for Economic Co-operation and Development* (OECD), onde a economia tradicional, chamada gerenciada, está cedendo lugar, cada vez mais, à economia empreendedora. Segundo os autores, o surgimento da economia empreendedora é uma resposta a dois aspectos fundamentais da globalização. O primeiro é o advento da concorrência de baixo custo, mas altamente qualificada na Europa Central e Oriental, bem como na Ásia. O segundo é o das telecomunicações e a revolução do microprocessador, que reduziu enormemente o custo de mudar a atividade econômica padronizada de locais de custo elevado, como a Europa, para locais de custo menor em outras partes do mundo.

Este posicionamento também é reforçado por Hart, referindo-se ao papel central dos empreendedores no processo de crescimento econômico nos Estados Unidos. Segundo o autor,

> o empreendedorismo é um fenômeno econômico digno de atenção daqueles que se preocupam com o crescimento econômico e, particularmente, a partir de todos os responsáveis pela manutenção desse crescimento. (HART, 2003, p. 3).

Além dos Estados Unidos, outros países também estão criando e/ou aprimorando as políticas públicas mais adequadas, no sentido de aproveitar o empreendedorismo como um partícipe dos esforços voltados para o desenvolvimento econômico. Por exemplo, temos na América Latina o México, que a partir de 2012 reestruturou as suas políticas de empreendedorismo com esse objetivo (ORTEGA e VILLA; ALMANZA, 2015). Na Europa, Portugal aproveitou a crise de 2008 para criar um plano nacional de incentivo ao empreendedorismo (LOURENÇO, 2016). Em outubro de 2013, o governo do Reino Unido aperfeiçoou as suas políticas públicas, lançando o programa *"Futuro-Fifty"* com o objetivo de promover as 50 empresas de crescimento mais rápido (MASON e BROWN, 2014).

Gomes et al. (2013) defendem que, do ponto de vista de políticas públicas, o empreendedorismo é um catalisador primário do crescimento econômico e do desenvolvimento regional. Segundo os autores, parece ainda não haver no Brasil, por parte do governo, um conhecimento explícito e ações coordenadas de estímulo ao empreendedorismo. Em geral, cada nível de governo possui diversas políticas que focam um desafio específico para a promoção do empreendedorismo. Entretanto, essas ações são desarticuladas e não se coordenam, com vistas a engendrar um plano de ação global para criar um ambiente mais propício ao empreendedorismo.

Na mesma linha, Mujione (2013, p. 2) afirma que no Brasil há ações fragmentadas de promoção de empreendedorismo sendo feitas. Mas

> o que falta, na verdade, é uma coordenação pública do governo, para que elas caminhem na mesma direção. Políticas econômicas, por exemplo, particularmente o comércio e o investimento, deveriam estar ligadas ao empreendedorismo.

Em que pese a pretensa retomada de uma política industrial a partir do primeiro governo Lula (KASAHARA e BOTELHO, 2016), no Brasil as políticas públicas de empreendedorismo ainda são representadas por iniciativas diversificadas e excessivamente fragmentadas de programas e ações direcionadas a Micro e Pequenas Empresas (MPEs) (NOGUEIRA e OLIVEIRA, 2013), carecendo de uma visão ampla sobre suas necessidades de forma segmentada e específica e consequentemente, de uma estratégia consolidada que se constitua em uma efetiva política pública (CAMARA, 2013, p. 21).

O escopo das políticas públicas pode – e deve – variar nas escolhas dos países, em razão das suas diferentes economias, políticas e legados institucionais (SIDNEY, 2007; WEIBLE et al., 2011). Independentemente desse contexto, o papel de uma efetiva política de empreendedorismo seria o de definir e implementar objetivos de forma sistêmica e administrar os recursos necessários para atingi-los.

Por um lado, diversos autores, como Arbix (2010), sugerem que no Brasil o empreendedorismo está assumindo lugar proeminente, pois se manifesta como mediador, tradutor, intérprete ou executor do trânsito entre o conhecimento novo e sua apropriação e/ou comercialização pelas empresas e não necessariamente as mesmas que estiveram na sua origem. Por outro, porém, em 2012 - quase uma década após a dita retomada da política industrial no país - o próprio governo assumia que ainda não havia uma gestão consolidada de ações e programas que pudesse ser percebida como uma política pública para o tema. Assim, já no início da presente década, o governo lançou para discussão o documento "Proposta de Teses e Diretrizes para a Política Nacional de Empreendedorismo e Negócios" (BRASIL, 2012), que foi disponibilizado em sistema de consulta pública no período de 12 de julho a 10 de outubro de 2012. Entretanto, até a presente data, não há evidência de que essa política pública se concretizou.

A busca de uma explicação para a ausência de implementação de tal política é o objeto do conteúdo deste livro. Ele procura identificar e analisar os fatores que teriam levado o Brasil a tal situação, a partir de uma análise da natureza e da trajetória evolutiva desses fatores.

Uma premissa que norteia essa explicação é o fato de que, no Brasil, o empreendedorismo é conceitual e institucionalmente reconhecido somente como a formação de novos negócios (MUJIONE, 2013). Logo, programas e ações governamentais perseguidos ao longo das últimas décadas, de incentivo ao empreendedorismo, não consideram as necessidades específicas dessas empresas nascentes. Ou seja, as atuais políticas oferecidas pelos diversos níveis de governo (municipal, estadual e federal) são dispersas e, mais importante, sem conexão, direcionadas ao conjunto de micro e pequenas empresas em geral. Ao considerar o todo, sem a necessária segmentação, não são identificadas as características e necessidades relacionadas aos variados segmentos e, como consequência, os programas, ações e recursos não são direcionados de forma pontual e objetiva. Por exemplo, um recente estudo da consultoria McKinsey apontou que o Brasil tem muito empreendedorismo, porém pouca inovação capaz de contribuir para o aumento de produtividade (JONES, 2016). Diferentemente, Portugal aproveitou a crise de 2008 para incentivar empreendedores, através de um plano nacional de estímulo, direcionado às *startups* (LOURENÇO, 2016).

Outra premissa sustenta que a "racionalidade econômica" dos decisores de políticas de desenvolvimento nos últimos 15 anos representa um forte obstáculo ao atendimento das necessidades da política de empreendedorismo. A racionalidade econômica (ou a sua crença), pode ser explicada em razão de que os governos, através de diversos instrumentos de política econômica nos níveis micro e macro, influenciam o comportamento dos agentes econômicos, nos seus processos de tomada de decisão (AUDRETSCH et al. 2007; MARTES, 2010; BRANDÃO, 2011). A gestão desses instrumentos de política econômica se traduz em efeitos sobre a demanda agregada de bens e serviços e consequentemente, sobre a produção, oferta de empregos e renda geral da população.

Constata-se que as ações governamentais ao longo desse período privilegiaram grandes grupos empresariais (como montadoras de veículos[4], grandes frigoríficos e fabricantes de eletrodomésticos, por exemplo) através da transferência de recursos por meio de financiamentos, redução de impostos e outros subsídios (LAZZARINI, 2011, p. 5). Esses grandes grupos empresariais, os denominados "campeões nacionais", foram escolhidos pelo governo por disporem de grande capacidade de geração de empregos, grande movimentação industrial e comercial associada e, consequentemente, possuírem grande peso nos resultados econômicos, tanto no mercado interno quanto na pauta de exportação. Assim, o foco nesses grandes grupos empresariais com vistas à obtenção de pretensos resultados em curto prazo, levou os decisores a deixar de perceber (propositalmente ou não) as possibilidades e o potencial empreendedor. Ou seja, parece não haver ocorrido a aprendizagem política na prática, vista como uma "lição de desenho": "uma conclusão orientada para a ação sobre programas em operação em outros lugares" (ROSE, 2005).

O conceito de empreendedorismo

Empreendedores estão no cerne da criação de empresas. Cantillon, em 1755, foi o primeiro estudioso a definir o empreendedor: "[...] portador de incertezas que compra mercadorias a um preço certo no presente para vender a um preço incerto no futuro" (CANTILLON, 1931

4. Em que pese a utilização do processo CKD.

apud IBGE, 2013). Na sequência, estudiosos de várias áreas cunharam diversos conceitos. Entretanto, a definição mais precisa e que deu uma contribuição essencial para o avanço do estudo do empreendedorismo foi Schumpeter (1934 apud IBGE, 2013), definindo o empreendedor como um inovador que modifica o mercado ao combinar recursos de novas maneiras. O IBGE adota a definição de Ahmad e Seymour (2008 apud IBGE, 2013), que segue a mesma linha de Schumpeter:

> empreendedores são pessoas, necessariamente donos de negócios, que buscam gerar valor por meio da criação ou expansão de alguma atividade econômica, identificando e explorando novos produtos, processos e mercados[5].

Por extensão, atividade empreendedora é a ação humana e empreendedorismo é o fenômeno associado a esta atividade.

Com o objetivo de construir uma teoria, Shane (2012) nos leva ao entendimento de duas definições, apresentadas de forma sucinta: (i) a que ele próprio defende, de que o empreendedorismo representa a identificação, avaliação e exploração de oportunidades e (ii) outra, centrando o empreendedorismo no estudo da formação de novas empresas.

Diferentes países adotam uma ou outra definição. No Brasil, consoante a explicação anterior e como será visto no decorrer desta leitura, percebe-se que a definição utilizada é a segunda, ou seja, o empreendedorismo é trabalhado apenas no sentido de criação de novos negócios. Entretanto, adotamos neste livro a primeira definição ("empreendedorismo representa a identificação, avaliação e exploração de oportunidades"), a qual entendemos ser a mais adequada para o contexto estudado, conforme também será percebido. Ou seja, a criação de um novo negócio não é o início do processo, mas sim uma consequência natural.

A introdução da noção de oportunidades mudou o foco do campo do empreendedorismo ao longo dos últimos dez anos. A pesquisa concentrou-se menos sobre as características dos empreendedores e mais

5. Entretanto, a definição de Ahmad e Seymour (apud IBGE, 2013) não condiz com o entendimento – também abordado neste livro – de que empreendedores também se encontram dentro das grandes empresas, onde podem identificar oportunidades internas (intraempreendedorismo) ou externas, criando novas empresas.

sobre as características das oportunidades (MITCHELL et al. 2004; SOH 2003, apud SHANE, 2012). Este entendimento também é compartilhado por Venkataraman et al. (2012), que defendem que oportunidades representam a linha dominante da pesquisa atual sobre o tema, em discordância da visão que abrange a cognição, intuição, emoção, aprendizagem e especialização, que é a trabalhada pelos fomentadores do empreendedorismo no Brasil. Não que esses aspectos não sejam importantes para o estudo do empreendedorismo, mas a compreensão do efeito das oportunidades é fundamental, para essa linha de pensamento.

Fortalecendo o entendimento sobre empreendedorismo seguido neste livro, associamos então estas posições ao conceito de Kirzner (1973, apud ALVES, 2005), no qual a descoberta da oportunidade é o ponto principal do processo de empreendedorismo. Segundo o Instituto Brasileiro de Qualidade e Produtividade (IBQP, 2013), os empreendedores por oportunidade são aqueles que tendem a criar/desenvolver negócios que apresentam maiores chances de sucesso, são aqueles que optam por iniciar um novo negócio mesmo quando possuem alternativas de emprego e renda, ou ainda, para manter ou aumentar sua renda pelo desejo de independência no trabalho, ao contrário dos que empreendem por necessidade, que abrem negócios por não possuírem melhores condições de trabalho, com o único objetivo de autossubsistência.

Crescimento econômico, competitividade e empreendedorismo

É possível entender que o nível de bem-estar[6] de uma sociedade está diretamente ligado à capacidade competitiva do seu país. A competitividade de uma nação depende da capacidade de sua indústria em inovar e crescer, sendo que o sucesso competitivo é cada vez mais determinado por elementos como a assimilação de conhecimento, as estruturas econômicas, a cultura, os valores nacionais e as instituições, entre outros (PORTER, 1990 apud BERGER, 2013).

A busca das razões determinantes do crescimento econômico é um desafio antigo. Apesar dos avanços alcançados pela economia, os mecanismos sutis do crescimento econômico ainda são de difícil identificação.

---

6. Estado de bem-estar ou estado-providência, também conhecido como *Welfare State:* o nível de capacidade de um país em prover soluções para as necessidades da sociedade (HENREKSON, 2005; 2006).

Sylverson (2011) defende que, embora reconhecidos os eventos do ambiente externo (extra-país, em especial o econômico) como fortes direcionadores de resultados dos mercados, o diferencial está no nível de produtividade das empresas[7]. A base de seu estudo está na demonstração de que grandes e persistentes diferenças são onipresentes, incluindo, dentre outros aspectos apresentados, o entendimento e eventual aproveitamento do papel das políticas governamentais que incentivam o crescimento da produtividade.

Há exemplos de países atrasados que, em distintos momentos, diminuíram a distância que os separava dos países mais avançados. Arbix (2007) cita que recentes avanços em todos esses aspectos foram realizados por países como Coreia, Taiwan e Cingapura, além da China, que, apesar de todos os problemas e diferenças culturais, apresentaram um explosivo crescimento nos últimos 25 anos, conseguindo retirar da faixa de pobreza cerca de 400 milhões de pessoas, um dos maiores feitos da humanidade. Essas realidades deflagraram uma onda de debates, estimulando discussões sobre as estratégias escolhidas por esses países. Segundo o autor, as que se apresentam como mais atraentes, envolvem as escolhas de longa duração e as razões que possibilitaram a realização dessa proeza estão longe de alcançar unanimidade entre economistas. Sugere-se que algumas perguntas poderiam ser norteadoras deste entendimento: como avançaram? Por que alguns cresceram mais rapidamente do que outros? Que peso teve o investimento e o trabalho? Que lugar ocupou o desenvolvimento científico e tecnológico em suas trajetórias?

A atenção crescente conferida ao tema competitividade, acentuada pelo avanço do processo de globalização, tem induzido à multiplicação de estudos e pesquisas que procuram identificar os determinantes da competitividade das empresas nacionais. Esse esforço vem gerando a publicação periódica de relatórios que comparam a competitividade dos países a partir dessa perspectiva. Por exemplo, de acordo com o *The Global Competitiveness Report* 2014-2015 [World Economic Forum (WEF), 2013 e

---

7. Capacidade das empresas em gerir os recursos disponíveis, aí também incluídos alguns aspectos como informação, capacidade de absorção de transbordamentos via *benchmark*, o entendimento do papel das políticas governamentais que incentivam o crescimento da produtividade etc. (SYLVERSON, 2011).

2014][8], competitividade é um conjunto de instituições, políticas e fatores determinantes da produtividade de um país. Segundo a mesma fonte, a medida do potencial de crescimento não pode ser o resultado apontado por alguns fatores específicos isolados, mas sim da avaliação ponderada de vários, interligados e subjacentes, considerados essenciais para o real crescimento sustentado. São avaliados no contexto do Índice Global de Competitividade (GCI) vários componentes agrupados nos chamados "12 pilares de competitividade", assim enumerados: (i) instituições, (ii) infraestrutura, (iii) ambiente macroeconômico, (iv) saúde e educação primária, (v) ensino superior e formação, (vi) eficiência do mercado de bens, (vii) eficiência do mercado de trabalho, (viii) desenvolvimento do mercado financeiro, (ix) disponibilidade tecnológica, (x) tamanho do mercado, (xi) sofisticação de negócios e (xii) inovação. Não é possível pensar que eles são independentes, mas pelo contrário, em várias situações, um pode reforçar ou prejudicar outro.

> Por exemplo, uma forte capacidade de inovação (pilar 12) vai ser muito difícil de conseguir sem uma força de trabalho saudável, bem-educada e treinada (pilares 4 e 5) adepta à absorção de novas tecnologias (pilar 9), que sem financiamento suficiente (pilar 8) de P&D ou um mercado de bens eficiente, tornar-se-á impossível desenvolver novas inovações para o mercado (pilar 6). (WEF 2013 e 2014).

Tais estudos, como o *The Global Competitiveness Report contribuem* para a compreensão dos fatores que determinam o crescimento econômico, ajudam a explicar por que alguns países são mais bem-sucedidos do que outros na obtenção de níveis de renda e oportunidades para suas respectivas populações e, principalmente, oferecem aos líderes políticos e empresariais uma importante fonte de aprendizado para a formulação de políticas econômicas e reformas institucionais.

O empreendedorismo vem ganhando importância crescente nos estudos relativos ao desenvolvimento econômico e à competitividade,

8. O World Economic Forum (WEF) é o responsável pela *The Global Competitiveness Report*, uma publicação anual que estabelece o Índice Global de Competitividade (GCI), cujo objetivo é demonstrar os resultados de uma análise da competitividade global, através de fundamentos micro e macroeconômicos das competitividades nacionais.

tornando-se um componente crítico das políticas de desenvolvimento de países tanto avançados quanto emergentes. Por conseguinte, surge como um novo fenômeno da economia política.

Em uma perspectiva intervencionista, o desenvolvimento de qualquer economia - que deve se traduzir no nível de competitividade - é fruto dos resultados obtidos pelas suas políticas e consequentes ações.

Audretsch e Thurik (2001) defendem a necessidade de flexibilidade para a implantação de projetos e ações voltados ao desenvolvimento econômico e para isso, identificam e contrastam os aspectos mais fundamentais entre a economia empreendedora emergente e a economia gerenciada, através da análise de 14 *trade-offs*[9], que confrontam estas duas situações e cujo traço comum é o papel cada vez maior de novas e pequenas empresas na economia empreendedora. Essa transformação ocorre porque, por um lado, a economia tradicional é baseada na homogeneidade, cuja eficiência e crescimento foram até então impulsionados pelas economias de escala. Por outro lado, na economia empreendedora as múltiplas dimensões da flexibilidade substituíram as economias de escala, como princípio organizador da atividade econômica.

A motivação e o direcionamento

O objeto do presente estudo, centrado no período de 1995 a 2015 - como já referido -, reside na seguinte questão: por que no Brasil, a despeito da sua crescente importância como fenômeno global, o empreendedorismo não entrou de forma consolidada e efetiva na

---

9. (1) Localização *versus* globalização; (2) Mudança *versus* continuidade; (3) Empregos e salários elevados *versus* empregos ou salários elevados; (4) Turbulência versus estabilidade; (5) Diversificação *versus* especialização; (6) Heterogeneidade *versus* homogeneidade; (7) Motivação *versus* controle; (8) Mudança de mercado *versus* transação empresarial; (9) Competição e Cooperação como complementos *versus* Competição e Cooperação como substitutos; (10) Flexibilidade *versus* Escala; (11) Estimulação *versus* Regulação; (12) Entradas segmentadas *versus* Saídas segmentadas; (13) Política local *versus* Política nacional e (14) Capital de risco *versus* Capital de baixo risco. Ver mais em AUDRETSCH, David B.; THURIK.A. Roy. What's new about the new economy? Sources of growth in the managed and entrepreneurial economies. In: *Industrial and Corporate Change/ICC. Oxford: Oxford Journals*, 2001.

agenda de política pública do governo (agenda setting[10]), como uma área subjacente à política industrial?

Na tentativa de estabelecer possíveis respostas e em acordo com a abordagem conceitual estabelecida, o autor configurou duas hipóteses principais:

> 1) os atores[11] envolvidos não possuem as capacidades cognitivas necessárias para modelar uma política global de empreendedorismo, devido a um viés conceitual sobre o tema; e
>
> 2) o arranjo institucional da política de desenvolvimento brasileiro, centrado na política industrial, a despeito da sua recente ênfase na inovação, não é propenso à adoção de uma orientação central para o empreendedorismo.

Ainda um outro aspecto poderia ser utilizado como hipótese auxiliar: a possibilidade de a crise global de 2008 ter influenciado a decisão de lançamento pelo governo, em 2012, da "Proposta de Teses e Diretrizes para a Política Nacional de Empreendedorismo e Negócios" (por exemplo, na Europa, Portugal aproveitou a crise para criar um plano nacional de incentivo ao empreendedorismo). E isso nos leva a outra questão: se a produção da proposta brasileira foi assim induzida, por que não teve continuidade?

---

10. Um dos estágios do ciclo de política pública, relacionado à entrada de um determinado problema/tema na agenda governamental - definição da agenda. (SOUZA, 2006).

11. Grupos e/ou pessoas (governamentais e não governamentais) que atuam de alguma forma para o desenvolvimento de determinada política pública. Para Rua (2009), os atores governamentais compreendem o presidente da República, conselheiros e ministros, altos burocratas e funcionalismo de carreira, diplomatas, políticos nomeados, parlamentares, funcionários do Legislativo e cortes e membros do Judiciário; governadores de estados e prefeitos; empresas públicas e organizações governamentais diversas; os não governamentais são representados pelos grupos de pressão, instituições de pesquisa, acadêmicos, consultores, organismos internacionais, sindicatos e associações civis de representação de interesses, partidos políticos; organizações privadas, não governamentais. Nesta categoria estão inclusos ainda os empresários políticos, que são indivíduos que constroem suas carreiras com base na defesa de interesses de comunidades e grupos, para depois desfrutar de dividendos políticos, como projeção política, votos etc.

Então, o desenvolvimento lógico utilizado buscou:

a) identificar e caracterizar os conceitos de empreendedorismo utilizados e o modelo causal de seu papel no desenvolvimento, ou seja, a percepção pelas organizações promotoras (oficiais e *stakeholders* privados) sobre a atividade empreendedora e novos negócios, estabelecendo seus diferentes perfis e suas consequentes necessidades específicas;

b) mapear as características encontradas nas políticas de empreendedorismo, vinculando-as aos diferentes conceitos e modelos causais analisados; e

c) identificar e analisar os fatores que influenciaram as múltiplas e fragmentadas políticas públicas de empreendedorismo, explorando, em particular, o papel dos arranjos institucionais vigentes no aprendizado dos atores.

Para a análise das hipóteses propostas, o estudo estabeleceu como marco teórico a formação da agenda, ou agenda setting, que se encontra em nexo com a questão básica levantada. E como modelo teórico-analítico capaz de permear o seu desenvolvimento em uma abordagem explicativa, foi escolhido o Quadro de Coalizões de Defesa - QCD (*Advocacy Coalition Framework* - ACF).

O Quadro de Coalizões de Defesa como modelo analítico

A estrutura do QCD é uma das mais novas e proeminentes teorias do processo político a surgir na década de 1980 e 1990, em particular no âmbito da mudança de política (FREEMAN, 2006). Segundo Nohrstedt (2011), suas contribuições mais importantes são o avanço na compreensão e explicação da formação de coalizões de defesa[12] e de comportamento, orientação de aprendizagem da política e mudança de política.

Também no Brasil, os avanços na aplicação do QCD indicam a tendência de torná-lo um dos principais modelos de análise de políticas

12. Elementos essenciais do QCD, formadas naturalmente através da aglutinação de atores que compartilham as mesmas ideias direcionadas ao campo da política pública estudada (CAPELARI et al., 2015).

públicas, apesar de ser adotado ainda de forma tímida em comparação com os EUA e países europeus (SOUZA, 2003).

Sabatier e Jenkins-Smith (1999) defendem que a mudança na política também surge como resultado de aprendizagem, que o QCD define como

> alterações relativamente duradouras do pensamento e intenções comportamentais como resultado de experiência e/ou novas informações e que estão preocupadas com a realização ou revisão dos objetivos de política.

De acordo com Sabatier e Weible (2007), o QCD descreve quatro caminhos diferentes para a mudança política: (i) choques externos, (ii) choque interno, (iii) a aprendizagem orientada para a política e (iv) os acordos negociados. Assim, seguindo essas orientações, escolhemos como base de desenvolvimento a abordagem sobre a aprendizagem, que nos pareceu ser o aspecto mais central.

A importância da aprendizagem

A aprendizagem (ou aprendizado) tornou-se um tema explícito de estudo na década de 1960, o que foi sentido em vários países como sendo um período de grandes mudanças sociais, políticas, econômicas e tecnológicas. Ao longo das últimas décadas, o aumento da interdependência entre os países tem criado um maior grau de competição e colaboração e as tendências globais parecem criar oportunidades sem precedentes para a aprendizagem, bem como uma necessidade premente para realizá-las.

Schön (1973) desenvolveu uma discussão de "governo como um sistema de aprendizagem", explorando as maneiras com que novas ideias vêm à proeminência, ganham aceitação e são implementadas. Ele observa que a nova ideia na maioria das vezes muda em razão das mudanças de seu ambiente. Esse pensamento é um modelo racional e experimental de conhecimento e utilização, o que pressupõe que o conhecimento derivado de experiência pode e deve ser aplicado para a próxima ocorrência comparável.

Heclo (1976) se refere ao interesse dos historiadores na aprendizagem em seu relato sobre o desenvolvimento da política social na Grã-Bretanha e na Suécia, onde analisa a história das políticas de manutenção de renda e as questões fundamentais que têm sido levantadas nos últimos cem anos, na esteira dessas políticas, defendendo que a influência dos funcionários é o fator mais consistente para fazer política. Descrevendo a evolução socioeconômica, bem como a política em fatores como eleições, partidos e grupos de interesse, argumenta que o problema não é escolher entre as variáveis, mas descobrir como elas atuam juntas. O autor enfatiza que os funcionários públicos foram cruciais para o desenvolvimento da política na Grã-Bretanha e Suécia. A aprendizagem não é aleatória, mas sim moldada por três dimensões: indivíduos, organizações e as relações entre elas e o impacto da política anterior. Fundamentalmente, eles estão em rede entre países e o que pensam e sabem vem de informação e atenção ao que se passa em outro local.

Talvez o principal condicionador seja a política anterior. Os decisores políticos raramente se envolvem em território desconhecido. Eles são muito mais frequentemente confrontados com o legado de decisões anteriores e os problemas que abordaram, resolvidos, e às vezes reproduzidos. Uma característica fundamental da teoria da aprendizagem não é apenas a maneira em que as percepções e disposições iniciais moldam uma resposta específica a um estímulo, mas a maneira com que esta resposta é reforçada pelos efeitos que produz. O que se aprende depende do que se faz. Dessa forma, a formulação de políticas públicas é um processo contínuo de interação e reiteração. Apenas alguns tipos de aprendizagem parecem ter lugar dentro do próprio Estado (HECLO, 1974).

Sabatier (1987) estabeleceu e formalizou alguns dos preceitos de Heclo, ao desenvolver a estrutura do QCD. Particularidades do quadro são o caminho que leva em conta o impacto de informações técnicas sobre a tomada de decisões, a sua atenção para a evolução da política ao longo do tempo em um determinado domínio, e a concepção de políticas e programas públicos como sistemas de crenças (SABATIER e JENKINS-SMITH, 1999). Em muitos aspectos, então, ele lança a teoria da elaboração de políticas públicas como uma teoria da aprendizagem.

Observando as diferentes maneiras de pensar sobre aprendizagem em políticas públicas, Freeman (2006) defende ser possível distinguir os modelos ou modos de diferentes pensamentos sobre ela, descrevendo-os como mecanicista e orgânico. No presente livro, foi adotado o segundo modelo, construcionista ou orgânico. Ele trata a política como emergente.

Refere-se à política como não existente em qualquer lugar de forma acabada ou pronta para ser observada e aprendida, mas sim produzida no ato de se observar e aprender. A aprendizagem é o resultado de uma série de comunicações, sendo gerada em vez de disseminada. Segundo Freeman (2006), os elaboradores da política são normalmente obrigados a agir em circunstâncias em que a sua informação, a sua imaginação e seus recursos são inevitavelmente incompletos. E não é apenas não saber o suficiente, ou seja, é preciso ter a informação e compará-la, o que possibilitará a sua adaptação. Heclo (1974) defende que o que sabemos fazer hoje é, em parte, determinado pelo que foi feito antes. Isso significa dizer que as políticas públicas representam um processo de adaptação ao longo do tempo.

Ancorada em como um tema novo entra na agenda política[13], esta obra – que foi produzida com muito cuidado sob o ponto de vista didático – pretende contribuir para essa compreensão pelos públicos envolvidos: o acadêmico, o governo, o setor empresarial e finalmente o próprio empreendedor.

O estudo sobre o desenvolvimento das políticas públicas de empreendedorismo é ainda um campo pouco explorado (AUDRETSCH et al., 2007; BORGES et al., 2013), em que pese a voluminosa literatura sobre a importância do empreendedorismo, em particular nos países emergentes (GOMES et al., 2013).

Em outra perspectiva, o marco teórico e o modelo analítico adotados (formação da agenda e QCD) – em conjunto – ainda não foram empregados nessa área de estudo[14].

---

13. No caso, a criação de uma política de empreendedorismo consolidada e gerida de forma global e efetiva.

14. Sabatier e Jenkins-Smith (1999) citam 34 exemplos de aplicação do modelo no período entre 1987 e 1998, dos quais 23 envolvem política ambiental ou energética. Mais recentemente, Sabatier e Weible (2007) citam 54 exemplos de trabalhos publicados entre 1999 e 2006, sendo 26 relacionados à política ambiental ou energética, e 28 relacionados a questões econômicas ou sociais, como tributação, saúde pública e educação. Um exemplo é o de Adshead (2011), ao utilizar o QCD em um estudo comparativo entre Alemanha, Irlanda e Grã-Bretanha, para examinar a evolução e dissolução da parceria social, aplicando os insights do quadro em crise e mudança de política como um meio de explicar a ascensão e queda da parceria social irlandesa.

Dessa forma, acreditamos que os resultados poderão representar, para a academia, mais um alimentador do debate sobre os condicionantes cognitivos e políticos da emergência de uma política de empreendedorismo em países de renda média, contribuindo também para validar esses construtos teóricos em uma nova área setorial.

Para as instituições governamentais e organizações privadas, seus resultados analíticos e consequentes conclusões podem auxiliar na formulação de uma explicação complementar sobre os determinantes de um ambiente empreendedor favorável e sobre impactos das empresas empreendedoras no cenário econômico. Isso pode eventualmente gerar novas hipóteses e/ou visões alternativas sobre a forma de tratar o tema e, consequentemente, influenciar a formação da agenda e a formulação de políticas. Os segmentos empresariais (e empreendedores) se beneficiarão de um maior entendimento do assunto, contribuindo para uma visão mais adequada, que pode levar a melhores arranjos organizacionais e aproveitamento de mais oportunidades.

Como foi estruturado

Em consonância com o seu escopo, o livro encontra-se estruturado em cinco capítulos, além da Introdução e da Conclusão. Ao final, apresenta a avaliação dos resultados e sugestões de linhas complementares para futuras pesquisas.

O primeiro capítulo tem como objetivo justificar o emprego do conceito de formação da agenda (agenda setting) e a seleção do marco teórico denominado Quadro de Coalizões de Defesa (*Advocacy Coalition Framework*) como referencial teórico-analítico utilizado para atingir os objetivos propostos.

O capítulo dois demonstra a importância do empreendedorismo para o desenvolvimento, discutindo os seus principais conceitos e posicionando empreendedorismo e inovação como temas indissociáveis, no que diz respeito aos seus respectivos papéis na economia e competitividade. A discussão de políticas de empreendedorismo também está presente nesse capítulo.

No capítulo três são apresentadas as evidências empíricas identificadas relacionadas ao tema, as quais fornecem as bases para os resultados e consequentes discussões. Abrange a discussão sobre desenvolvimento econômico e competitividade do Brasil. Leva-se ao debate a política industrial brasileira, tendo em vista a existência de um consenso internacional sobre a importância do empreendedorismo para o desenvolvimento e a competitividade. No desenvolvimento do tema empreendedorismo, apresenta as MPEs e as HGFs, contextualizando-as e discutindo suas implicações frente aos diferentes conceitos.

O capítulo quatro trata da aplicação do QCD, a fim de explicar como a trajetória das coalizões e seu comportamento, influenciado pelo entendimento cognitivo do tema empreendedorismo, contribui para a configuração de uma resposta à pergunta norteadora da pesquisa.

O quinto e último capítulo realiza a análise e discussão dos resultados obtidos através das evidências do capítulo anterior, empregando os marcos teórico-analíticos.

Em sua conclusão, evidencia como os resultados encontram-se de acordo com a questão original, a partir da lógica do significado de empreendedorismo.

1 Políticas públicas, formação da agenda e Quadro de Coalizões de Defesa

O desenvolvimento do estudo apresentado neste livro busca responder a seguinte questão, que é o seu próprio título: o que falta para que o Brasil tenha uma efetiva política de empreendedorismo? Em outras palavras, pretende trazer ao debate as razões pelas quais o empreendedorismo ainda não entrou de forma consolidada e efetiva na agenda de política pública do governo, como uma área subjacente à política industrial. O Brasil dispõe de uma imensa variedade de políticas representadas por programas e ações de fomento e apoio ao empreendedorismo (diretrizes diversas), mas ainda não possui uma macrodiretriz estruturante para todas as políticas.

Este capítulo tem como objetivo realizar uma revisão e análise da literatura de política pública, com vistas a justificar o emprego, no estudo, do conceito de formação da agenda (agenda setting) e a seleção do marco teórico denominado Quadro de Coalizões de Defesa como seu referencial teórico-analítico.

Como já demonstrado, o foco envolve a definição ou formação da agenda, ou seja, a agenda setting (KINGDON, 1984; 1995). Tendo em vista seu objetivo, ao explicar a não existência de uma política de empreendedorismo no Brasil, o livro adota a abordagem estatista (ou estadocêntrica, *state-centered policy-making*). Isto porque, embora o objeto analítico "empreendedorismo" seja um assunto multidisciplinar com vários atores importantes participantes da cadeia econômica (estatais e não estatais) envolvidos, e a consequente dependência de conhecimentos específicos extra-Estado[15], a elaboração de políticas públicas segue a tradição intervencionista do Estado (MELO, 1999).

A resposta à hipótese de que falta no Brasil uma efetiva política pública de empreendedorismo foi perseguida com base na definição de Hofling (2001), que explica as políticas públicas como "[...] formas de interferência do Estado, visando a manutenção das relações de determinada formação social". Apoia-se ainda na afirmação de Majone (2006) que "o governo que não toma uma atitude pública

15. Em complementação, também é cabível a percepção de que, cada vez mais, a sociedade deixa de ter um papel passivo, passando a ocupar um papel mais relevante na formulação e implementação de políticas públicas.

sobre determinado problema também faz política" e de Dye (1972) que "política pública é tudo aquilo que os governos escolhem fazer ou não fazer". Então, recuperando a questão inicial deste capítulo, a não existência de uma política de empreendedorismo no Brasil foi avaliada de acordo com o conceito de que política pública é uma diretriz (SOUZA, 2006; SECCHI, 2013).

1.1 Dimensões da política pública

De acordo com Petridou (2013), o objeto da pesquisa em política pública[16] é a compreensão das interações entre o Estado, os atores políticos e a sociedade sob todas as suas formas, que é por sua vez impactada pela política. Em uma perspectiva normativa, Souza (2006), avança que o pressuposto analítico que constituiu e consolidou as pesquisas sobre políticas públicas advém do fato que em democracias estáveis, as ações (ou não) do governo podem ser formuladas cientificamente e analisadas por quaisquer pesquisadores. Em contraponto, finalmente, Stone (1997) sustenta que os problemas da ciência política são questões políticas, conhecidas na ambiguidade e paradoxo das questões humanas, diferentemente de uma análise racional de uma situação em particular.

Buscando orientar esse debate, Frey (2000), explica que a política apresenta três dimensões:

> a dimensão institucional *polity* se refere à ordem do sistema político, delineada pelo sistema jurídico, e à estrutura institucional do sistema político-administrativo. No quadro da dimensão processual *politics*, tem-se em vista o processo político, frequentemente de caráter conflituoso, no que diz respeito à imposição de objetivos,

16. Souza (2013) defende que a política pública teve sua origem nos Estados Unidos, como área de conhecimento e disciplina acadêmica, avançando sobre a tradição europeia de estudos e pesquisas no tema. Tais estudos, na Europa, encontravam-se mais direcionados à análise do Estado e suas instituições e menos no que os governos realmente desenvolviam. Nessa direção, a política pública surgiu na Europa como consequência dos trabalhos teóricos sobre o papel do Estado e do governo, implementador da política pública. Diferentemente, nos Estados Unidos os estudos surgiram na área acadêmica, independente das relações sobre as bases teóricas relativas ao papel do Estado – o que deu origem ao avanço –, tendo sido conduzidos diretamente sobre as produções dos governos.

aos conteúdos e às decisões de distribuição. A dimensão material *policy* refere-se aos conteúdos concretos, isto é, à configuração dos programas políticos, aos problemas técnicos e ao conteúdo material das decisões políticas. (FREY 2000, p. 216-217).

Ou seja, a política pública encontra-se inserida na dimensão material da política, não existindo uma única, nem melhor definição para o termo[17]. Para nortear esse entendimento, Lynn e Deustch (1980, apud SOUZA, 2006) defendem que a política pública "é um conjunto de intervenções governamentais que tenha por objetivo a resolução de um problema específico" enquanto que para Mead (1995, apud SOUZA, 2006), ela é "um campo dentro do estudo da política que analisa o governo à luz de grandes questões públicas". Já Rua (2009) afirma que "embora uma política pública implique decisão política, nem toda decisão política chega a constituir uma política pública".

A "política pública" como disciplina acadêmica cresceu a partir da abordagem a um campo de estudo conhecido como ciência política (DELEON, 2006). Essa abordagem é principalmente creditada a Harold D. Lasswell, a partir dos trabalhos desenvolvidos no final dos anos 1940 e início dos anos 1950. O direcionamento sobre as ciências políticas teve um foco claro na rigorosa utilização das ciências (daí o uso plural de "ciências") para as questões que afetavam a gestão governamental. Os primeiros anos do século XX viram o início dos estudos acadêmicos em direção a questões de relevância pública dentro das disciplinas de ciência política e administração pública, estudos esses considerados os precursores dos estudos sobre políticas públicas.

As políticas públicas consistem em uma variedade de ideias, objetivos e disposições, conectadas de maneira relativamente desordenada e realizadas por meio de programas e da burocracia governamental (THEODOULOU, 1995). Em um olhar mais aberto, outros autores (SOUZA,

17. Das diversas definições e modelos sobre políticas públicas, podemos extrair e sintetizar seus principais elementos: 1) a política pública permite estabelecer o que o governo pretende fazer; 2) a política pública envolve vários atores e níveis de decisão, embora seja implementada por meio dos governos e não se restrinja necessariamente a participantes formais, já que os informais são também importantes; 3) a política pública é abrangente e não se limita a leis e regras; 4) a política pública é uma ação intencional, com objetivos a serem alcançados; 5) a política pública, embora tenha impactos no curto prazo, é de longo prazo (BRASIL, 2012, p. 1).

2006; SECCHI, 2013) argumentam que a política pública é uma diretriz ou um conjunto de intervenções governamentais que tenha por objetivo a resolução de um problema específico e que ainda que materializada nos governos, não se restringe necessariamente aos seus participantes formais, uma vez que os informais também são importantes[18]. Entretanto, para Majone (2006), referenciando Bachrach e Baratz (1962), "o governo que não toma uma atitude pública sobre determinado problema também faz política". Ou como afirma Dye (1972), política pública é "tudo aquilo que os governos escolhem fazer ou não fazer"[19].

Adotamos a definição de Hofling (2001), que parece sintetizar o entendimento, referindo-se às políticas públicas como "[...] formas de interferência do Estado, visando a manutenção das relações de determinada formação social". Em particular, se políticas públicas são ações do Estado, "é o Estado implantando um projeto de governo, através de programas e ações voltadas para setores específicos da sociedade"[20].

E para a compreensão e explicação desse processo, os estudiosos utilizam-se de várias ferramentas traduzidas por teorias, modelos e estruturas diversas. Essas teorias, modelos e estruturas vêm sendo permanentemente aperfeiçoados e adaptados, principalmente nas três últimas décadas (PETRIDOU, 2013).

Por exemplo, encaminhando as definições anteriores para a construção de modelo explicativo da política pública Sabatier (2007) diz que no

---

18. Segundo o autor, não existe só uma definição de política pública, e nem a melhor definição.

19. Recentemente Secchi (2013) sintetizou esses argumentos ao afirmar, primeiro, que qualquer política pública possui dois elementos básicos: a intencionalidade pública (relevância de um problema) e a consequente resposta (tratamento dado) a um problema público; e segundo, que qualquer definição de política pública é arbitrária, não existindo consenso com relação à sua definição, devido à variedade de respostas para algumas questões básicas: 1) políticas públicas são elaboradas exclusivamente por atores estatais? Ou também por atores não estatais?; 2) políticas públicas também se referem à omissão ou à negligência?; 3) apenas diretrizes estruturantes (de nível estratégico) são políticas públicas? Ou as diretrizes mais operacionais também podem ser consideradas políticas públicas?

20. Como "Estado", entende-se o conjunto de instituições criadas, recriadas e moldadas para administrar conflitos e tensões dentro de um determinado território e sobre um determinado conjunto demográfico. O Estado é, portanto, o centro do poder político e de autoridade (SOUZA, 2013).

processo de formulação de políticas públicas, os problemas conceituais são trazidos ao governo para solução; instituições formulam alternativas e selecionam soluções políticas, as quais podem ser implementadas, avaliadas e corrigidas. Entretanto, esse processo não é linear, uma vez que a política do processo de política pública é composta por um conjunto de elementos:

> 1) os valores e interesses dos vários atores de grupos de interesse, órgãos do governo, órgãos legislativos e outros, envolvidos;
>
> 2) são bastante longos, podendo levar, em geral, uma década ou mais, com casos que demonstram que o período de 20 a 40 anos pode ser muitas vezes necessário para a obtenção da compreensão do impacto de uma variedade de condições socioeconômicas e acúmulo de conhecimento científico sobre determinado problema (SABATIER, 2007);
>
> 3) em qualquer domínio político, normalmente existem vários programas diferentes, envolvendo variados níveis de governo e propostos em locais diferentes; e muitos desses programas tratam de assuntos inter-relacionados e são trabalhados por muitos dos mesmos atores;
>
> 4) debates políticos entre os atores envolvem normalmente muitas disputas técnicas sobre o conhecimento e abrangência do problema; isso exige a compreensão do processo da política, em razão do papel de tais debates no processo global, o que nem sempre é conseguido; e como o último fator complicador no processo político, e
>
> 5) a maioria das disputas envolvem interesses muito arraigados, grandes recursos e, às vezes, coerção autoritária.

Identificam-se duas abordagens distintas do protagonismo na construção das políticas públicas: a estatista (ou estadocêntrica, *state-centered policy-making*) e a multicêntrica (ou policêntrica, *multicentric approach*). A abordagem estatista considera a exclusividade dos atores estatais derivada da superioridade objetiva do Estado na promulgação de leis, que devem ser cumpridas pela sociedade. Adiciona-se a esse argumento objetivo, o normativo (fruto do entendimento de valores), que defende ser benéfica a posição do Estado, com capacidade para corrigir desvios que não poderiam ser corrigidos pelo mercado e/ou pela sociedade[21]. A abordagem multicêntrica, ao contrário, defende que variados representantes da sociedade e as redes de políticas públicas (*policy networks*)[22] também são protagonistas da construção de políticas públicas, juntamente com os atores estatais. Autores dessa abordagem consideram uma política como "pública" quando o problema relacionado é público. Na verdade, defensores da abordagem estatista aceitam que atores não estatais influenciem a elaboração de políticas públicas, sem conferir a eles o direito de decisão. Os que defendem a multicêntrica, entendem a extensão desse direito a atores não estatais.

Sendo o Estado o formulador (no sentido de decisão) das políticas públicas, é importante o entendimento do seu papel no desenvolvimento. Isto porque, segundo Evans (1995), a participação do Estado pode se apresentar como um problema ou como uma solução, dependendo de como são direcionadas as suas intervenções (modelo utilizado e sua capacidade).

Os resultados das intervenções do Estado nas políticas públicas podem ser melhor entendidos através de estudos que se dedicam a compreender determinados momentos da política. Na literatura de análise de políticas públicas, tais momentos ficaram conhecidos como estágios ou fases da política. Como exemplo, Howlett e Ramesh (1995) os batizaram de "ciclo da política", Deleon (1999) os chamou de "estágios de abordagem do processo político" e Hayes (2002) denominou-os "ciclo de política pública".

Segundo Baptista e Rezende (2011), esse modelo de análise da política através de estágios, fases ou ciclo, foi proposto originalmente por Herbert A. Simon, em 1947[23]. Posteriormente, diversos autores contribuíram para seu desenvolvimento (Quadro 1). Porém, foi Harold D. Lasswell, em 1951, quem o consolidou teoricamente. Deleon

21. Ainda, e mais especialmente no caso brasileiro é, segundo Melo (1999), a tradição intervencionista do Estado, referenciada na história do pensamento político.

22. Também conhecidas como redes de governança, são vistas como mecanismos flexíveis de gestão, de condução político-administrativa e de coordenação social, supostamente mais bem adaptados à complexidade dos problemas administrativos enfrentados pelos gestores públicos (FREY et al., 2005).

23. Essas autoras defendem que a ideia de ciclo da política talvez seja a perspectiva mais usual e compartilhada nos atuais estudos de política, direcionados à análise de momentos ou fases do processo político.

(1999) mostra que Lasswell nomeou sete "estágios" do que chamou de "processo de decisão": (i) inteligência, (ii) promoção, (iii) prescrição, (iv) invocação, (v) aplicação, (vi) terminação e (vii) avaliação. Essas autoras defendem que a ideia de ciclo da política talvez seja a perspectiva mais usual e compartilhada nos atuais estudos de política, direcionados à análise de momentos ou fases do processo político. Apesar das críticas ao modelo de ciclo de política pública (seu caráter funcionalista, racional e que tenta manter o controle sobre o processo político), persistiu por vários anos como referência no debate acadêmico e ainda hoje influencia trabalhos normativos e aplicados. Para Deleon (1999), talvez a maior crítica ao modelo de fases (ou estágios) do processo político tenha sido oferecido por Sabatier e Jenkins-Smith:

> 1. O modelo de estágios não é realmente um modelo causal. Isto é, não se presta à predição, ou até mesmo para indicar como um estágio levou a outro.
> 2. O modelo de estágios não fornece uma base clara para os testes da hipótese empírica. Por isso, não é passível de modificação, confirmação ou fabricação.
> 3. Os estágios heurísticos sofrem de imprecisão descritiva, o que representa um series de estágios.
> 4. O modelo de estágios sofre de um foco de cima para baixo.
> 5. O modelo de estágios inadequadamente enfatiza o ciclo de políticas como a unidade temporal de análise. Em outras palavras, ele negligencia o conceito de um sistema de relações intergovernamentais.
> 6. A metáfora estágios não fornece um bom veículo para integrar as funções de análise de política e da política orientada para a aprendizagem ao longo do processo de políticas públicas. (SABATIER e JENKINS-SMITH, 1993, p. 3-4).

Em contraponto, Deleon (1999) defende que, embora a crítica de Sabatier tenha sido bem elaborada, apresenta algumas imperfeições, como o fato de refletir um pequeno uso empírico, atribuir ao processo político um modelo teórico e tratar os estágios como unidirecionais. Entretanto, ela não prejudica o desenvolvimento do modelo. O autor deixa claro que suas observações não se destinam a diminuir a importância de Sabatier e Jenkins-Smith no campo da pesquisa. E conclui, explicando que antes de descartar uma abordagem útil – no caso, o processo político ou quadro de política de estágios – é preciso ter certeza: 1º) de que ele realmente garante um lugar na "lata de lixo das abordagens" abandonadas; 2º) de que temos uma melhor estrutura, mais forte em que confiar e 3º) de que, mesmo em nossa busca pela teoria, têm pouco uso para o operacional. Nenhum desses critérios se apresenta como decisivo ou forte para justificar o abandono da política de etapas de enquadramento.

Quadro 1 - Evolução das perspectivas analíticas do ciclo de política pública

ESTUDOS	FASES DEFINIDAS
H. A. Simon – Administrative Behaviour, 1947	Inteligência, Desenho, Escolha
H. D. Lasswell – The Policy Orientation, 1951	Informação, Promoção, Prescrição, Invocação, Aplicação, Término e Avaliação
R. Mack – Planning and Uncertainty, 1971	Reconhecimento do problema, Formulação de alternativas, Decisão, Efetivação, Correção/Ajuste
R. Rose – Comparing public policy, 1973	Reconhecimento público das necessidades existentes, Como os temas são colocados na agenda, Como as demandas avançam, Como o governo se envolve no processo decisório, Recursos e constrangimentos, Decisões políticas, O que determina as escolhas do governo, A escolha no contexto, Implementação, Resultados, Avaliação da política e *Feedback*
G. Brewer – The policy sciences emerge, 1974	Invenção, Estimativa, Seleção, Implementação, Avaliação e Término
W. Jenkins – Policy analysis: a political and organizational perspective, 1978	Iniciação, Informação, Consideração, Decisão, Implementação, Avaliação e Término
B. W. Hogwood and L. A. Gunn – Policy analysis for the Real World, 1984	Definição de temas, Filtro de temas, Prognóstico, Definição de objetivos e prioridades, Análise de opções, Implementação da política, Monitoramento e controle, Avaliação e revisão, Manutenção da política, Sucessão e Término

Continuação

Howlett e Ramesh – Studying public policy, 1995	Montagem da agenda, Formulação da política, Tomada de decisão, Implementação e Avaliação
P. Deleon – The stages approach to the policy process, 1999	Definição da agenda, Formulação das políticas, Implementação e Avaliação
W. Hayes – The public policy cycle, 2002	Agenda, Formulação, Implementação, Orçamentação e Avaliação

Fonte: adaptado de Baptista e Rezende (2012) e ampliado pelo autor.

Mas como qualquer modelo, a análise da política por fases também apresenta suas vantagens e desvantagens. Baptista e Rezende (2012) sustentam que talvez a principal contribuição do modelo do ciclo da política seja a possibilidade de percepção de que os diversos momentos do processo de construção de uma política são diferentes, sendo necessário o reconhecimento das características de cada um desses momentos, o que possibilita um maior conhecimento e possibilidade de intervenção sobre o processo político. Como desvantagens, identifica-se a inevitável fragmentação que o modelo provoca em qualquer análise. Por mais que seja cuidadoso, o pesquisador deve ser capaz de não isolar uma fase e seus efeitos, pois haverá sempre o risco de tratá-la de forma estanque. Além disto, a aplicação do modelo pode levar a imaginar-se que a política se comporta de forma previsível. Entretanto, esta é uma questão que envolve qualquer campo de análise da política e não apenas o uso específico deste modelo. Além disso, apresentam que para o entendimento da formação e desenvolvimento de cada uma dessas fases, é preciso entender os inter-relacionamentos existentes entre as variáveis que interferem nesse processo: os meios socioeconômico e político, os atores participantes, as agências implementadoras e as políticas em si (seus objetivos).

O modelo de "fases do processo decisório na análise da política" parece ser o mais divulgado e trabalhado nos estudos de política pública (REIS, 2010; BAPTISTA e REZENDE, 2012; BENOIT, 2013; BRASIL, 2013): definição da agenda, formulação, adoção (ou tomada de decisão), implementação e avaliação.

Figura 1 - O ciclo da política pública

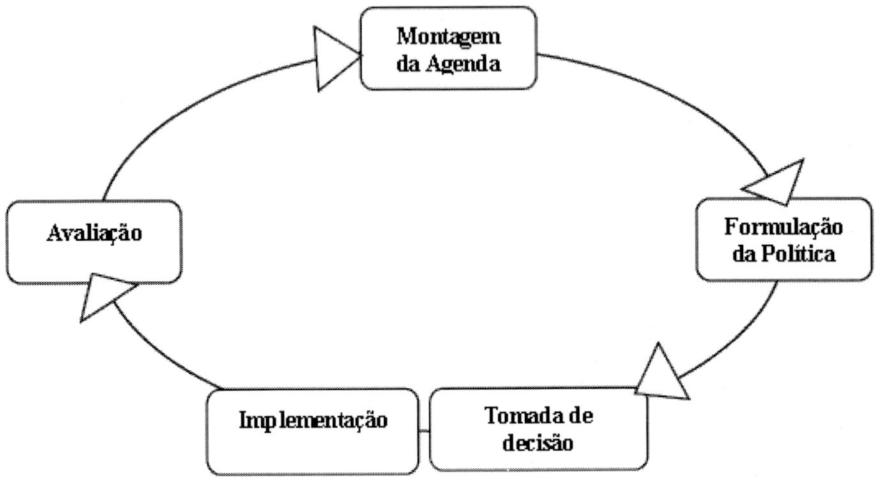

Fonte: adaptado pelo autor, de Howlett e Ramesh (1995).

> Ao subdividir o agir público em fases parciais do processo político-administrativo de resolução de problemas, o *policy cycle* se revela um modelo heurístico bastante interessante para a análise da vida de uma política pública. As várias fases correspondem a uma sequência de elementos do processo político-administrativo e podem ser investigadas no que diz respeito às constelações de poder, às redes políticas e sociais e às práticas político-administrativas que se encontram tipicamente em cada fase (FREY, 2000, p. 226).

1.2 Estágios do processo de política pública

Sendo a formação da agenda o foco do nosso tema, foi a fase que mereceu naturalmente um maior aprofundamento, a fim de podermos melhor situar a discussão. Por não ser objeto do estudo, mas necessário para a complementação do contexto teórico, apresentam-se a seguir de forma sucinta as etapas seguintes.

1.2.1 Formulação

Esta abordagem de formulação de políticas assume que os participantes no processo político já reconheceram e definiram um problema de política. Sidney (2007) explica que ela envolve a identificação e/ou a elaboração de um conjunto de políticas alternativas para resolver um problema, estreitando esse conjunto de soluções em preparação para a decisão de política final. Ou seja, a formulação de políticas representa a fase de elaboração de alternativas e a escolha de uma delas. Observa-se também que, em geral, encontra-se um número muito menor de participantes envolvidos na formulação de políticas, comparativamente com os atores que foram envolvidos no processo de definição da agenda.

As várias estruturas e teorias de mudança de política consideram as coalizões de atores que participam (ou são excluídas) do processo de formulação de políticas. A identificação desses atores e o entendimento de suas crenças e motivações, seus julgamentos sobre a viabilidade e as suas percepções do contexto político, representam um longo caminho para explicar como as políticas públicas tomam forma (HOWLETT e RAMESH, 1995).

Para entender e explicar por que uma política tem um *design* particular, deve-se examinar o processo que conduz à sua seleção. Formulação de políticas ocorre em um contexto especifico, marcado por instituições e ideias distintas. Além disso, a formulação de políticas ocorre em um momento particular no tempo, marcado por ideias específicas dominantes relacionados com a questão política, com os grupos afetados e com o papel do governo. Estas ideias influenciam os argumentos dos atores, influindo a favor de soluções específicas e suas percepções e preferências ao tomarem decisões políticas (SIDNEY, 2007).

1.2.2 Tomada de decisão

O estágio da tomada de decisão é, segundo Gary Brewer e Peter DeLeon:

> a escolha entre alternativas de política que foram geradas e seus prováveis efeitos sobre o problema em apreço. É o estágio mais evidentemente político, na medida em que as muitas soluções potenciais para um certo problema devem ser de algum modo reduzidas a apenas um ou umas poucas selecionadas e preparadas para uso. Obviamente, em sua maior parte, as escolhas possíveis não serão todas realizadas e a decisão de não tomar determinados cursos de ação é parte da seleção como o é a definição final do melhor curso. (HOWLETT e RAMESH, 2003, p. 162).

Para Howlett e Ramesh (1995), somente após a fase de formulação estão dadas as condições para a tomada de decisão, que abarca o processo de escolha pelo governo de uma solução específica ou uma combinação de soluções, em um dado curso de ação ou não ação. Assim, na fase de tomada de decisão desenham-se as metas a serem atingidas, os recursos a serem utilizados e o horizonte temporal da intervenção.

Percebe-se, então, que a tomada de decisão é um exercício eminentemente político, fazendo escolhas e definindo um curso de ação. O número de opções, nessa etapa, apresenta-se bastante reduzido em relação ao início da formulação, não significando, no entanto, que isso represente maior facilidade e/ou simplicidade na escolha.

1.2.3 Implementação

A implementação é o processo (etapa) de transformar a política em prática. No entanto, é comum observar uma lacuna entre o que foi planejado e o que realmente ocorreu como resultado de uma política (STEINBACH, 2009).

Majone (1995) vê a implementação como controle, afirmando que ela pode ser totalmente controlada, a partir dos planos envolvidos. Além disso, essa perspectiva considera que a implementação possui um caráter racional, sem erros no seu desenvolvimento. Assim, a política pública só daria errado se os planos estivessem também errados. Adicionalmente, não percebe que a política precisa ser alvo de correções e adaptações normalmente necessárias durante o processo. O resultado é um entendimento errôneo de um processo engessado.

Com base em todas essas novas perspectivas e debates e atentando para a importância das mudanças e das adaptações, a academia focou a criação de dois modelos básicos de análise da implementação: *top-down* e *bottom-up*. Steinbach (2009) apresenta uma explicação objetiva sobre o funcionamento desses modelos. Verifica-se que esses dois principais modelos analíticos basilares, embora possuam visões diferentes, em comum enfatizam as condições materiais do desenvolvimento do processo de implementação.

Com relação ao *top-down* (abordagem de cima para baixo), a autora destaca que esta abordagem percebe a formação de políticas e a execução de políticas como atividades distintas. Nessa direção, as políticas são definidas em níveis mais elevados de decisão e são comunicadas aos níveis subordinados (técnicos, de gestão e operacionais), para que a política seja colocada em prática.

A abordagem *bottom-up* (de baixo para cima) reconhece que os indivíduos com níveis subordinados podem desempenhar um papel ativo na implementação, estabelecendo algum critério para reformular objetivos da política, mudando assim a forma como ela é implementada. Esta abordagem vê a implementação de políticas como um processo interativo envolvendo políticos, implementadores de vários níveis de governo e outros atores. Assim, torna-se bem maior a possibilidade de mudança da política durante a implementação.

Alguns problemas associados ao modelo *bottom-up:*

a) maior dificuldade na avaliação dos efeitos de uma política;

b) dificuldade em separar a influência de indivíduos e diferentes níveis de governo sobre as decisões políticas e as suas consequências. Este aspecto diz respeito à responsabilização burocrática.

1.2.4 Avaliação

Como explica Wollmann (2007), a avaliação no domínio da política pública pode ser definida, em termos gerais, como uma ferramenta analítica destinada a fazer duas coisas: primeiro, envolve a investigação de um programa de política para obter todas as informações pertinentes e necessárias para a avaliação do seu desempenho, tanto do processo quanto do resultado; segundo, diz respeito à comunicação dessas informações para o processo de decisão política.

O processo de avaliação é definido como

> a análise crítica do programa (política) com o objetivo de apreender, principalmente, em que medida as metas estão sendo alcançadas, a que custo, quais os processos ou efeitos colaterais que estão sendo ativados (previstos ou não previstos, desejáveis ou não desejáveis) indicando novos cursos de ação mais eficazes. (FIGUEIREDO e FIGUEIREDO, 1986, referenciando LIMA JÚNIOR et al., 1978).

Theodolou (1995) ressalta que a avaliação não precisa ser feita após a implementação; ela pode ocorrer, e de fato ocorre, durante todo o ciclo das políticas públicas.

Segundo Wollmann (2007), existem tipos diferenciados de avaliação da política pública: a chamada de "*ex-ante*", utilizada antes da tomada de decisão, pretendendo, (hipoteticamente) antecipar e pré-avaliar os efeitos e as consequências das políticas e ações planejadas ou definidas, a fim de alimentar com informações o processo de tomada de decisão, esteja ele em curso ou outros processos previstos. Outro tipo de avaliação é a chamada pelo autor de "avaliação contínua" ou "em curso", que se destina a identificar os efeitos provisórios e os resultados dos programas no ciclo de política, quando a implementação e realização dos mesmos ainda estão em curso. Assim, a sua função essencial é alimentar novamente com informações relevantes o processo de implementação em algum ponto onde as informações podem ser utilizadas a fim de ajustar, corrigir ou redirecionar o processo de implementação ou mesmo decisões políticas fundamentais subjacentes. E a avaliação *ex-post*, que se constitui na variante clássica de avaliação, em relação ao alcance de metas e os efeitos das políticas e medidas, uma vez implementadas.

Um ponto de convergência entre os diversos "modelos de estágios da política" é o de reconhecimento de um problema (também denominado "montagem da agenda" no modelo de Howlett e Ramesh). Assim, os problemas são o ponto de partida para a geração de uma política pública. Entretanto, há que se entender que problemas são reconhecidos como relevantes e como acontece esse processo de reconhecimento. Foi com este objetivo que Kingdon (1984) propôs um estudo sobre duas políticas públicas desenvolvidas nos EUA (saúde e transportes), buscando compreender como alguns temas relativos a estas áreas passaram a integrar a agenda política e como foram construídas as alternativas para a tomada de decisão. Seu objetivo resumia-se em saber quando e de que forma um problema entrava ou não na agenda de decisão do governo. Sua pesquisa mostrou que os problemas se apresentavam de forma distinta e ganhavam diferentemente a atenção. Assim, denominou "agenda" a lista de assuntos e problemas sobre os quais o governo concentra sua atenção num determinado momento.

Na literatura até então utilizada para este estudo, percebe-se um ponto de convergência entre os diversos "modelos de estágios da política": na perspectiva do ciclo, o primeiro passo no desenvolvimento de uma política é o de reconhecimento de um problema (também denominado "montagem da agenda" no modelo de Howlett e Ramesh).

Assim, os problemas são o ponto de partida para a geração de uma política pública. Entretanto, há que se entender que problemas são reconhecidos como relevantes e como acontece esse processo de reconhecimento. Foi com este objetivo que Kingdon (1984) propôs um estudo sobre duas políticas públicas desenvolvidas nos EUA (saúde e transportes), buscando compreender como alguns temas relativos a estas áreas passaram a integrar a agenda política e como foram construídas as alternativas para a tomada de decisão. Seu objetivo resumia-se em saber quando e de que forma um problema entrava ou não na agenda de decisão do governo. Sua pesquisa mostrou que os problemas se apresentavam de forma distinta e ganhavam diferentemente a atenção. Assim, denominou "agenda" a lista de assuntos e problemas sobre os quais o governo concentra sua atenção num determinado momento.

Como já demonstrado, o foco deste livro envolve a definição ou construção da agenda, ou seja, a agenda setting, tema a seguir desenvolvido, sob a perspectiva daquele autor.

1.3 Formação da agenda

Kingdon (1995, p.219), defende que "a primeira indagação a ser feita é por que alguns problemas e assuntos são colocados na agenda e outros não; por que certas alternativas são escolhidas e outras não". Assim, a agenda é definida a partir de uma gama de possibilidades de escolhas, em que as prioridades são justificadas por decisões nem sempre objetivas, de acordo, entre outros aspectos, com a capacidade de interferência do *lobby* no processo. Esse *lobby* é conduzido pelos interessados nessa política, os quais estarão identificados como os atores envolvidos no QCD (órgãos do governo, organismos paraestatais, representantes de classes, empreendedores e empresas), uma das abordagens analíticas utilizadas para este trabalho.

A formação da agenda, segundo Capella et al. (2015), tem sido objeto de questionamento e pesquisa desde o início dos anos 1970. Frey (2000) defende que a construção da agenda é onde se inicia qualquer política e se decide se um tema efetivamente será inserido na pauta política atual ou se deve ser excluído ou adiado para uma data posterior – e isto não obstante a sua relevância. Hayes (2002) também enfatiza a formação da agenda como a etapa fundamental para o ciclo de políticas públicas. Segundo o autor, inserir um item na agenda é uma forma de poder, o que também pode ser demonstrado pela manutenção de um item fora da agenda.

Capella et al. (2015) apresentam algumas questões analíticas a respeito da construção da agenda: (i) como investigar a emergência de questões na agenda governamental? (ii) como analisar a mudança de entendimentos a respeito de problemas públicos ao longo do tempo? (iii) como definir indicadores e parâmetros para a análise de mudanças na agenda? (iv) é possível observar o trânsito de questões da agenda pública para a agenda governamental? Um dos principais desafios para os estudos da agenda está na escolha dos indicadores da atividade governamental mais adequados para demonstrar a mudança de atenção sobre as políticas públicas. A forte influência da alta administração pública, e em especial do presidente, é um dos pontos de concordância na literatura de agenda setting desenvolvida no campo de políticas públicas.

1.3.1 Os fluxos do processo decisório e a janela de oportunidade

Já em 1984, Kingdon apresentou um estudo, apoiado em duas políticas públicas em curso nos Estados Unidos – saúde e transportes – na tentativa de identificar as razões que dominavam o fato desses temas terem entrado na agenda política do governo. Com esse foco, buscava saber quando e de que forma um problema entrava ou não naquela agenda. Kingdon (1984) propôs que para que um problema entre na agenda e seja tratado, a partir daí, como política, é necessário que exista uma "janela política". Essa janela é a oportunidade, o momento em que se apresentam as condições mais favoráveis para a construção de uma determinada política, seja em razão de uma situação natural surgida no ambiente (aparecimento de problema convincente) ou provocada por algum ou alguns dos atores (acontecimentos na corrente política).

A frase "*an idea whose time has come*"[24] transmite a realidade de um movimento emergente na política e na sociedade, que pode ser reconhecido por sinais como uma mudança marcante na opinião pública. Os governantes usam esta expressão sempre que estão defendendo alguma mudança em um marco regulatório. E proponentes de políticas

24. "Uma ideia cujo tempo chegou" (tradução livre).

públicas, de um modo geral, frequentemente tentam explicar o surgimento de uma nova questão com comentários do tipo: *Não sei, acho que chegou o momento de considerar esta ideia.* Mas como chega a hora de uma ideia? Kingdon (1999) cita em sua pesquisa a seguinte pergunta feita por um ator: *Como você identifica o momento em que uma ideia se torna necessária?*

O autor define agenda como a lista de problemas que são alvos de atenção em dado momento.

Na verdade, não é possível entender como se processam as escolhas em uma agenda, sem entender o processo político pré-decisório que as constitui.[25] Assim, a questão é "como as agendas governamentais são produzidas?". A resposta de Kingdon é fruto de três explicações: problemas, políticas e participantes "visíveis". Como o conjunto das possíveis alternativas para a escolha de políticas públicas é filtrado até se chegar às que realmente recebem suficiente atenção? Existem dois tipos de respostas: 1) as alternativas são produzidas e filtradas no desenvolvimento das próprias políticas públicas; e 2) o envolvimento dos participantes relativamente invisíveis, que são especialistas na área específica dessas políticas.

Para Kingdon (1999), as dinâmicas dos problemas, das políticas públicas e da própria política possuem, cada uma, sua vida própria. Entretanto, em alguns momentos essas três variáveis se convergem, por exemplo, com a urgente necessidade de atenção a um problema e uma proposta de política pública associada é oferecida como solução. Tal convergência pode acontecer também em função de um evento político, como mudança de governo. Assim e nesse momento, propostas relacionadas àquele evento político são separadas e envolvidas no novo contexto. Da mesma forma, os problemas que se encaixam na nova visão são enfatizados, enquanto outros são esquecidos. O autor denominou esses momentos de "janelas de oportunidade".

---

25. De acordo com Kingdon (1995), esse processo determina como e por que algumas alternativas para a escolha são consideradas enquanto outras são negligenciadas. Em primeiro lugar, o reconhecimento do problema é fundamental para a definição da agenda, ou seja, como os problemas podem vir a ser reconhecidos e como as condições desse reconhecimento os definem como problemas. É preciso também fazer a distinção entre participantes e processos, pois uma proposta pode estar pronta na corrente política (participantes), mas as condições políticas não estão adequadas para que possa ser incluída, limitando as suas possibilidades de inserção na agenda.

Contribuindo para uma melhor compreensão dos elementos que podem fazer parte do momento de decisão de uma política, o autor observou que uma política apresenta diferentes situações em razão das modificações ocorridas nos diversos cenários políticos, gerando o que diferenciou como três tipos de agenda:

1. agenda sistêmica ou não governamental – é o conjunto de assuntos e problemas do país, que ainda não despertaram a atenção dos atores da política e que aguardando o momento/oportunidade, disputando espaço para entrar na agenda governamental;
2. agenda institucional ou governamental – inclui os problemas que obtêm a atenção, mas ainda não foram apresentados para decisão; e
3. agenda decisória ou política – representada pelos problemas que estão sendo considerados e trabalhados nos processos decisórios.

Avançando mais, o autor concluiu que a entrada de um problema na agenda política não é resultado de um processo linear ou progressivo, mas sim fruto de uma mescla de fatores independentes que permeiam as estruturas de decisão, os quais chamou de fluxos do processo decisório, identificando-os como (i) fluxo de problemas (*problem stream),* (ii) de soluções e alternativas (*policy stream)* e (iii) da política (*politics stream).* Esses fluxos foram assim caracterizados:

i. fluxo de problemas – representado pelo conjunto de problemas existentes como consequência das condições sociais e o peso de cada um para despertar a necessidade de ação. Entretanto, somente a existência dos problemas não é capaz de influenciar a tomada de decisão, exigindo uma maior articulação.

ii. fluxo de alternativas e soluções – são propostas rotineiramente elaboradas pelos atores envolvidos na política. Via de regra, esses diferentes atores mobilizam os grupos políticos e iniciam a construção das forças de coalizão, trabalhando no sentido de identificar a oportunidade de propor soluções para os problemas.

iii. fluxo político – onde se encontra a política "propriamente dita" e onde se solidificam as coalizões, através das negociações necessárias. Percebe-se aí a influência de três aspectos sobre a agenda governamental: o "clima" ou "humor" nacional (momento político favorável em razão do carisma de um governante ou a conjuntura política, econômica e social); as forças políticas organizadas; e as mudanças ocorridas no interior do próprio governo. A exclusão de assuntos da agenda governamental também pode ocorrer. Dentre outros motivos, principalmente em razão de uma base de apoio insuficiente para manutenção do problema na agenda, por políticas mal formuladas, pela elaboração deliberada de uma política governamental para o enfraquecimento e/ou extinção de um problema, ou pela alteração da natureza do próprio problema.

Kingdon defende que o funcionamento desses fluxos é relativamente independente.

Entretanto, em algumas situações criam-se as "janelas de oportunidade" ou "janelas políticas" (*policy windows*). Essas janelas são o resultado da convergência desses fluxos, possibilitando a formação de novas políticas e/ou a mudança em políticas já existentes (Figura 2) e as suas aberturas têm caráter provisório, não se mantendo abertas por muito tempo.

Figura 2 - Fluxos do processo decisório e a entrada de temas na agenda de governo

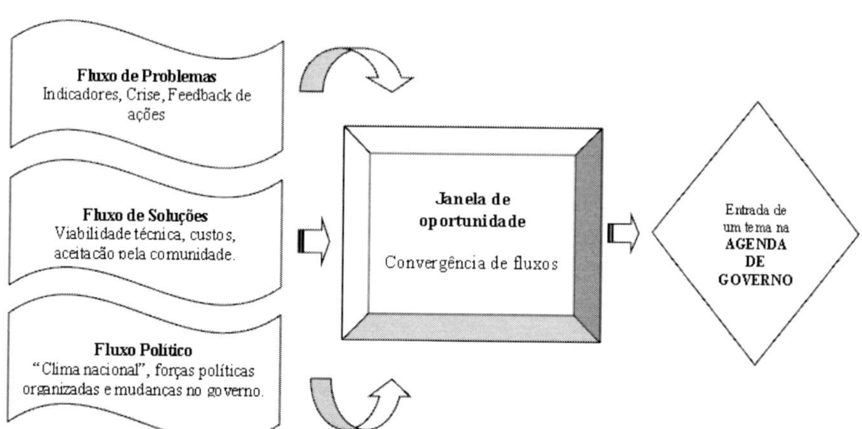

Fonte: Kingdon (1984); Baptista e Rezende (2012).

Kingdon (1995; 2003) define a agenda governamental como o conjunto de assuntos sobre os quais o governo e pessoas ligadas a ele concentram sua atenção num determinado momento. Ao explicar mudanças na agenda, além da análise dos processos (fluxos), o autor identificou atores relevantes, chamados "atores visíveis", que são indivíduos (ou grupos) que recebem atenção da imprensa e do público. Assim, destaca que o primeiro indicador relevante está direcionado aos atores mais influentes na definição da agenda. Entre esses atores, a alta administração – o presidente, seus assessores mais próximos e os indivíduos indicados em cargos de direção – exerce papel altamente relevante na definição das agendas.

O autor considera então que o presidente é um dos atores mais influentes no processo de agenda setting, em razão de manejar recursos institucionais – em especial os poderes de veto e de nomeação de pessoas para cargos-chave do processo decisório, percepção também compartilhada por Baumgartner e Jones (2005). Além dos que se concentram na alta administração, atores participantes do Poder Legislativo[26] também exercem influência sobre a agenda governamental (BAUMGARTNER e JONES, 1993; KINGDON, 2003).

Kingdon (1995) também destaca o papel dos empreendedores de política, pessoas que investem seus recursos em favor de determinadas políticas, atuando em qualquer fase da política, com poder de provocar-lhes alterações, podendo ser burocratas, acadêmicos, profissionais da mídia ou políticos. Focaliza os empreendedores na fase de determinação dos temas que entram na agenda das políticas públicas, explicando que eles podem ser encontrados tanto em posições formais quanto informais, dentro ou fora do governo.

O autor afirma que em situações estudadas, quase sempre é possível identificar uma pessoa ou um grupo de pessoas que são fundamentais para fazer com que determinado assunto tenha destaque na agenda política e em sua aprovação. Chama a atenção para algumas características constituintes do perfil e que contribuem para o sucesso dos empreendedores: fazer com que suas reivindicações sejam ouvidas e consideradas; ter conexões políticas e capacidade de negociação; ser persistente, provavelmente a mais importante, para Kingdon.

Nessa linha, Zahariadis (2003) destaca que os estudos sobre políticas públicas normalmente reconhecem o papel significativo dos empreendedores. O autor afirma que empreendedores de política advogam, apos-

26. Senadores e deputados, possuidores de autoridade legal para a produção de leis essenciais à grande maioria das políticas públicas.

tam, mediam, enfim, envolvem-se tanto para defender sua causa porque acreditam nela e porque têm metas claras e consistentes.

1.3.2 Origem do problema e a importância da análise de viabilidade

Majone (2006) defende que o conhecimento sobre como um problema foi definido é fundamental para se compreender o processo de formação da agenda. Como exemplo, cita uma observação feita pelo presidente John F. Kennedy: "a essência da decisão permanece impenetrável para o observador, muitas vezes até mesmo para o próprio juiz". Isto pode justificar o foco das teorias sobre a elaboração de políticas estarem sobre os processos de pré (definição de problemas, definição de agenda e análise de viabilidade são os principais componentes, estreitamente inter-relacionadas) e pós-decisão (em que a implementação, avaliação política, aprendizagem e dinâmicas das políticas estão entre as áreas mais pesquisadas de análise), em detrimento do atual momento da escolha.

No seu estudo sobre a formação de agenda, Majone deixa de lado aspectos que já se encontravam razoavelmente bem compreendidos (como o papel dos grupos de interesse e a importância das coligações), focando na análise de viabilidade, admitindo que existe um *gap* de conhecimento, chamado por ele de "déficit metodológico".

Ao afirmar que "a ideia política que não cumpre o critério de viabilidade é improvável de ser considerada como séria candidata a um lugar na agenda pública", o autor defende a importância da análise de viabilidade, cujo objetivo é identificar os problemas - econômicos, tecnológicos, políticos e institucionais que delimitam o espaço de escolhas possíveis. Apresenta uma estrutura lógica clara, discutindo aspectos como a possibilidade de algum indivíduo ou instituição poder deter o poder exclusivo sobre a agenda (controle da agenda). Ele explica que de uma forma geral, uma agenda monopolizada pode alcançar quase qualquer resultado desejado, citando como exemplo o controle sobre as propostas legislativas pelos comitês do Congresso dos EUA. Outros aspectos inseridos na estrutura da análise de viabilidade são as relações entre o estudo da agenda e a teoria democrática do país cuja política esteja sendo estudada,[27] o controle democrático das agências

27. O autor sugere que o pesquisador pode perceber na literatura sobre o processo democrático informações valiosas sobre a dinâmica da agenda setting (MAJONE, 2006).

governamentais de regulação através de procedimentos normalizados, a seleção de prioridades na agenda de decisão (focando na análise de risco) e finalmente, o crescente impacto dos fatores internacionais sobre a formação das agendas nacionais[28].

1.3.3 A importância da informação para a lógica da escolha política

Baumgartner e Jones (2005) adotam a crença de que a mudança política é impulsionada não só pelos aspectos aparentemente imutáveis das instituições políticas, preferências fixas, recursos e também pelo deslocamento da natureza do debate político, mas por uma complexa interação entre os elementos de cada um desses aspectos. Assim, a lógica simples é a seguinte: se a política é sempre matéria de debates, então é uma questão de informação.

Eles defendem que, visualizando sistemas políticos como instrumentos de processos de informação, a produção de ideias e a possibilidade de comparações não são possíveis com outras abordagens. Informações envolvem sempre um emissor, uma mensagem e um receptor. Essa defesa ancora-se no fato de que a maioria dos estudos de informação em ciência política estão centrados sobre o entendimento da sua confiabilidade, sua validade, ou as condições em que ocorre a comunicação. Nenhuma dessas perspectivas examina as respostas do receptor da informação, e isso é exatamente o que é necessário no estudo do desempenho dos governos. Assim, a questão é "Como é que os governos respondem com a política de entrada de informações?" (BAUMGARTNER e JONES, 2005). A justificativa para essa questão é a existência de dois grandes problemas no processamento da informação[29] na política: (i) em que condições serão fornecidas e (ii) como serão interpretadas e priorizadas, em razão de que a definição da agenda pode ser vista como um processo pelo qual um sistema político processa a informação recebida pelas diversas cor-

---

28. Pressões internacionais podem melhorar a qualidade da agenda nacional. A ameaça de retaliação econômica em casos de graves violações dos direitos básicos, por exemplo, mostra que o comércio internacional pode ser utilizado para empurrar a agenda de estados autoritários em um sentido mais humanitário (MAJONE, 2006).

29. Processamento de informação pode ser definido como o recolhimento, montagem e interpretação de sinais de prioridade, a partir do ambiente (BAUMGARTNER e JONES, 2005).

rentes. De alguma forma, essas diversas correntes devem ser atendidas, interpretadas e priorizadas. Então, o cerne da abordagem é como as informações são usadas na política e como elas são priorizadas.

Aqui o conceito de processamento de informações é fundamental. Ao explicarem o funcionamento do processo de informações para um tomador de decisão, Baumgartner e Jones (2005) desenvolveram uma teoria do processo de formulação de políticas. Destacam que há duas questões preliminares relativas à incorporação de informações nesse processo: (i) o fornecimento de informações e (ii) como essas informações são priorizadas através do processo político. No processo de tomada de decisão, essas duas questões encontram-se desenvolvidas em quatro etapas sequenciais: a de reconhecimento, em que um tomador de decisão reconhece que existe um problema; uma etapa de caracterização, na qual o problema surge para ser compreendido com base nos atributos relevantes que podem defini-lo, uma etapa alternativa, na qual as alternativas razoáveis são delineadas, e uma etapa de escolha, em que as alternativas são examinadas e uma escolha é feita (ver Figura 3).

1.3.4 Seleção da abordagem teórica

Como visto anteriormente, há diferentes perspectivas analíticas na explicação do processo de formação da agenda (KINGDON, 1984; 1995; BAUMGARTNER e JONES, 2005; MAJONE, 2006). Majone (2006) defende que o mais importante é a identificação da origem do problema (como o problema foi definido) e o estudo e conclusão sobre a viabilidade da ideia política, deixando em segundo plano outras variáveis; Baumgarten e Jones (2005) apontam para a teoria da "lógica da escolha", na qual, para o tomador de decisão, o aspecto fundamental prende-se às informações, relativamente às suas fontes, à qualidade dessas informações disponíveis e à capacidade de processamento delas, o que vale dizer, às suas priorizações no desenvolvimento do processo político.

Já Kingdon (1984; 1995) apresenta um modelo que considera um escopo mais abrangente, no qual o processo político é estudado através de três fluxos: o de problemas, o de alternativas e soluções e o fluxo político. Para Kingdon, o momento de convergência desses fluxos cria o que chamou de "janela de oportunidade". Assim, explica como um problema entra ou não na agenda do governo, ou em outras palavras, porque alguns problemas são agendados e outros não.

Figura 3 - A lógica da escolha

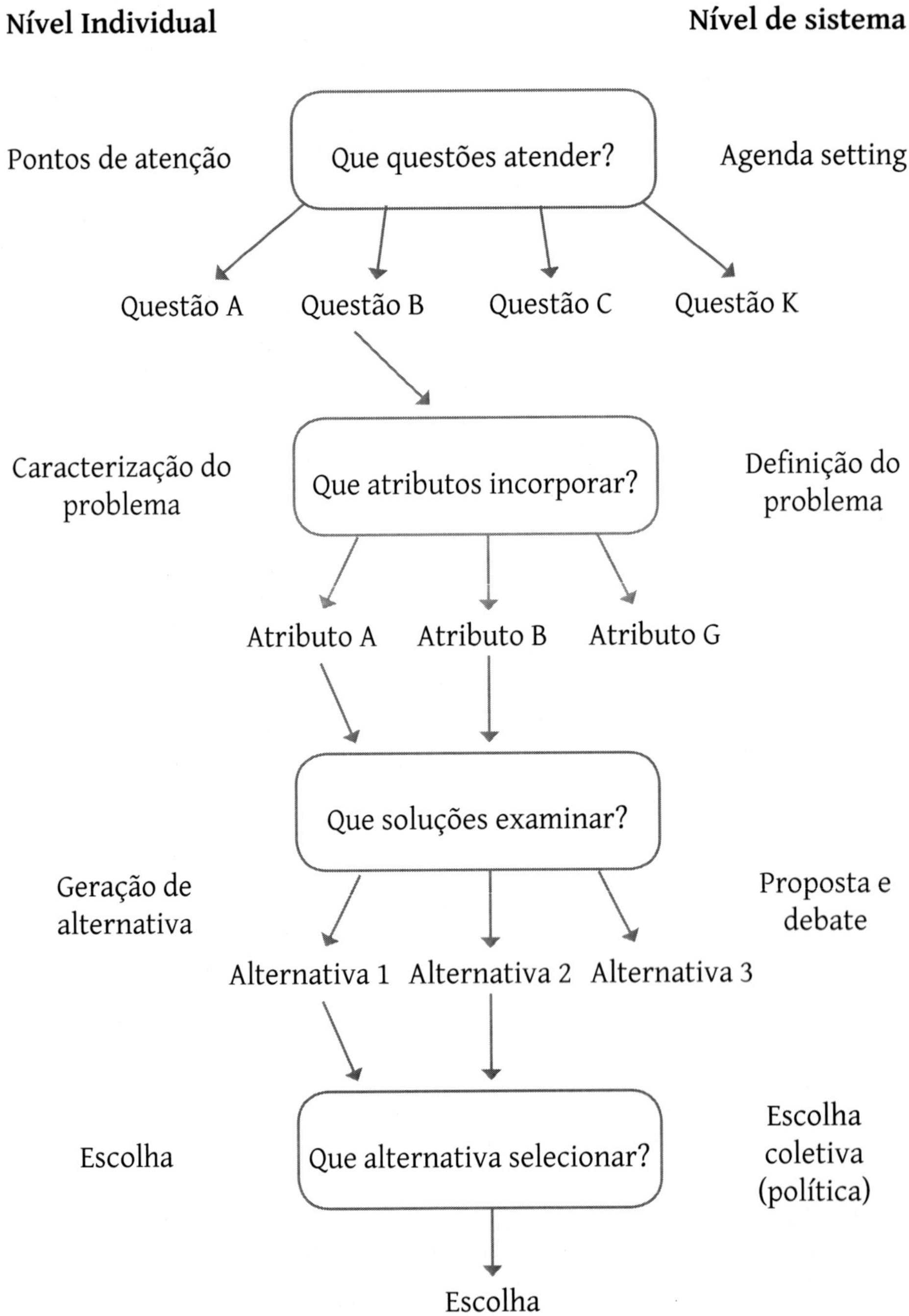

Fonte: adaptado de Baumgartner e Jones (2005).

Este livro adota o modelo explicativo de Kingdon, por demonstrar uma maior capacidade de arrolar uma gama mais diversificada de variáveis e, consequentemente, apresentar maiores chances de apreender a percepção do funcionamento do processo.

Entretanto, essa escolha não significa o negligenciamento das demais abordagens: 1) consideramos que os aspectos principais das teorias apresentadas por Baumgartner e Jones (2005) e Majone (2006) são naturalmente tomadas em conta, de alguma forma, no modelo de Kingdon e 2) é perfeitamente possível e natural a observação e o consequente desenvolvimento de qualquer estudo através do aproveitamento de abordagens de mais de um modelo. Esta posição é reforçada por Sabatier (2007, p.6), ao referenciar Stinchcomb (1968) e Loehle (1987). O autor sustenta que os cientistas devem estar conscientes e capazes de aplicar perspectivas teóricas diferentes, não apenas uma única.

Na sequência, o marco analítico utilizado diz respeito à formação da agenda (*agenda setting*), que segundo Kingdon (1984) visa pesquisar como o problema apresentado encontra-se inserido na agenda institucional ou governamental, que inclui os problemas que obtêm a atenção, mas ainda não foram selecionados para decisão.

1.4 Quadro de Coalizões de Defesa

O Quadro de Coalizões de Defesa (*Advocacy Coalition Framework*) desenvolvido por Sabatier e Jenkins-Smith (1999) foi escolhido como modelo teórico-analítico para o desenvolvimento da pesquisa, com o objetivo de explicar o processo de agenda setting. Sua natureza sintética auxilia a análise com foco em cada componente individual, incluindo a lógica por trás da formação de coalizões e da mudança de política, bem como o papel dos agentes no processo de formulação de políticas. Sabatier (1993) defende tratar-se de uma ferramenta particularmente útil para lidar com as diversas variáveis mais relevantes envolvidas no processo político. O marco facilita a compreensão das políticas e prioridades que estão envolvidas na gestão de conflitos que surgem a partir da interação de diferentes níveis de governo e vários atores durante a implementação das políticas públicas formuladas (ESSAYS, 2013, p. 1)[30]. Este entendimento, segundo Nohrstedt (2011), deve-se ao

30. De acordo com Faria (2003), a boa receptividade ao modelo QCD, em especial, deve-se à existência da necessidade de ferramentas que auxiliem compre-

avanço na compreensão e explicação da formação de coalizões de defesa e de comportamento, orientação de aprendizagem da política e mudança de política.

O QCD utiliza treze hipóteses relativas à estrutura das coalizões e de seus sistemas de crenças[31], às mudanças políticas e ao aprendizado entre coalizões. Essas hipóteses atualizadas do QCD são assim definidas (SABATIER e JENKINS-SMITH, 1999, p. 124-145):

a) Hipóteses de coalizão (relativas às coalizões de defesa)

a.1) No âmbito de um subsistema de política maduro, o alinhamento dos aliados e oponentes em relação às controvérsias que envolvem crenças centrais (*core beliefs*) tende a ser consideravelmente estável ao longo de uma década ou mais.

a.2) Atores no âmbito de uma coalizão de advocacia mostrarão consenso substancial em relação a questões pertinentes ao núcleo político (*policy core*), e menos em relação a aspectos instrumentais.

a.3) Um ator (ou coalizão) desistirá de aspectos instrumentais de seu sistema de crenças antes de assumir fraquezas no núcleo político (*policy core*).

a.4) No âmbito de uma coalizão, as agências administrativas geralmente advogarão posições mais moderadas do que seus aliados em grupos de interesse.

a.5) Elites de grupos de interesses ideológicos (*purposive groups*) são mais limitadas em sua expressão de crenças e posições sobre políticas do que elites de grupos de interesses materiais.

a.6) Atores que compartilham crenças do núcleo político (*policy core*) são mais propensos a se submeter à coordenação de curto prazo

ender melhor o processo decisório que opera as políticas públicas, que há muito vêm se caracterizando pela complexidade nas diversas variáveis envolvidas, pelos conflitos de metas, pelas disputas técnicas, pelos variados atores e níveis de governo. Segundo o autor, abordagens mais tradicionais têm negligenciado características como as interações não hierárquicas, baixa formalização de recursos e informações, participação de organizações multinacionais e redes de especialistas.

31. Entendidas no modelo como as ideias comuns direcionadas ao campo da política estudada, compartilhadas por cada coalizão, utilizadas para trabalhar informações e negociar posições.

quando veem seus oponentes como (a) muito poderosos e (b) muito capazes de impor custos substanciais sobre eles, se vitoriosos.

b) Hipóteses de mudança (relativas às mudanças na política pública)

b.1) Os atributos fundamentais de um programa governamental não serão significativamente revisados enquanto a coalizão que instituiu o programa permanecer no poder, exceto quando a mudança for imposta por uma jurisdição hierarquicamente superior.

b.2) Perturbações significativas externas ao subsistema (por exemplo, mudanças nas condições socioeconômicas, opinião pública, coalizões governantes ou decisões políticas de outros subsistemas) constituem causa necessária, mas não suficiente, de mudança nos atributos fundamentais de um programa governamental.

c) Hipóteses de aprendizado (relativas ao processo de aprendizado orientado a políticas públicas)

c.1) Aprendizado político entre sistemas de crenças é mais provável quando há um nível intermediário de conflito informado entre as coalizões. Nessa situação, é provável que: (i) cada coalizão possua os recursos necessários para se engajar em tal debate; e (ii) o conflito seja entre aspectos instrumentais de um sistema de crenças e elementos do núcleo político (*policy core*) do outro ou, alternativamente, entre importantes aspectos instrumentais dos dois sistemas de crenças.

c.2) Problemas em relação aos quais existem teorias e dados quantitativos aceitáveis são mais conducentes a aprendizado político entre sistemas de crenças do que aqueles em que a teoria e os dados são em geral qualitativos, muito subjetivos ou ausentes.

c.3) Problemas que envolvem sistemas naturais são mais conducentes a aprendizado político entre sistemas de crenças do que aqueles que envolvem sistemas puramente políticos ou sociais, porque nos primeiros muitas das variáveis críticas não são estrategistas ativos e experiências controladas são mais factíveis.

c.4) Aprendizado político entre sistemas de crenças é mais provável quando existe um fórum que é (i) prestigiado o suficiente para forçar profissionais de diferentes coalizões a participar; e (ii) dominado por normas profissionais.

c.5) Mesmo quando a acumulação de informação técnica não altera a visão da coalizão oposta, ela poder ter importantes impactos na política – ao menos no curto prazo – pela alteração das visões dos agentes políticos (*policy brokers*) ou outros importantes agentes governamentais.

Tendo em conta o objetivo da pesquisa, são avaliadas seis das hipóteses apresentadas (Quadro 2), a partir das quais são delineadas as dimensões analíticas empregadas.

Quadro 2 - Hipóteses selecionadas

HIPÓTESES	ABORDAGEM	DIMENSÃO ANALÍTICA
a) De coalizão		
a.1) 'Alinhamento espacial'	No âmbito de um subsistema de política maduro, o alinhamento dos aliados e oponentes em relação às controvérsias que envolvem crenças centrais (*core beliefs*) tende a ser consideravelmente estável ao longo de uma década ou mais.	A pesquisa abrange o período de 1995-2015. Aborda prováveis influências nas políticas públicas de empreendedorismo em razão da existência de ideologias políticas diferenciadas entre os governos no referido período, o que permite observar o efeito do aprendizado no arranjo institucional.
b) De mudança		
b.2) 'Perturbações externas'	Perturbações significativas externas ao subsistema (por exemplo, mudanças nas condições socioeconômicas, opinião pública, coalizões governantes ou decisões políticas de outros subsistemas) constituem causa necessária, mas não suficiente, de mudança nos atributos fundamentais de um programa governamental.	Visa validar uma possível hipótese auxiliar da pesquisa, se a crise econômica global de 2008 influenciou a decisão do lançamento, em 2012, da "Proposta de Teses e Diretrizes para a Política Nacional de Empreendedorismo e Negócios".

Continuação

c) De aprendizado		
c.1) 'Probabilidade de aprendizado'	É mais provável a existência de aprendizado político entre sistemas de crenças quando há um nível intermediário de conflito informado entre as coalizões. Nessa situação, é provável que: (i) cada coalizão possua os recursos necessários para se engajar em tal debate; e (ii) o conflito seja entre aspectos instrumentais de um sistema de crenças e elementos do núcleo político (*policy core*) do outro ou, alternativamente, entre importantes aspectos instrumentais dos dois sistemas de crenças.	Estabelece o nível de conflito existente entre coalizões formadas por órgãos não governo e o próprio governo, com base em nas crenças identificadas.
c.2) 'Problemas com dados quantitativos aceitáveis'	Problemas em relação aos quais existem teorias e dados quantitativos aceitáveis são mais conducentes a aprendizado político entre sistemas de crenças do que aqueles em que a teoria e os dados são em geral qualitativos, muito subjetivos ou ausentes.	Visa quantificar a importância do empreendedorismo. Assim, a análise se prende às razões pelas quais o aprendizado político entre os sistemas de crenças parece não ocorrer.
c.3) 'Aprendizado político entre sistemas de crenças	Aprendizado político entre sistemas de crenças é mais provável quando existe um fórum que é (i) prestigiado o suficiente para forçar profissionais de diferentes coalizões a participar; e (ii) dominado por normas profissionais.	Contribui para a análise do nível de prestígio do(s) fórum(ns) existente(s) e sua(s) capacidade(s) para motivar a participação de representantes de diferentes coalizões.

Continuação

c.4) 'Importância da informação técnica'	Mesmo quando a acumulação de informação técnica não altera a visão da coalizão oposta, ela pode ter importantes impactos na política – ao menos no curto prazo – pela alteração das visões dos agentes políticos (*policy brokers*) ou outros importantes agentes governamentais.	Contribui para a análise das razões pelas quais: (i) a ampla e acessível informação técnica não altera o posicionamento da coalizão com poder para influenciar mudança e (ii) nível de impacto causado à política.

Fonte: elaboração do autor, a partir de Sabatier e Jenkins-Smith (1999).

A Figura 4 apresenta o quadro analítico do QCD. No lado esquerdo, estão dois conjuntos de eventos exógenos. Um bastante estável (parâmetros relativamente estáveis do sistema) e outro mais dinâmico (eventos externos) e que afetam as restrições e oportunidades dos atores dentro do subsistema, geralmente considerados como sendo fatores essencialmente não cognitivos. No lado direito, apresenta-se a dinâmica dos componentes internos do subsistema político no qual geralmente ocorre a dinâmica do *policy-oriented learning* (fatores cognitivos). A mudança na política pública é interpretada como uma função tanto da competição no interior do subsistema quanto da influência dos eventos exógenos (VICENTE; CALMON, 2011).

Figura 4 – Diagrama do QCD

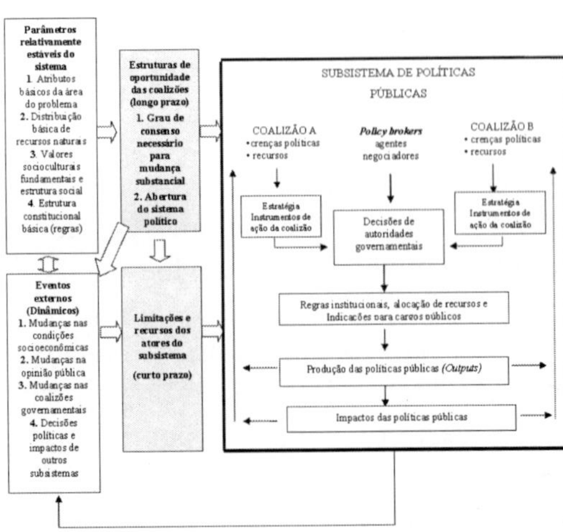

Fonte: Vicente; Calmon, 2011 (adaptado de SABATIER e WEIBLE, 2007).

1.4.1 Problemas e limites

Segundo Capelari et al. (2015), três são as principais e mais conhecidas críticas feitas ao modelo. A principal aponta que seu quadro analítico se baseia em poucas relações causais estabelecidas. A fim de tentar compreender os processos políticos, acabaria sendo mais utilizado como orientador de discussões, por possuir nível epistemológico relativamente baixo. Assim, seria mais uma ferramenta descritiva e analítica do que explicativa capaz de interpretar mudanças nas políticas e nas crenças. A segunda sustenta o argumento de que o QCD estaria mais alinhado com os quadros políticos pluralistas mais próximos do sistema americano, rejeitando questões inerentes aos conflitos distributivos internos entre os membros das coalizões. A terceira refere-se ao tempo de análise. Como a sua proposta abrange um período de 10 anos ou mais, não conseguiria abarcar o gerenciamento de crises políticas.

Considerando o desenvolvimento do estudo, entretanto, permitimo-nos o contraponto. Em primeiro lugar, acreditamos que, por si só, o conhecimento das críticas existentes representa um passo bastante importante para que a pesquisa seja metodologicamente conduzida com a maior acuidade possível, com vistas a evitar ao máximo as armadilhas acima descritas.

Em relação à primeira crítica, pretende-se que o QCD seja utilizado principalmente como um instrumento explicativo. A tendência em montar um modelo mais robusto sob o ponto de vista metodológico, levaria a uma percepção apenas mais analítica. Então, procuramos utilizar o direcionamento do modelo de forma mais objetiva para a sua aplicação em caso específico, sem abandonar o método recomendado pelos seus autores. Quanto à segunda crítica, seu efeito pode ser minimizado. Seguindo a recomendação de Capelari et al. (2015, p. 98), é preciso compreender o nível de influência de jornalistas, cientistas e comunidade acadêmica, verificando, mesmo que parcialmente, a fim de verificar se o ambiente político externo ao subsistema de políticas públicas afeta o comportamento dos integrantes das coalizões, gerando dinâmicas diferenciadas de mudança na política pública. Finalmente, a terceira crítica parece ser a que apresenta maior dificuldade, tendo em vista a necessidade de se inserir as coalizões no tempo e no espaço, caracterizando seu contexto, por meio dos parâmetros estáveis.

Este livro adotou o modelo teórico do QCD para explicar o processo de formulação da agenda da política pública de empreendedorismo, pois a mesma orienta a pesquisa para a identificação e análise dos grupos de atores (coalizões de defesa) participantes, suas crenças (como são formadas e como elas afetam a estrutura das coalizões), suas capacidades de influência e envolvimento nas formulações e decisões da política em questão. Entretanto, cuidados metodológicos foram observados para avançar no modelo, face às críticas apresentadas.

Capelari et al. (2015, p. 93), citando Sabatier e Weible (2007), explicam que o QCD descreve três mecanismos de mudanças:

> 1) a oriunda de aprendizado orientado às políticas públicas, que causa mudanças por motivar revisões nos objetivos políticos do subsistema, em razão da adição de experiência e novas informações;
>
> 2) os choques internos, que podem gerar mudanças na política pública, entendidos como eventos que atraem a opinião pública, ressaltam vulnerabilidades, falhas, negligências e adicionam novas informações ao processo político; e
>
> 3) os acordos negociados, gerados entre as coalizões que anteriormente se encontravam em conflito. Esse mecanismo proporciona ao QCD uma visão mais consistente a respeito da identificação de condições envolvendo mudanças importantes na política pública.

Dentre os diferentes mecanismos descritos, este livro aborda o "caminho do aprendizado", cujo direcionamento teórico encontra-se apoiado em vários autores (SCHÖN, 1973; HECLO, 1976; HALL, 2004; FREEMAN, 2006; FREIRE, 2015).

1.4.2 O caminho do aprendizado

De acordo com Freeman (2006), o aprendizado é essencial, mas é um termo de difícil definição. O que significa aprender e como isto pode ser feito? Em se tratando de política pública, a aprendizagem não é apenas o que e o como, mas também o seu por que. A política pública é uma ciência aplicada e aprendizagem é muito do seu racional. A política sempre foi explorada e explicada com uma sensação de que a aprendizagem pode ser útil, que poderia fornecer lições para os governos.

Observando as diferentes maneiras de pensar sobre aprendizagem em políticas públicas, o autor defende ser possível distinguir os modelos ou modos de diferentes pensamentos sobre ela, descrevendo-os como mecanicista e orgânico. A intenção é realçar as questões essenciais que qualquer objetivo de aprendizagem deve conter. O argumento subjacente é que a maneira como pensamos sobre a aprendizagem é o que determina o quanto ela é bem-feita.

De acordo com Schön (1973), a aprendizagem relaciona-se a processos de difusão e convergência; "a essência do processo de difusão é a interação humana em que uma pessoa comunica uma nova ideia para uma nova pessoa". Vemos então que este conceito de difusão (aqui equivalente à aprendizagem) é uma relação entre alguém que sabe e alguém que não sabe. E segundo Eyestone (1977 apud FREEMAN, 2006), a ideia de difusão refere-se a um padrão de adoções sucessivas ou sequenciais de determinadas práticas, políticas ou programas, quer entre países, quer entre quaisquer jurisdições subnacionais.

A convergência pode ser explicada de duas formas: (i) por exemplo, um país atingiu um determinado nível de desenvolvimento em algum momento após outros dois e ainda outros dois países aprenderam com os primeiros, ou provavelmente, algo de ambas situações; (ii) a convergência em políticas públicas pode ou não ser tomada como expressão de mudanças subjacentes na estrutura econômica, social e política (BENNETT, 1991, apud FREEMAN, 2006).

Schön (1973) desenvolveu uma discussão de "governo como um sistema de aprendizagem", explorando as maneiras com que novas ideias vêm à proeminência, ganha aceitação e são implementadas. Ele observa que a nova ideia na maioria das vezes muda em razão das mudanças de seu ambiente. Esse pensamento é um modelo racional e experimental de conhecimento e utilização, o que pressupõe que o conhecimento derivado de experiência pode e deve ser aplicado para a próxima ocorrência comparável.

Heclo (1976) se refere ao interesse dos historiadores na aprendizagem em seu relato sobre o desenvolvimento da política social na Grã-Bretanha e na Suécia, onde analisa a história das políticas de manutenção de renda e as questões fundamentais que têm sido levantadas nos últimos cem anos, na esteira dessas políticas, defendendo que a influência dos funcionários é o fator mais consistente para fazer política. Descrevendo a evolução socioeconômica, bem como a política em fatores como eleições, partidos e grupos de interesse, argumenta que o problema não é escolher entre as variáveis, mas descobrir como elas atuam juntas. O autor enfatiza que os funcionários públicos foram cruciais para o desenvolvimento da política na Grã-Bretanha e Suécia. De acordo com o mesmo autor, a aprendizagem não é aleatória, mas sim moldada por três dimensões: indivíduos, organizações e as relações entre elas e o impacto da política anterior. Fundamentalmente, eles estão em rede entre países e o que pensam e sabem vem de informação e atenção ao que se passa em outro local.

Talvez o principal condicionador seja a política anterior. Os decisores políticos raramente se envolvem em território desconhecido. Eles são muito mais frequentemente confrontados com o legado de decisões anteriores e os problemas que abordaram, resolvidos, e às vezes reproduzidos. Uma característica fundamental da teoria da aprendizagem não é apenas a maneira em que as percepções e disposições iniciais moldam uma resposta específica a um estímulo, mas a maneira com que esta resposta é reforçada pelos efeitos que produz. O que se aprende depende do que se faz. Dessa forma, a formulação de políticas públicas é um processo contínuo de interação e reiteração. Apenas alguns tipos de aprendizagem parecem ter lugar dentro do próprio Estado (HECLO, 1973).

Referindo-se à aprendizagem política na prática, Rose (2005) explica o assunto como uma "lição de desenho", tentando ser prescritivo sobre o seu significado. Destaca que a "lição de desenho" não diz respeito aos princípios de elaboração de agenda ou construção da política, mas sim ao entendimento do assunto como uma atividade tanto normativa quanto prática. Observa tratar-se de "uma conclusão orientada para a ação sobre programas em operação em outros lugares". Segundo ele,

> a lição não é um conjunto desconexo de ideias sobre o que fazer. Ela requer um modelo de causa e efeito, mostrando como um programa concebido com base na experiência de outros países pode alcançar uma meta desejada, se adequada à própria competência do novo elaborador. (ROSE, 2005).

Os decisores políticos normalmente começam a procura de informações partindo das que estão ao alcance das mãos, ao mesmo tempo buscando alguma "identificação subjetiva" com seus similares em outros lugares, que possa provavelmente ser significativa. A etapa seguinte do processo consiste na modelagem ou abstração de programas existentes, a fim de analisar os seus componentes essenciais. Para que sirva como material de transferência, a experiência exterior deve ser abstraída do contexto em que está inserida. Em seguida, um programa pode ser simplesmente copiado de um outro lugar ou emulado, o que significa ajustá-lo de alguma forma à nova circunstância doméstica. Combinando elementos de mais de um programa em mais de um lugar, eleva-se a hibridação ou síntese, enquanto que, com base na experiência em outros lugares, obtém-se estímulo intelectual, o que equivale a um novo programa como inspiração. O aprendizado com outros é inevitavelmente moldado por outros fatores, tais como o poder político, opinião de especialistas e os valores dos decisores políticos (ROSE, 2005, p. 58).

Sobre os elementos da aprendizagem, Freeman (2006) explica que a literatura apresenta duas maneiras diferentes de pensar, sendo uma positivista (ou mecanicista) e a outra construcionista (ou orgânica). O primeiro modelo, o positivista ou mecanicista, assume que uma coisa existe no tempo e no espaço, podendo ser transferida e utilizada em outro momento e/ou local. O que importa são os vetores, acoplamentos e comunicações utilizados para que isto seja alcançado. Para ele, transferência a título de conhecimento, tecnologia ou política pública, é um ato de engenharia. O reconhecimento de que a racionalidade é limitada, que a ação é limitada por instituições e que, como resultado disso as políticas adotadas em outros lugares também são invariavelmente adaptadas, leva ao entendimento de um mecanismo qualificado.

O segundo modelo, construcionista ou orgânico, trata a política como emergente. Refere-se à política como não existente em qualquer lugar de forma acabada ou pronta para ser observada e aprendida, mas sim produzida no ato de se observar e aprender. A aprendizagem é o resultado de uma série de comunicações e não a sua entrada, sendo gerada em vez de disseminada. Segundo Freeman (2006), os elaboradores da política são normalmente obrigados a agir em circunstâncias em que a sua informação, a sua imaginação e seus recursos são inevitavelmente incompletos. E não é apenas não saber o suficiente. Heclo (1974) defende que o que sabemos fazer hoje é, em parte, determinado pelo que foi feito antes. Significa dizer que as políticas públicas representam um processo de adaptação ao longo do tempo.

Freeman observa que a aprendizagem, então, gira em torno da comparação, a qual pode servir como uma forma de avaliação, buscando caminhos para possíveis melhorias da política. A conclusão é que a análise comparativa como classicamente concebida é rica e valiosa, mas não representa um guia suficiente para a política. Assim considerada, a maior parte da aprendizagem é baseada em uma ordem de comparação diferente e o entendimento de suas implicações é necessariamente um processo interpretativo. Comparar uma coisa com outra coisa implica o reconhecimento logicamente anterior ou a suposição de que elas são exatamente comparáveis.

1.5 Marco analítico

Segundo os seus criadores (SABATIER e JENKINS-SMITH, 1993; 1999), os atores e seus sistemas de crenças constituem a essência do QCD. Assim, para o entendimento dessa relação através da aplicação do modelo, partimos do estabelecimento de oito pontos básicos. Assim são definidos, na sequência, os pontos: (1) definição do subsistema político a ser estudado; (2) identificação dos atores desse subsistema; (3) definição do período a que se refere o estudo; (4) identificação dos documentos públicos considerados para análise; (5) estabelecimento dos módulos de pesquisa e a associação dos mesmos com os documentos analisados; (6) construção do código de análise documental; (7) estabelecimento do sistema de crenças e (8) definição das coalizões.

1.5.1 Estrutura do modelo

1.5.1.1 *Subsistema político*

As políticas públicas são estruturadas em subsistemas constituídos pelo conjunto de atores individuais ou coletivos, de organizações públicas e privadas, que lidam com uma determinada área ou problema de ordem pública (SABATIER e JENKINS-SMITH, 1999). Weible et al. (2011) explicam que as teorias do QCD precisam ser contextualizadas no subsistema, dentro do sistema de governo mais amplo.

Para Sabatier (2007), um subsistema é caracterizado por duas dimensões: uma funcional/material (o campo de interesse) e uma territorial/geográfica. O conjunto de atores da política inclui não apenas o tradicional "triângulo de ferro" de legisladores, funcionários da agência e líderes de grupos de interesse, mas também pesquisadores e jornalistas que se especializam nessa área política (HECLO 1978; KINGDON 1995 apud SABATIER, 2007) e funcionários judiciais que regularmente intervêm em um subsistema político.

De acordo com Sabatier (2007), a mudança política é uma função tanto da competição dentro do subsistema como de eventos fora do subsistema, que é caracterizado por duas dimensões: uma funcional/material (o campo de interesse) e uma territorial/geográfica.

Então a partir deste entendimento, foi estabelecido como foco para este estudo, o subsistema "formação da agenda de políticas públicas de empreendedorismo", dentro do sistema de políticas públicas de empreendedorismo. Esse subsistema estabelecido contempla o objeto, o problema e os objetivos da pesquisa.

1.5.1.2 *Atores do subsistema*

Atores são grupos e/ou pessoas que atuam de alguma forma para o desenvolvimento de determinada política pública. O conjunto de atores da política inclui não apenas o tradicional "triângulo de ferro" de legisladores, funcionários da agência e líderes de grupos de interesse, mas também pesquisadores e jornalistas que se especializam nessa área política (HECLO, 1978; KINGDON, 1995 apud SABATIER, 2007) e funcionários judiciais que regularmente intervêm em um subsistema político. Assim, buscamos identificar e caracterizar esses atores em dois grupos: (i) atores governamentais e (ii) atores não governamentais. A identificação desses atores encontra-se descrita no capítulo 4, no qual se desenvolvem as evidências identificadas.

1.5.1.3 *Período observado*

Considera-se o prazo mínimo de dez anos de análise demandado para a aplicação consistente do QCD, conforme previsto pelos autores do modelo (SABATIER e JENKINS-SMITH, 1999, p. 120). Para o desenvolvimento deste livro, observou-se o período 1995-2015, também com o objetivo de identificar prováveis influências nas políticas públicas de empreendedorismo, em razão da existência de ideologias políticas diferenciadas entre os governos, no referido período, o que permite observar o efeito do arranjo institucional no aprendizado. O período estudado está dividido em três fases.

1) 1995 a 2002: governo de Fernando Henrique Cardoso (PSDB);
2) 2003 a 2011: governo de Luiz Inácio Lula da Silva (PT);
3) 2012 a 2015: governo de Dilma Rousseff (PT).

1.5.1.4 *Documentos públicos considerados para análise*

Sabatier e Jenkins-Smith (1999) apontam a análise do conteúdo de documentos públicos como a metodologia mais adequada para as pesquisas aplicando o QCD. A análise dos documentos selecionados foi realizada a partir dos atores do subsistema, com base no sistema de crenças (*deep core, policy core* e *secondary aspects*), explicitado na subseção 1.5.1.7.

1.5.1.5 *Estabelecimento dos módulos de pesquisa e sua associação com os documentos analisados*

Módulos de pesquisa são os subtemas norteadores da pesquisa, iniciada pela observação dos documentos públicos. A seleção dos módulos considerou aspectos observados no documento intitulado Proposta de Teses e Diretrizes para a Política Nacional de Empreendedorismo e Negócios e, obviamente, a sua relevância. Esse documento foi produzido e disponibilizado para consulta pública em julho de 2012, sob a responsabilidade do Ministério da Indústria, Comércio Exterior e Serviços - MDIC, com participação da Universidade de Brasília - Centro de Apoio ao Desenvolvimento Tecnológico da UnB (CADTEC). Foi escolhido como documento base, em razão de apresentar de forma mais direta e consistente, até o momento, a vontade estatal de tratar o tema empreendedorismo de forma específica. Além dos aspectos observados nessa análise inicial, foram incorporados outros, julgados como pertinentes e relevantes pelo autor, tendo em vista o contexto em estudo.

1.5.1.6 *Construção do código de análise documental*

O estudo exploratório inicial dos documentos para a construção do código de análise documental é recomendado pelos autores do modelo (JENKINS-SMITH e SABATIER, 1993, p. 243). O código de análise documental foi elaborado de forma a priorizar categorias de crenças políticas potencialmente aplicáveis de uma forma ampla às políticas de empreendedorismo, considerando o sistema de crenças (vide subseção a seguir).

1.5.1.7 *Estabelecimento do sistema de crenças*

O QCD se concentra na interação de coalizões de defesa - cada uma composta de atores de uma variedade de instituições que compartilham um conjunto de crenças dentro de um subsistema de política. Assume que os atores têm crenças políticas fortes e estão motivados para traduzir essas crenças no jogo político. Informações técnicas e científicas têm um papel importante na modificação das crenças dos participantes da política, o mesmo acontecendo com pesquisadores sob diversas formas, que estão entre os jogadores centrais de um processo político.

Como explicam Capelari et al. (2015), esses atores formam dentro do subsistema as coalizões de defesa, entendidas como elementos essenciais do QCD. Elas se formam naturalmente pela aglutinação de atores que compartilham as mesmas ideias direcionadas ao campo de políticas públicas relativo ao subsistema. Essas ideias são entendidas no modelo como "crenças", que são utilizadas pelos atores para trabalhar informações e negociar posições. Obviamente, as divergências entre as crenças existentes dificultam os processos de negociação e, consequentemente, as mudanças nas políticas públicas. Isto acontece porque a resolução de conflitos entre as coalizões é complexo por excelência, pois as óticas dos atores pertencentes às coalizões envolvidas no subsistema são diferentes.

A forma proposta por Sabatier e Jenkins-Smith (1993; 1999) é um esquema baseado em um sistema de crenças, organizado de acordo com uma estrutura hierárquica em três partes, apresentada em grau decrescente de resistência às mudanças, de acordo com Araújo (2007):

1) núcleo duro (*deep core*) - formado pelos axiomas normativos e ontológicos fundamentais;

2) núcleo político (*policy core*) - representado pelas posições mais importantes sobre a política pública, voltadas às estratégias básicas, às opções programáticas e à teoria de ação para se atingir os valores do núcleo duro no interior do subsistema; e

3) aspectos secundários ou instrumentais (*secondary aspects*) - são as decisões instrumentais, as medidas e as informações necessárias para implementar o núcleo político.

As crenças abrangidas pelo núcleo duro não estão limitadas pelo campo de políticas públicas a que se refere o subsistema. Mudanças nesse nível do sistema de crenças são extremamente difíceis, equivalem quase a uma conversão religiosa (BONAFONT, 2004, apud ARAÚJO, 2007). Quanto ao núcleo político, encontram-se aí as bases normativas essenciais, como a orientação sobre prioridades básicas e a identificação de grupos sociais ou outras entidades cujo bem-estar é objeto de maior consideração, bem como preceitos com componente empírico substancial, como os que se referem a: causas básicas do problema, distribuição adequada de autoridade entre o governo e o mercado e entre os diferentes níveis de governo, prioridades entre os diferentes instrumentos de política pública, preferências políticas de destaque etc. A maior parte das preferências concretas em termos da política pública em questão vai estar inserida no nível dos aspectos instrumentais. As preferências políticas que se inserem no núcleo político são aquelas que abrangem todo o subsistema, são altamente salientes e são objeto de conflito relevante por algum tempo. Essas preferências de destaque são crenças que projetam como o subsistema de políticas públicas deveria ser, provêm um guia para o comportamento estratégico das coalizões, unem aliados e dividem oponentes (SABATIER e WEIBLE, 2007).

1.5.1.8 *Definição das coalizões*

Para Petridou (2013), a compreensão da arquitetura de crenças e como elas afetam a estrutura das coligações é um aspecto fundamental do QCD. A definição das coalizões de defesa é a última etapa da sua operacionalização, a partir do estabelecimento do sistema de crenças. Para que isso seja possível, trata-se de identificar os atores (ou grupos) que compartilham as mesmas ideias, crenças e valores, formando as coalizões que, através de determinados conjuntos de recursos, tentam atingir seus objetivos políticos. De acordo com Weible (2003, p. 462),

> cada coalizão adota diferentes estratégias para alterar o comportamento das autoridades governamentais. Na maioria dos subsistemas, haverá uma coalizão dominante que é mais bem-sucedida em traduzir suas metas em ações governamentais.

No próximo capítulo, trataremos do tema Competitividade, Inovação e Empreendedorismo, buscando consolidar a percepção da sua importância, sua ligação lógica com a inovação e a relevância de ambos para a competitividade. Também são discutidas as políticas públicas voltadas para o empreendedorismo.

2 Empreendedorismo: vetor da competitividade e da inovação

Este capítulo pretende demonstrar a importância do empreendedorismo para o desenvolvimento. Discute os principais conceitos de empreendedorismo e estabelece uma linha de pesquisa, com vistas a demonstrar que empreendedorismo e inovação são temas com conexão estreita no que diz respeito aos seus respectivos papéis na economia e competitividade. Também apresenta e discute políticas de empreendedorismo.

Hart (2003), referindo-se ao papel central dos empreendedores no processo de crescimento econômico nos Estados Unidos afirma:

> o empreendedorismo é um fenômeno econômico digno de atenção daqueles que se preocupam com o crescimento econômico e, particularmente, a partir de todos os responsáveis pela manutenção desse crescimento.

Em nexo, Bernardo et al. (2013) defendem que a prática empreendedora, por sua vez, tem sido cada vez mais vista como uma fonte de geração de empregos, riqueza e desenvolvimento. Schmidt e Bohnenberger (2013) avançam, afirmando que a atração que o estudo do empreendedorismo vem causando nos últimos anos se deve, principalmente, à sua forte possibilidade de contribuição ao desenvolvimento regional. E, finalmente, observamos que Schumpeter (1997) associa o papel do empreendedor à promoção do desenvolvimento econômico e à inovação.

2.1 Competitividade

A busca das razões determinantes do crescimento econômico e da competitividade é um desafio antigo. Em que pesem os avanços alcançados pela economia, os mecanismos sutis do crescimento econômico ainda são de difícil identificação. Há inúmeros exemplos de países em desenvolvimento que, em distintos momentos, diminuíram a distância que os separava dos países mais avançados. As razões que possibilitaram a realização desse feito estão longe de alcançar unanimidade entre economistas.

Arbix (2007) sugere que algumas perguntas poderiam ser norteadoras deste entendimento: como avançaram? Por que alguns cresceram mais rapidamente do que outros? Que peso teve o investimento e o trabalho? Que lugar ocupou o desenvolvimento científico e tecnológico em suas trajetórias? Como exemplo, ele cita que recentes avanços em todos esses aspectos foram realizados por países como Coreia, Taiwan e Cingapura, além da China, que, apesar de todos os problemas e diferenças culturais, apresentaram um explosivo crescimento nos últimos 25 anos, conseguindo retirar da faixa de pobreza cerca de 400 milhões de pessoas, um dos maiores feitos da humanidade. Essas realidades deflagraram uma onda de debates, estimulando discussões sobre as estratégias escolhidas por estes países. As que se apresentam como mais atraentes, envolvem as escolhas de longa duração.

A ideia do *mainstream* da economia, de base neoclássica, aponta para a convergência (de renda, produtividade e em alguns casos até institucional) entre os países, com o funcionamento normal da economia, como resultado quase natural do desenvolvimento capitalista, desde que a economia dos países atrasados se organize segundo as regras dos mais avançados. Entretanto, estudos de Baumol, Boyer e Berger (apud ARBIX, 2007), entre outros, mostraram que na melhor das hipóteses, a convergência de renda e produtividade, poderia ser realidade apenas para alguns países e, mesmo assim, em períodos definidos no tempo.

O desempenho diferenciado de alguns países asiáticos colocou-se como contraponto à ortodoxia econômica, relativamente a preços, políticas direcionadas a empresas e indústrias, exportação e definição de prioridades científicas e tecnológicas. Assim, tornou-se relevante o reconhecimento de que os extensos processos de aprendizagem e de inovação, de produção de conhecimento e de capacitação científica e tecnológica estão na raiz do desempenho positivo. Ainda segundo Arbix (2007), Robert Solow, em 1956, já havia apontado a inovação e a tecnologia como fontes de crescimento econômico no longo prazo.

Outros exemplos são também conhecidos. De acordo com Boyer (2004 apud ARBIX, 2007), durante a maior parte do século XIX, a Inglaterra apresentou um crescimento 50% acima da média dos países avançados para a época. Os Estados Unidos e a Alemanha foram reduzindo gradativamente essa distância, graças ao desenvolvimento de fortes políticas industriais orientadas para o futuro. Foram desenvolvidos consistentes processos inovadores com vistas ao desenvolvimento.

Nos Estados Unidos, esse movimento gerou a produção em massa, com ganhos diferenciados de escala. Na Alemanha, esse esforço foi a fonte do surgimento da indústria química e das atividades sistemáticas de P&D. Mais proximamente, no pós-guerra, a recuperação do Japão se deu com base nas inovações organizacionais e tecnológicas alcançadas por suas grandes empresas. Estes exemplos chamam a atenção para a maneira ampla como foi tratada a questão tecnológica, envolvendo desde inovações organizacionais, de processo etc. Em uma visão intervencionista, o desenvolvimento de qualquer economia - que se traduz no seu nível de competitividade - é fruto dos resultados obtidos pelas suas políticas e consequentes ações.

A atenção crescente conferida ao tema competitividade, acentuada pelo avanço do processo da globalização, induziu a multiplicação de estudos e pesquisas que procuram identificar os determinantes da competitividade das empresas. Esse esforço vem gerando a publicação periódica de relatórios que comparam a competitividade dos países a partir dessa perspectiva.

Nessa linha, para os fins do argumento deste estudo, faz-se necessário estabelecer a orientação conceitual e a conexão entre Produtividade, Crescimento, Desenvolvimento e Competitividade.

Produtividade

Pode ser definida como a relação entre a produção e os fatores de produção utilizados (mão de obra, máquinas, materiais, capital etc.). Significa que, quanto maior for o resultado (eficácia) em relação à quantidade de fatores de produção utilizados, maior é a produtividade (eficiência).

Porter (1999, p. 172) afirma que

> o padrão de vida de um país depende da capacidade de suas empresas em atingir altos níveis de produtividade - e de continuar aumentando-a ao longo do tempo. O crescimento sustentado da produtividade exige que a economia sempre se aprimore a si mesma. As empresas precisam reforçar as capacidades necessárias para competir em segmentos cada vez mais sofisticados, em que a produtividade é, em geral, elevada.

Crescimento e desenvolvimento

É importante a percepção da diferença entre crescimento econômico e desenvolvimento econômico. Crescimento econômico representa o aumento da capacidade produtiva de uma economia, medido pela variação positiva das "variáveis quantitativas", tais como o produto interno bruto, produto nacional bruto *(per capita)*. Segundo Escóssia (2009), o desenvolvimento econômico pode ser conceituado como sendo o crescimento econômico acompanhado de melhoria da qualidade de vida da população e alterações na estrutura econômica. Percebe-se, assim, que o desenvolvimento está mais ligado à qualidade. Em outras palavras, desenvolvimento econômico combina crescimento com distribuição de renda.

O aspecto fundamental é que desenvolvimento econômico não pode ser analisado, somente, por meio de indicadores como crescimento do produto real ou crescimento do produto real *per capita*. Ele precisa ser complementado por indicadores que representem, ainda que de forma incompleta, a melhoria da qualidade de vida da sociedade, bem como a elevação das condições de saúde, nutrição, higiene, moradia, dentre outras variáveis sociais. Assim, é naturalmente possível que uma cidade, região ou país obtenha crescimento sem alcançar um estágio de desenvolvimento. Ou seja, crescimento e desenvolvimento econômico são duas coisas ou situações distintas. Como exemplo, o World Bank (2016) apresenta, de acordo com esse conceito (Quadro 3), 17 SDGs (*Sustainable Development Goals)*[32] como "Indicadores Mundiais de Desenvolvimento". Entretanto, observa-se que, embora alguns SDGs contribuam indiretamente para a expansão de atividades empreendedoras, não existe nenhuma citação direta que identifique o empreendedorismo como importante nesse processo.

Quadro 3 - SDGs (World Bank)

SDG	Descrição
1	Índice de pobreza
2	Fome zero
3	Saúde e bem-estar

32. Metas de desenvolvimento sustentável.

Continuação

4	Qualidade da educação
5	Igualdade de gênero
6	Água potável e saneamento
7	Energia limpa e a preços acessíveis
8	Emprego produtivo para crescimento econômico
9	Indústria, inovação e infraestrutura
10	Redução das desigualdades
11	Cidades e comunidades sustentáveis
12	Consumo e produção responsáveis
13	Ações climáticas
14	Vida abaixo da água
15	Fauna e flora terrestres
16	Paz, justiça e instituições fortes
17	Parcerias para o desenvolvimento global

Fonte: elaboração do autor, a partir de World Bank (2016).

Competitividade

De acordo com Haidar (2012), a competitividade internacional de um determinado país é a sua capacidade para produzir e vender mais barato que os outros países, seus concorrentes. Um país com maior competitividade é um país que consegue com maior facilidade colocar os bens e serviços que produz nos mercados externos, aumentando por isso as suas exportações. Entretanto, não são as nações que competem no mercado mundial, mas sim as empresas. O papel crucial dos governos é o de fornecer um ambiente propício dentro do qual se forjam empresas competitivas.

Para Porter (1999), existe crescente aceitação do argumento de que a competitividade é induzida pelas políticas governamentais: a concentração de recursos, o protecionismo, a promoção das importações e os subsídios que, por exemplo, elevaram os setores automobilístico, siderúrgico, de construção, naval e de semicondutores do Japão e da Coreia do Sul à situação de proeminência mundial. Por outro lado, esse argumento torna-se um pouco inconsistente, na medida em que outros exemplos (Itália, Japão, Coreia do Sul e Alemanha) demonstram que, mesmo com intervenções modestas por parte do governo nos setores de exportação, foram exibidas excelentes taxas de crescimento em exportações mundiais. A "inconsistência" desse argumento nos leva a um debate fundamental: o que seria, então, um "país competitivo"? O país "competitivo" é aquele em que todas as empresas ou setores são competitivos?

Acompanhando a teoria clássica, estas indagações nos levam ao entendimento de que o êxito não pode ser generalizado, mas sim setorizado. O resultado encontra-se nos fatores de produção, nos setores que utilizam os fatores que possuem em abundância de forma intensa. Entretanto, Porter (1999) explica que, nos setores e países avançados, essa teoria é ofuscada pela globalização e pelo poder da tecnologia. Assim, é preciso ir além da vantagem comparativa, concentrando-se nas vantagens competitivas dos países. É preciso partir da premissa de que sendo a competição dinâmica e evolutiva, torna-se necessário respostas às razões pelas quais algumas empresas baseadas em certos países inovam mais do que outras e por que alguns países proporcionam um ambiente que capacitam as empresas a melhorar e inovar com mais rapidez do que seus rivais externos. Para Porter, as empresas atingem a vantagem competitiva por iniciativas de inovação. Elas abordam a inovação em seu sentido mais amplo, abrangendo novas tecnologias e novas maneiras de fazer as coisas.

Logo, o desenvolvimento econômico de um país está associado, em primeiro lugar, à sua produtividade, que leva ao crescimento. Esse crescimento, quando acompanhado de melhorias da qualidade de vida do país, proporciona desenvolvimento. Já a competitividade não deve ser analisada de forma global, mas sim de forma setorizada, o que facilita o entendimento das razões pelas quais os resultados dessa competitividade acontecem.

É consenso que o nível de bem-estar de uma sociedade está diretamente ligado à capacidade competitiva do seu país. A competitividade de uma nação depende da capacidade de sua indústria inovar e crescer, sendo que o sucesso competitivo é cada vez mais determinado por elementos como a assimilação de conhecimento, as estruturas econômicas, a cultura, os valores nacionais e as instituições, entre outros (PORTER, 1990 apud BERGER, 2013).

Para o World Competitiveness Yearbook (WEF) 2014-2015 (2015)[33], competitividade é:

> o conjunto de instituições, políticas e fatores que determinam o nível de produtividade de um país. O nível de produtividade, por sua vez, define o nível de prosperidade que pode ser alcançado por uma economia. O nível de produtividade também determina as taxas de retorno obtidas por investimentos em uma economia, que por sua vez são os condutores fundamentais do seu crescimento. Em outras palavras, uma economia mais competitiva é provável que cresça mais rápido ao longo do tempo. (WEF 2015, p. 53)[34]

Segundo o WEF (2015), a medida do potencial de crescimento não pode ser o resultado apontado por alguns fatores específicos isolados, mas sim da avaliação ponderada de vários, interligados e subjacentes, considerados essenciais para o real crescimento sustentado. São avaliados no contexto do *The Global Competitiveness Report* (GCI - relatório do WEF) vários componentes agrupados nos chamados "12 pilares de competitividade" (Quadro 4). Os resultados do GCI 2014-2015 são apresentados em um momento crucial para a economia global. De um lado, o desenvolvimento econômico é caracterizado por maior desemprego, menor crescimento da produtividade e crescimento econômico moderado, que ainda pode ser prejudicado por incertezas, tais como tensões geopolíticas, o caminho futuro dos mercados emergentes, preços de energia e mudanças de moeda. Por outro lado, desenvolvimentos recentes mostram o grande caminho para a assim chamada quarta revolução industrial e novas formas de consumir, tais como a economia comparti-

---

33. *World Economic Forum* - WEF - é o responsável pelo *The Global Competitiveness Report*, uma publicação anual que estabelece o GCI (Índice Global de Competitividade), cujo objetivo é demonstrar os resultados de uma análise da competitividade global, através de fundamentos micro e macroeconômicos das competitividades nacionais.

34. Em complemento, Magalhães (2010, referenciando Arruda et al., 1996) afirma que os estudos desenvolvidos pelo WEF e pelo *International Institute for Management Development* (IMD) baseiam-se em algumas hipóteses nas quais, para muitos, a palavra competitividade é entendida como um misto de competição e produtividade, pressupondo que a competitividade de um país se traduz por sua capacidade de desenvolver, aprender ou aplicar processos e aproveitar ativos.

lhada, podendo levar a uma nova onda de inovações significativas para impulsionar o crescimento. Ao mesmo tempo, todos os países estão testemunhando políticas econômicas cada vez mais centradas nas pessoas e embutidas em objetivos sociais gerais.

Quadro 4 - WEF - Índice de competitividade global

INDICE DE COMPETITIVIDADE GLOBAL

Requisitos básicos sofisticação	Potenciadores de eficiência	Fatores de inovação e sofisticação
Pilar 1 – Instituições	Pilar 5 – Ensino superior e formação	Pilar 11 – Sofisticação dos negócios
Pilar 2 - Infraestrutura	Pilar 6 – Eficiência do mercado de bens	Pilar 12 – Inovação
Pilar 3 – Ambiente macroeconômico	Pilar 7 – Eficiência do mercado de trabalho	
Pilar 4 – Saúde e educação primária	Pilar 8 – Desenvolvimento do mercado financeiro	
	Pilar 9 – Disponibilidade tecnológica	
	Pilar 10 – Tamanho do mercado	
↓	↓	↓
Fatores econômicos fundamentais	Fatores-chave para eficiência econômica	Fatores-chave para orientação da inovação

Fonte: elaborado pelo autor, a partir de WEF (2015).

Para o WEF (2015), o GCI contribui para a compreensão dos principais fatores que determinam o crescimento econômico, ajuda a explicar por que alguns países são mais bem-sucedidos do que outros na obtenção de níveis de renda e oportunidades para suas respectivas populações, e oferece aos políticos e líderes empresariais uma importante ferramenta para a formulação de melhores políticas econômicas e reformas institucionais.

Entretanto, "crescimento sustentado" e "crescimento econômico" citados devem ser entendidos, de acordo com os conceitos já descritos, como desenvolvimento. Com base na mesma explicativa conceitual, a nomenclatura atribuída pelo WEF ao quadro anterior (Índice de Competitividade Global) não é a adequada. Em nossa visão, os pilares-base podem corresponder a desenvolvimento, mas não a competitividade.

De qualquer forma, não é possível pensar que esses "12 pilares de competitividade" são independentes, mas pelo contrário e em várias situações, um pode reforçar ou prejudicar outro. Por exemplo, uma forte capacidade de inovação (pilar 12) vai ser muito difícil de conseguir sem uma força de trabalho saudável, bem-educada e treinada (pilares 4 e 5) adepta à absorção de novas tecnologias (pilar 9), que sem financiamento suficiente (pilar 8) de P&D ou um mercado de bens eficiente tornar-se-á impossível desenvolver novas inovações para o mercado (pilar 6) (WEF 2013; 2014).

Dentre os 12 pilares citados, apesar - de forma idêntica aos SDGs do World Bank (Quadro 2) - de não haver nenhuma citação explícita (embora todos possam beneficiar indiretamente), acredita-se que 7 deles apresentam uma relação mais forte e direta com o empreendedorismo:

a) Infraestrutura (pilar 2)

Uma infraestrutura eficiente é fundamental para assegurar o funcionamento eficaz da economia, uma vez que é um fator importante na determinação da localização da atividade econômica e os tipos de atividades ou setores que podem se desenvolver dentro de um país. Uma infraestrutura bem desenvolvida reduz o efeito da distância entre as regiões, integrando o mercado nacional e conectando-o, a menor custo, a mercados de outros países e regiões. Por exemplo, uma rede de infraestrutura de transportes e comunicações bem desenvolvida é um pré-requisito para o acesso das comunidades menos desenvolvidas ao núcleo econômico de atividades e serviços.

A melhor oferta de condições, como as citadas neste exemplo, é capaz de reduzir os custos de transporte e distribuição física de novas e pequenas empresas.

b) Ambiente macroeconômico (pilar 3)

A estabilidade do ambiente macroeconômico é importante para as empresas e, portanto, é importante para a competitividade global de um país. Embora seja verdade que a estabilidade macroeconômica por si só não pode aumentar a produtividade de uma nação, é também reconhecido que prejudica a ordem econômica, como temos visto nos últimos anos, visivelmente no contexto europeu. O governo não pode fornecer serviços de forma eficiente, tendo que fazer pagamentos de juros altos sobre as suas dívidas passadas. Déficits fiscais limitam a capacidade futura do governo para reagir aos ciclos de negócios. As empresas não podem operar de forma eficiente quando a inflação e as tarifas estão descontroladas. Em suma, a economia não pode crescer de forma sustentável, a menos que o ambiente macro esteja estável.

A estabilidade econômica propicia um maior número de novos negócios por oportunidade (em detrimento dos negócios criados por necessidade), os quais tendem a oferecer melhores ofertas socioeconômicas.

c) Desenvolvimento do mercado financeiro (pilar 8)

A crise financeira e econômica colocou em evidência o papel central de um bom funcionamento do setor financeiro para as atividades de mercado. Um setor financeiro eficiente aloca os recursos economizados pelos cidadãos de uma nação, bem como aqueles que entram na economia via fontes externas, em usos mais produtivos. Canaliza recursos para os projetos empresariais ou de investimento com as maiores taxas de retorno esperadas e não de acordo com as ligações políticas. Uma avaliação completa e adequada do risco é, portanto, um ingrediente-chave de um bom mercado financeiro. A fim de cumprir essas funções, o setor bancário precisa ser confiável, transparente e com regulação apropriada para proteger os investidores e outros intervenientes na economia em geral.

Em especial para os novos e pequenos negócios, isto é verdadeiro, em razão da natural necessidade de capital para investimentos iniciais. Por outro lado, os créditos podem ser direcionados de forma seletiva, contemplando necessidades empreendedoras específicas.

d) Disponibilidade tecnológica (pilar 9)

A tecnologia é cada vez mais essencial para as empresas, a fim de que possam competir e prosperar. Este pilar mede a agilidade com que uma economia adota tecnologias existentes para melhorar a produtividade de suas indústrias, com especial destaque para a sua capacidade em aproveitar totalmente as tecnologias de informação e comunicação (TIC) nas atividades diárias e processos de produção para aumentar a eficiência e inovação permitindo maior competitividade. Portanto o acesso e utilização das TIC constituem elementos fundamentais de prontidão tecnológica global dos países.

Não somente em relação às TIC, mas a disponibilidade tecnológica em geral existente em qualquer mercado é a base para a facilitação de projetos de inovação para as novas empresas, que deve ser o atual esforço para qualquer negócio.

e) Tamanho do mercado (pilar 10)

O tamanho do mercado afeta a produtividade, uma vez que grandes mercados permitem que as empresas explorem melhor economias de escala. Tradicionalmente, os mercados disponíveis para as empresas foram limitados pelas fronteiras nacionais. Na era da globalização, os mercados internacionais tornaram-se um substituto para mercados domésticos, especialmente para os países pequenos. A vasta evidência empírica mostra que a abertura comercial está positivamente associada com o crescimento. Mesmo que algumas pesquisas recentes lancem dúvidas sobre a robustez dessa relação, há uma sensação geral de que o comércio tem um efeito positivo sobre o crescimento, especialmente para países com pequeno mercado doméstico.

Um mercado maior, ao oferecer melhores margens de lucratividade, tende a motivar empreendedores para a criação de novas empresas.

f) Sofisticação dos negócios (pilar 11)

Não há dúvida de que a qualidade das práticas empresariais é conducente a uma maior eficiência na produção de bens e serviços. A sofisticação dos negócios diz respeito a dois elementos que estão intrinsecamente ligados: a qualidade das redes globais de negócios e a qualidade das operações e estratégias das empresas. Estes fatores são especialmente importantes para os países em estágio avançado de desenvolvimento, onde, em algum momento e em grande medida, as fontes mais básicas de melhorias de produtividade foram esgotadas. A qualidade das redes de negócios e indústrias de apoio, medida pela quantidade e qualidade dos fornecedores locais e a extensão de sua interação, é importante por uma variedade de razões. Quando as empresas e fornecedores de um determinado setor estão interligados em grupos geograficamente próximos (*clusters*), a eficiência é aumentada, maiores oportunidades para inovação em processos e produtos são criadas e as barreiras à entrada de novas empresas são reduzidas. As operações das empresas com estratégias (*branding, marketing*, distribuição e processos de produção avançados, além da produção de produtos exclusivos e sofisticados) alastram-se na economia e levam a processos de negócios modernos e mais produtivos em todos os setores da economia. Nesse contexto, o empreendedorismo é beneficiado, pois tem suas atividades facilitadas.

g) Inovação (pilar 12)

A inovação pode emergir de nova tecnologia e de conhecimento não tecnológico. Inovações não tecnológicas estão intimamente relacionados com o *know-how*, competências e condições de trabalho que são incorporados em organizações, sendo em grande parte cobertos pelo pilar anterior (11) do GCI. Este último pilar da competitividade foca em inovação tecnológica. Embora ganhos substanciais possam ser obtidos com a melhoria das instituições, construção de infraestrutura, redução da instabilidade macroeconômica ou melhoria do capital humano, todos esses fatores, eventualmente, ocorrem com retornos decrescentes. O mesmo é verdadeiro para a eficiência do trabalho, mercados financeiros e de produtos. No longo prazo, os padrões de vida podem ser largamente melhorados pela inovação tecnológica. Avanços tecnológicos têm estado na base de muitos dos ganhos de produtividade que as nossas economias têm historicamente experimentado.

Já no início deste capítulo é feita a citação de que Schumpeter (1997) associa o papel do empreendedor à promoção do desenvolvimento econômico e à inovação. Não que isto não seja importante em relação aos negócios mais maduros, mas percebida a importância da inovação para as novas empresas, entendemos que, para haver inovação, necessariamente precisa existir o empreendedor, embora o corolário não seja necessariamente verdadeiro.

Também para o WEF (2013; 2014), vários estudiosos afirmam que as próprias nações não competem, mas sim as suas empresas. Assim, não há dúvida de que as empresas competitivas são os principais criadores da competitividade de um país. Elas representam a origem da criação de riqueza. Em nexo, Bygrave (1997, apud ALVES 2005) defende que empresas novas ou emergentes criam grande parte dos produtos e serviços ino-vadores que mudam a maneira que trabalhamos e vivemos.

Outra instituição internacionalmente acreditada, o International Institute for Management Development (IMD) edita anualmente e desde a década de 1980, o relatório *World Competitiveness Yearbook* (WCI) - Relatório Internacional de Competitividade - se baseia em quatro pilares, sendo que para cada pilar são analisados 20 subfatores, no total de 300 variáveis contabilizadas (Quadro 5)

Quadro 5 - Esquema de análise do IMD

PILARES	DESCRIÇÃO	SUBFATORES
1	Desempenho da Economia	Economia doméstica Comércio internacional Investimento internacional Emprego Preços
2	Eficiência de Governo	Finanças públicas Política fiscal Estrutura institucional Legislação dos negócios Estrutura social
3	Eficiência Empresarial	Produtividade e eficiência Mercado de trabalho Finanças Práticas gerenciais Atitudes e valores

Continuação

4	Infraestrutura	Básica Tecnologia Científica Saúde e meio ambiente Educação

Fonte: elaborado pelo autor, a partir de IMD (2016).

A metodologia de apuração dos dados, pelo IMD, difere um pouco da forma de apuração do WEF, na medida em que 2/3 dos dados são compilados de registros estatísticos (no Brasil, IBGE) e 1/3 são dados de percepção, coletados através do questionário de opinião executiva, via uma plataforma online entre gestores de alto escalão das empresas.

Conforme o IMD (2016), dentre as 10 economias mais competitivas[35], merecem destaque Suíça e Cingapura, que com suas pequenas economias continuaram a prosperar, graças às exportações, à eficiência empresarial e à inovação.

A mesma crítica feita aos relatórios do World Bank e do WEF se repete aqui. Nenhum dos pilares ou fatores cita o empreendedorismo como objeto de análise, parecendo uma tendência de relegá-lo a uma posição de menor importância. Por outro lado, considerando o direcionamento conceitual já apresentado, a nomenclatura utilizada pelo IMD ao quadro acima (5) e a "economias mais competitivas" não é a adequada, porque a análise desses fatores corresponde a desenvolvimento econômico.

No Brasil, a Confederação Nacional da Indústria (CNI) realizou pela quarta vez a pesquisa "Competitividade Brasil: comparação com países selecionados - 2014" (publicações em 2010, 2012, 2013 e 2015). Trata-se de um relatório que, apesar de estar inserido na mesma linha de estudo, difere-se dos dois anteriormente citados, na medida em que observa um conjunto limitado de 14 países[36] selecionados como marco de re-

35. China, Hong Kong, Suíça, os Estados Unidos, Cingapura, Suécia, Dinamarca, Irlanda, Países Baixos, Noruega e Canadá.

36. O potencial competitivo da economia brasileira foi avaliado em função da posição relativa do Brasil *vis-à-vis* um conjunto de países selecionados em função de suas características socioeconômicas e/ou da natureza de sua participação no mercado internacional. Esse conjunto de países compreende África do Sul, Argentina, Austrália, Canadá, Chile, China, Colômbia, Coreia do Sul, Espanha, Índia, México, Polônia, Rússia e, desde 2013, a Turquia.

ferência para a avaliação da competitividade da economia brasileira e um conjunto restrito de variáveis, selecionado a partir do universo das variáveis contempladas nos relatórios divulgados por entidades internacionais[37]. A CNI (2015) sustenta que o potencial competitivo de uma economia pode ser avaliado a partir do exame dos fatores que condicionam a capacidade de suas empresas para o manejo eficaz desses mecanismos de competição. Nesse sentido, considera 8 fatores, desdobrados em 16 subfatores, aos quais foram associadas 51 variáveis (Quadro 6).

Quadro 6 - CNI - Fatores que condicionam a competitividade e as variáveis associadas

FATORES QUE AFETAM DIRETAMENTE A EFICIÊNCIA DAS EMPRESAS E A EFICÁCIA DE SEU MANEJO DESSES INSTRUMENTOS		
Fatores	Subfatores	N. de variáveis
1. Disponibilidade e custo da mão de obra	1.1 – Custo da mão de obra 1.2 – Disponibilidade de mão de obra	4
2. Disponibilidade e custo de capital	2.1 – Custo de capital 2.2 – Disponibilidade de capital 2.3 – Sistema financeiro	8
3. Infraestrutura e logística	3.1 – Infraestrutura de transporte 3.2 – Infraestruturas de energia e de telecomunicações 3.3 – Alfândega e operadores	12
4. Peso dos tributos	4.1 – Peso dos tributos	4
FATORES QUE CONDICIONAM OS ANTERIORES E AFETAM INDIRETAMENTE O DESEMPENHO DAS EMPRESAS		
Fatores	Subfatores	N. de variáveis
5. Ambiente macroeconômico	5.1 – Ambiente macroeconômico	5

37. *The Global Competitiveness Report* do World Economic Forum, IMD *World Competitiveness Yearbook*, *Connecting to Compete 2014*, *Trade Logistics in the Global Economy* e *Doing Business*, do Banco Mundial.

Continuação

6. Ambiente microeconômico	6.1 – Ambiente microeconômico	3
7. Educação	7.1 – Disseminação da educação 7.2 – Qualidade da educação 7.3 – Gastos com educação	9
8. Tecnologia e Inovação	8.1 – Apoio governamental 8.2 – P&D e inovação nas empresas	6

Fonte: elaborado pelo autor, a partir de CNI (2015).

Ressalta-se que nenhum dos fatores elencados pela CNI cita o empreendedorismo como objeto de análise. Entretanto, o fator 8 (Tecnologia e Inovação) pode ser diretamente associado ao empreendedorismo, por razões já anteriormente citadas. Por outro lado, considerando o direcionamento conceitual já citado, os "Fatores que condicionam a competitividade e as variáveis associadas", em seu conjunto, estão relacionados ao desenvolvimento econômico.

Cabe registrar que – independentemente da questão conceitual –, mais importante do que os números e posições são as razões ou aparentes causas dos mesmos; essas razões se apresentam de forma muito semelhante em todas as pesquisas.

2.2 Inovação

A inovação tornou-se a "religião" industrial a partir das últimas décadas do século XX. O mundo empresarial a vê como a chave para lucros e fatias de mercado crescentes. Os governos automaticamente a buscam quando tentam pôr ordem na economia. No mundo inteiro, a retórica da inovação substituiu a linguagem da economia do bem-estar do pós-guerra (MATTOS e GUIMARÃES, 2012, p. 35). Para Crespi e Tacsir (2013), a inovação é amplamente considerada como a principal fonte de crescimento econômico e as políticas de incentivo à inovação em nível de empresa estão no topo da agenda da maioria dos países latino-americanos.

Em todo o mundo, as sociedades enfrentam hoje graves desafios econômicos e sociais. A crise econômica de 2008/2009 levou à redução do potencial de crescimento da produção, aumento do desemprego e crescente dívida pública. Para se recuperarem, os países precisam encontrar novas e sustentáveis fontes de crescimento e a inovação pode ajudar a acelerar a recuperação, em um caminho para o desenvolvimento sustentável.

Segundo a Organisation for Economic Co-operation and Development (OECD) (2005, §146)[38],

> uma inovação é a implementação de um produto (bem ou serviço) novo ou significativamente melhorado, ou um processo, ou um novo método de *marketing*, ou um novo método organizacional nas práticas de negócios, na organização do local de trabalho ou nas relações externas.

Para Hart (2009), a prosperidade econômica depende mais do que nunca da geração contínua de novas ideias e a conversão dessas ideias em produtos rentáveis e processos de maior produtividade. Os países que aspiram ao crescimento do seu padrão de vida, devem desenvolver a inovação, a fim de gerar e sustentar vantagem competitiva, participando também de alguns novos setores que fluem avanços tecnológicos. Assim, as dificuldades ou as exigências por novas soluções tornam-se fatores geradores de inovação e o que garante a capacidade de inovação são as competências de conhecimento, base para criar serviços, produtos e as tecnologias envolvidas.

Calle e Silva (2008, p. 1) afirmam que

> é necessário analisar a inovação no contexto da sociedade atual, também chamada "sociedade do conhecimento". São identificadas quatro premissas sobre inovação: 1) há uma convergência nos autores ao definir inovação, entendida como um processo coletivo e colaborativo baseado em conhecimento; 2) a inovação tornou-se uma vantagem competitiva, sendo que na atualidade existem melhores condições para inovar devido às novas formas de disseminação de conhecimento proporcionadas pelas novas tecnologias; 3) existe uma relação direta entre o nível das inovações e o

---

38. A OECD lançou pela primeira vez em 1990 o *Manual de Oslo*, cuja terceira edição foi publicada em 2005. O manual tem o objetivo de orientar e padronizar conceitos, metodologias e construção de estatísticas e indicadores de pesquisa de P&D de países industrializados.

> nível do desenvolvimento de um país ou de uma organização; 4) os governos desempenham dois novos papéis: fomentar a pesquisa científica como processo criador do conhecimento e garantir a inclusão e o acesso da população às novas tecnologias.

Hart (2009) defende que a economia do conhecimento em que os países e seus cidadãos participam é cada vez mais global, o que torna cada vez mais importante o conhecimento como insumo à inovação, como um fator estratégico chave nos planos de desenvolvimento desses países participantes do que se conhece como sociedade do conhecimento.

E o empreendedorismo, nessas condições, assume lugar proeminente, pois se manifesta como mediador, tradutor, intérprete ou executor do trânsito entre o conhecimento novo e sua apropriação e/ou comercialização por outras empresas, não necessariamente as mesmas que estiveram na sua origem. Inovação e mudança tecnológica surgem nesse modelo como principais emuladores do desempenho das economias (ARBIX, 2010, p. 173).

Segundo Calle e Silva (2008), do ponto de vista social, observa-se que a pesquisa científica transformou-se em fator estratégico nos planos de desenvolvimento dos países, no contexto da sociedade do conhecimento. Constata-se igualmente, que existe uma relação positiva entre pesquisa científica e inovação. A inovação sustenta-se em elementos como criatividade, mas também necessita de uma base de conhecimento prévio principalmente tácito e da pesquisa científica, que vai atuar com um catalisador para ampliar os horizontes e quebrar paradigmas estabelecidos. Estes elementos são críticos para o sucesso do processo inovador. A colocação da criatividade como componente da inovação é defendida por Callon (2004 apud CALLE e SILVA, 2008) quando afirma que "a qualidade de uma inovação depende da qualidade das ideias que estão na origem da inovação". Assim, na sociedade do conhecimento, a diferença entre os países será definida em função da capacidade de aplicar conhecimento e gerar inovação. Portanto, a produtividade dos países será incrementada na mesma medida das possibilidades de acesso ao conhecimento, dos investimentos realizados para a capacitação dos seus recursos humanos e para o desenvolvimento da inovação.

Entretanto, Arnold e Thuriaux (2012) ressaltam que o livro verde de inovação da União Europeia identificou um paradoxo: um forte desempenho em pesquisa, com índices comparativamente fracos em inovação e desempenho econômico. Isso é um paradoxo para aqueles que acreditam que a ciência deve de alguma forma produzir inovação, visão que não é comprovada pela evidência empírica da pesquisa acumulada nos últimos vinte anos. Para os autores, inovação é um processo fundamentalmente econômico, podendo ser o resultado de uma invenção. Mas pode também envolver a exploração de novos recursos naturais, copiar uma ideia de um outro mercado ou desenvolver um velho produto de uma nova maneira. Já o empreendedorismo - ato de fazer inovações - não é algo relacionado à ciência e à pesquisa; diz respeito a mudar as regras do jogo na competição econômica. Explorar uma invenção é, portanto, um caso especial e importante de inovação, mas não é o caso geral (ARNOLD e THURIAUX, 2012, p. 2).

De qualquer forma, o paradoxo identificado por Arnold e Thuriaux (2012) está longe de se constituir em algum empecilho para o desenvolvimento das atividades de inovação. Isto porque ele se refere à exceção, e não ao entendimento geral (regra).

Também para a OECD (2005), a geração, a exploração e a difusão do conhecimento são fundamentais para o crescimento econômico, o desenvolvimento e o bem-estar das nações. Assim, é fundamental dispor de melhores medidas de inovação. Nessa direção, o *Manual de Oslo* tem como objetivo traçar as diretrizes para a coleta e interpretação de dados sobre inovação. Ele se tornou referência para várias pesquisas que examinaram a natureza e os impactos da inovação, tais como o European Community Innovation Survey (CIS) (OECD 2005, p. ii). Desenvolvido conjuntamente pela European Community (Eurostat) e a OECD, esse manual constitui-se também em um guia para novas pesquisas sobre inovação em países fora da comunidade europeia.

2.3 Empreendedorismo

Empreendedorismo é um termo conceituado sob diversas formas. Por exemplo, Fernando Dolabela (2008) afirma que o seu significado conceitual varia de acordo com a época, o país e a área de atuação. No fim do século XVII, empreender era "a firme resolução de fazer qualquer coisa". No século XIX e início do século XX, o termo designava os grandes capitães de indústria, tais como Ford nos EUA, Peugeot na França, Cadbury na Inglaterra e Toyota no Japão. Atualmente significa a atividade de toda pessoa que está na base de uma empresa, desde o franqueado ou um dono de oficina mecânica até aquele que criou e desenvolveu uma multinacional (DOLABELA, 2008, p. 59).

Como já foi visto, empreendedorismo e inovação são temas indissociáveis, o que é corroborado por Drucker (1986, p. 51): "[...] a inovação é a função específica do empreendedorismo [...]".

De acordo com Vivoni (2015, p. 14), a maioria da literatura sobre empreendedorismo vincula-o a questões operacionais relacionadas a como abrir um novo negócio ou à identificação das características importantes do empreendedor. Entretanto, Shane (2013) afirma que o empreendedor atualmente está associado à inovação e ao aproveitamento de oportunidades, definição seguida na pesquisa.

Este entendimento também é compartilhado por Venkataraman (2012), que defende que oportunidades representam a linha dominante da pesquisa atual sobre o tema, em discordância da visão que abrange a cognição, intuição, emoção, aprendizagem e especialização. Não que esses aspectos não sejam importantes para o estudo do empreendedorismo, mas a compreensão do efeito das oportunidades no empreendedorismo é fundamental. Kirzner (1973, apud ALVES 2005) fortalece esta abordagem, afirmando que a descoberta da oportunidade é o ponto principal do processo de empreendedorismo. A explicação dessa abordagem encontra-se em Kelley (2016)[39], para quem os empreendedores por oportunidade são aqueles que tendem a criar/desenvolver negócios que apresentam maiores chances de sucesso, são aqueles que optam por iniciar um novo negócio mesmo quando possuem alternativas de emprego e renda, ou ainda, para manter ou aumentar sua renda pelo desejo de independência no trabalho, ao contrário dos que empreendem por necessidade, que abrem negócios por não possuírem melhores condições de trabalho, com o único objetivo de autossubsistência.

Keilbach (2009) estabeleceu uma linha de raciocínio em favor do empreendedorismo baseada no fato de que pesquisa e desenvolvimento geram novos conhecimentos, mas também produzem incerteza em variados níveis. Assim, empresas já estabelecidas, ao desenvolverem novos produtos, concentram-se naqueles projetos que oferecem menor risco. Então, empreendedores, que ainda não estão vinculados a processos de produção estabelecidos e naturalmente dispostos a assumir o risco, buscam desenvolver projetos de produtos de resultado mais incerto. Com isso, não só são introduzidos novos produtos ou tecnologias no mercado,

39. Um dos organizadores do GEM Global Report 2015/2016, do Global Entrepreneurship Monitor. Trata-se de uma pesquisa global sobre empreendedorismo, publicada anualmente pela Global Entrepreneurship Research Association (GERA) e GEM Global Consortium.

como são criados outros efeitos externos – *spillovers* (transbordamentos), como a geração de novos conhecimentos tecnológicos e outros. Como consequência, o empreendedorismo desempenha um duplo papel: pode resgatar oportunidades não aproveitadas, como pode criar novos conhecimentos. Isso significa que um alto nível de empreendedorismo deve gerar um impacto positivo sobre o nível de desempenho econômico.

Este raciocínio é compartilhado por Audretsch (2011), que desenvolve uma lógica sobre a importância do empreendedorismo e da inovação como fatores de competitividade, partindo do "filtro de conhecimento". Significa que novas ideias, que são a base da atividade inovadora, são inerentemente incertas, por característica. O custo de transação[40] do conhecimento de uma nova ideia percebida como valiosa é elevado, porque a maioria das inovações é baseada no conhecimento tácito, especialmente durante os estágios iniciais de seu desenvolvimento. Então, devido à incerteza inerente, assimetrias e custos de transação, é inevitável que novas ideias fiquem perdidas no chamado filtro de conhecimento.

Como resultado disso, a incapacidade de empresas e organizações estabelecidas para comercializar completamente todo o conhecimento criado gera oportunidades para empreendedores, iniciando-se uma nova empresa. Assim, o empreendedorismo fornece um caminho para o transbordamento de conhecimento original em uma empresa, transferindo-o para uma nova empresa, que inova com base nesse conhecimento.

A importância do empreendedorismo é ratificada por organizações que – através de pesquisas - facilitam o entendimento dos seus diversos aspectos, detalhando e disponibilizando dados e informações sobre a atividade empreendedora nos diversos países participantes dessas pesquisas. Os resultados disponibilizados podem auxiliar os governos na definição de suas políticas públicas de empreendedorismo. Como exemplo, podemos citar, dentre outras, o EY G20[41] Entrepreneurship Barometer do Ernst & Young Group e o GEM Global Report, do Global Entrepreneurship Research Association (GERA) e GEM Global Consortium (Global Entrepreneurship Monitor).

---

40. Custos a que estão sujeitas todas as operações de um sistema econômico.

41. O G20 (Grupo dos 20) é um grupo constituído por ministros da Economia e presidentes de bancos centrais dos 19 países de economias mais desenvolvidas do mundo, mais a União Europeia.

Como defendem Audretsch e Thurik (2001), nos países da OECD[42], cada vez mais a economia tradicional (ou gerenciada) vem cedendo lugar para a economia empreendedora. Esta mudança vem ocorrendo em razão das características dessa emergente economia empreendedora, cujo desenvolvimento encontra-se alicerçado na necessidade de flexibilidade de projetos e atividades direcionados ao desenvolvimento econômico. Essa transformação ocorre porque, por um lado, a economia tradicional é baseada na homogeneidade, cuja eficiência e crescimento foram até então impulsionados pelas economias de escala. Em contraste, na economia empreendedora as múltiplas dimensões da flexibilidade vêm substituindo rapidamente as economias de escala, como princípio organizador da atividade econômica.

A emergência da economia empreendedora é consequência de dois aspectos fundamentais da globalização. O primeiro é o advento da necessidade de baixo custo, com a concorrência altamente qualificada na Europa Central e Oriental, bem como na Ásia. O segundo é o desenvolvimento das telecomunicações e a revolução do microprocessador, que reduziram enormemente o custo de transferência da atividade econômica fora de locais de custo elevado, como a Europa, para locais de menor custo em outras partes do mundo.

2.3.1 *Os Trade-Offs*

Com base nessas necessidades de flexibilidade, Audretsch e Thurik (2001) identificaram e apresentaram as diferenças entre essas duas economias, com ênfase nas mudanças na política econômica exigidas pela economia empreendedora *vis-à-vis* a economia gerenciada, através da análise de 14 *trade-offs*. Ao explicar a razão do surgimento desse sistema alternativo denominado economia empreendedora, os autores dividiram esses *trade-offs* em quatro grupos, conforme a convergência de seus envolvimentos nas economias enunciadas (Quadro 7).

42. Em maio de 2017, o Brasil apresentou à OECD pedido de adesão. Trata-se, em parte, da continuidade de esforços do governo, a partir do Acordo de Cooperação assinado entre o Brasil e a OECD em 2015. O grande benefício é o aproveitamento da grande experiência em políticas públicas comparadas daquela organização, sendo que o pleito brasileiro será analisado pelo conselho da OECD em data a ser definida.

Quadro 7 - Esquema dos *trade-offs*

GRUPOS	DESCRIÇÃO	TRADE-OFFS
1	Centrado na caracterização das forças subjacentes às economias gerenciadas e empreendedoras.	1. Localização e Globalização 2. Mudança e Continuidade 3. Empregos e Salários elevados versus Empregos ou Salários elevados
2	Este grupo reúne as diferenças que envolvem o ambiente. Turbulência, diversidade e heterogeneidade são pontos-chave para a economia empreendedora, enquanto que a estabilidade, a continuidade e a homogeneidade sempre foram bases da economia gerenciada.	4. Turbulência e Estabilidade 5. Diversificação e Especialização 6. Heterogeneidade e Homogeneidade
3	Este grupo engloba os *trade-offs* que se concentram no funcionamento das empresas nas duas economias caracterizadas.	7. Motivação e Controle 8. Mudança de mercado e Transação intrafirma 9. Competição e Cooperação como complementos e Competição e Cooperação como substitutos 10. Flexibilidade e escala
4	Este grupo estuda os *trade-offs* que envolvem a política do governo. Eles se concentram no objetivo da política (estimulação e regulamento), o alvo da política (entradas e saídas), o *lócus* da política (local e nacional), e a política de financiamento.	11. Estimulação e Regulação 12. Entradas segmentadas e Saídas segmentadas 13.Política local e Política nacional 14. Capital de risco e Capital de baixo risco

Fonte: elaborada pelo autor, a partir de Audretsch e Thurik (2001).

No quadro, observa-se que nenhum dos 14 *trade-offs* se refere objetiva e diretamente ao empreendedorismo, mas sim ao estudo das diferenças entre tipos de economia, que, em última análise, devem oferecer melhores condições para o seu desenvolvimento.

Grupo 1

1) Localização e globalização

O significado do espaço geográfico difere entre essas duas situações. Na economia gerenciada, a padronização da produção e de produtos reduz a importância das peculiaridades específicas regionais. Isto se deve à diferença nos fatores de produção mais importantes entre as economias gerenciadas e empreendedoras. A produção na economia gerenciada resulta das entradas de terra, trabalho e capital (ROMER, 1992 apud AUDRETSCH e THURIK, 2001). Embora essas entradas tradicionais continuem a desempenhar seu papel na economia empreendedora, o conhecimento emergiu como o fator mais importante de produção. A literatura recente sobre a nova teoria do crescimento argumenta que o conhecimento difere inerentemente dos fatores tradicionais de produção, na medida em que não acontece sem custo transferido através do espaço geográfico (KRUGMAN, 1991a; 1991b; LUCAS, 1993 apud AUDRETSCH e THURIK, 2001). Por essa razão, sob a ótica empreendedora, a geografia econômica desempenha um papel mais importante, na medida em que o conhecimento tende a ser desenvolvido nos contextos de redes de produção localizados e incorporados em clusters inovadores.

2) Mudança e continuidade

De acordo com Audretsch e Thurik (2001), esse *trade-off* foi identificado originalmente por Cohen e Klepper (1992). A ideia é que na economia empreendedora a mudança é célere, em razão da crescente concorrência e diversidade tecnológica. Assim, essa atividade inovadora dentro do paradigma tecnológico estabelecido pela principal competência da empresa fornece a base de continuidade na economia gerenciada. É óbvio que a inovação está presente tanto na mudança quanto na continuidade. No entanto, o lócus da atividade de inovação difere consideravelmente entre as economias gerenciadas e empreendedoras. Isto porque essa diferença é moldada por uma distinção entre inovações incrementais e radicais: na economia gerenciada, a grande maioria das inovações são incrementais, que não requerem mudança significativa na empresa ou no seu pessoal. Por outro lado, uma inovação radical (cuja maior concentração está nas empresas emergentes participantes da economia empreendedora) pode ser definida como portadora de necessidades além dos limites da competência central e domínio tecnológico da empresa.

3) Empregos e salários elevados versus empregos ou salários elevados

Só é possível a redução do desemprego através de salários mais baixos? Este é um dos dilemas mais marcantes na economia. Na economia empreendedora, é possível a combinação de elevação do nível de emprego com salários mais altos. Em geral as pequenas empresas têm sido o caminho da criação de emprego.

> Por exemplo, Audretsch (1995) constatou que 1,3 milhão de novos empregos na indústria foram de fato criados por pequenas empresas entre 1976 e 1986, enquanto o número de grandes empregos na indústria, na verdade diminuiu em 100.000. Posteriormente, entre 1987 e 1992, as pequenas empresas (com menos de 500 funcionários) criaram todos os 5,8 milhões de novos postos de trabalho nos Estados Unidos. Durante esse mesmo período, as grandes empresas registraram uma perda líquida de 2,3 milhões de postos de trabalho (AUDRETSCH e THURIK, 2001, p. 10)

Grupo 2

4) Turbulência e estabilidade

A estabilidade dominou a economia no período pós-guerra, caracterizada pela homogeneidade do produto e a durabilidade da demanda, propiciando a produção em massa. Como consequência, o período conviveu com um número relativamente constante de empresas e uma rotatividade baixa de trabalhadores. Para Chandler (1977 apud AUDRETSCH e THURIK, 2001), o taylorismo[43] forneceu um mecanismo de gestão que garantiu a estabilidade e confiabilidade dos trabalhadores no processo de produção e a concorrência esteve centrada na dimensão dos preços,

43. Escola mecanicista da administração científica.

mas não necessariamente a diferenciação do produto. Já no movimento da economia empreendedora, um grande número de empresas entra no mercado a cada ano, mas somente um grupo sobrevive por quaisquer períodos de tempo, por razões diversas. Esse movimento atribui um alto grau de turbulência à economia empreendedora.

5) Diversificação e especialização

Para Audretsch e Thurik (2001), existem vários argumentos teóricos sugerindo que o grau de diversidade em relação à especialização pode explicar as diferenças nas taxas de crescimento e de mudança tecnológica. Este tópico pode ser explicado pelo efeito do "transbordamento": por um lado, a especialização das atividades na indústria está associada a menores custos de transação e, portanto, uma maior eficiência (estática). Por outro lado, uma diversidade de atividades, via de regra, facilita o intercâmbio de novas ideias e, portanto, uma maior atividade inovadora e eficiência (dinâmica). O transbordamento de conhecimentos entre empresas acontece em razão do natural relacionamento profissional dos trabalhadores envolvidos em atividade idêntica.

6) Heterogeneidade e homogeneidade

Em contraste com o *trade-off* citado, que trata das empresas, este *trade-off* envolve população e se refere a indivíduos, que são a base das empresas e tomadores de decisão (considerados população homogênea). A ideia geral é que a economia gerenciada é baseada na homogeneidade e a economia empreendedora na heterogeneidade. Na medida em que os indivíduos na população são idênticos, os custos de comunicação são minimizados, com a probabilidade de que mais conhecimentos inundem os indivíduos dentro da população. No entanto, há a propensão de surgimento de menor número de novas ideias, exatamente em razão da identidade. Isto porque os indivíduos em populações homogêneas tendem a ter acesso aos mesmos conjuntos de informações, que são avaliadas de uma forma similar. É provável que uma população homogênea obtenha mais comunicações, mas essas comunicações têm um impacto menor, porque há menos novas ideias para transbordar. Um mundo de agentes econômicos homogêneos promove a difusão, mas não inovação.

Ao contrário, em uma população heterogênea cada indivíduo tem um perfil genético e experiência única, tendo acesso a um conjunto único de informações (OLSON 1982 apud AUDRETSCH e THURIK, 2001). A probabilidade de quantidade de comunicação em uma população heterogênea é menor, mas essa comunicação está mais propensa a produzir novidade e inovação. São diferenças, e não semelhanças, que geram *spillover* de conhecimento.

O terceiro grupo engloba os *trade-offs* que se concentram no funcionamento das empresas nas duas economias caracterizadas.

Grupo 3

7) Motivação e controle

Através da estrutura empresarial, o gerencialismo se destaca no acúmulo de matérias-primas, insumos de trabalho e capital, e na aplicação de processos de fabricação, com a utilização específica desses recursos. Assim, a essência do gerencialismo está no comando e controle do esforço de trabalho. O tipo de ambiente de trabalho promovendo a criatividade (uma das características da economia empreendedora), aparentemente, é radicalmente diferente de um simples aproveitamento do fator trabalho. Assim, na economia empreendedora, motivar os funcionários a participar na criação e comercialização de novas ideias é mais importante do que em simplesmente controlar e regular o seu comportamento e resultados.

8) Mudança de mercado e transação intrafirma

Esse *trade-off* está centrado na opção entre verticalização (transações intrafirma) ou prática de transações normais no mercado (mudança de mercado). Na economia gerenciada, como Knight (1921 apud AUDRETSCH e THURIK, 2001) argumentou, a baixa incerteza combinada com a transparência e a previsibilidade das informações fazem com que as transações intrafirma sejam mais eficientes em relação à troca de mercado. No entanto, segundo Audretsch e Thurik (2001), em uma época em que a incerteza é elevada e a informação é imperfeita (característica da economia gerenciada), a mudança de mercado tende a ser mais eficiente do que as transações intrafirma. Isto porque elevada incerteza e imperfeição da informação conduzem ao aumento de custos na verticalização.

Assim, esse *trade-off* pode se traduzir em oportunidade para a entrada de novas empresas no mercado – leia-se motivação para o empreendedorismo, na medida em que a redução do grau de integração vertical leva naturalmente à busca por novos fornecedores no mercado.

9) Competição e cooperação como complementos e competição e cooperação como substitutos

A explicação é que, enquanto os modelos de concorrência geralmente assumem que as empresas se comportam de forma autônoma, modelos de cooperação envolvem ligações entre empresas. Estas ligações assumem várias formas, incluindo *joint ventures*, alianças estratégicas e redes formais e informais. As possíveis parcerias estratégicas podem proporcionar reduções de custos, disponibilizando recursos para outras aplicações. Além disso, a cooperação entre empresas no mercado pode ser capaz de reduzir o número de concorrentes, diminuindo o grau de concorrência.

10) Flexibilidade e escala

A maneira clássica de reduzir o custo por unidade é através da expansão da escala de produção, ou exploração de economias de escala. Em indústrias onde uma grande escala de produção representa redução substancial no custo médio, as grandes empresas têm uma vantagem econômica, o que leva a uma estrutura industrial concentrada. A fonte alternativa de redução de custos médios sob a economia empreendedora é a flexibilidade, o que muitas vezes pode apresentar vantagens competitivas e diminuição da importância de economias de escala. Por exemplo, a flexibilidade tecnológica (refere-se ao aproveitamento de algumas novas tecnologias) e a de organização da produção – produção flexível consiste em produzir linhas de produtos especialmente concebidos com qualidade específica para determinado(s) nicho(s) de mercado.

Grupo 4

11) Estimulação e regulação

As economias emergentes no período pós-guerra trouxeram três tipos gerais de políticas públicas para negócios: (i) antitruste (política de concorrência), (ii) regulação e (iii) propriedade pública. Todas as três abordagens políticas restringem a liberdade das empresas. Embora essas regulações sejam mais específicas e diferenciadas entre os países, todos compartilham uma abordagem política comum de interveniência para conter o que é visto como "excesso de poder de mercado" das empresas.

Na economia empreendedora a questão política relevante está longe da preocupação sobre como o governo pode restringir as empresas com relação ao abuso de seu poder de mercado. O direcionamento prevalente é: como os governos podem criar um ambiente promovendo o sucesso e viabilidade das empresas?

12) Entradas segmentadas e saídas segmentadas

Esse *trade-off* envolve a segmentação de produtos ou resultados selecionados no processo de produção em relação à segmentação de entradas selecionadas. Em outras palavras, refere-se a uma resposta do governo, no sentido de selecionar empresas em determinadas indústrias (segmentos) e promovê-las através de programas específicos. Tal movimento tem o objetivo de melhorar o nível de competitividade econômica nacional, através dos "campeões nacionais". Um exemplo típico dessa política é o Japão, que obteve sucesso alcançando vantagens competitivas em indústrias como automóveis e aparelhos eletrônicos.

13) Política local e política nacional

Essa dimensão envolve o lócus da política. Sob a economia gerenciada, o lócus adequado de formulação de políticas é em nível nacional ou federal. Sob a economia empreendedora, o foco da política do governo para os negócios tende a ser de natureza descentralizada e regional. Isto ocorre em razão das particularidades econômicas das empresas, das características dos trabalhadores – e consequentemente seus salários – e das necessidades dos mercados que as mesmas atendem e detêm.

14) Capital de risco e capital de baixo risco

A economia empreendedora requer um sistema de financiamento diferente da economia gerenciada. Audretsch e Thurik (2001) defendem que, no âmbito da economia empreendedora, os meios tradicionais de financiamento não são mais apropriados. De particular importância é o capital de risco, que tem sido tradicionalmente uma forma de financiamento para o alto risco de novas empresas inovadoras e do mercado informal de capital[44]. Referenciando Gaston e Gompers (1989; 1999), Audretsch e Thurik afirmam que o capital de risco recentemente se tornou mais prevalente. Isto porque é praticamente a única fonte de capital para a maioria das pequenas empresas, uma vez que suas necessidades de capital ultrapassam os recursos da família (HUGHES, 1997 apud AUDRETSCH e THURIK, 2001). Pequenas empresas e novas, em especial, muitas vezes não são detentoras de condições que possam garantir os recursos disponibilizados pelo sistema formal (capital de baixo risco).

2.3.2 Instituições do empreendedorismo

Segundo Ostrom (2007), a existência de diversos conceitos do termo "instituição" dificultam o seu entendimento. Alguns estudiosos a definem como uma organização, uma empresa ou um partido político, enquanto outros utilizam-na em referência a regras, e ainda outros usam o termo como normas, atitudes e comportamentos adotados por pessoas, funcionando dentro ou a partir de organizações. Ela entende instituição "no último sentido, para se referir aos conceitos compartilhados usados por seres humanos em situações repetitivas organizadas por regras, normas e estratégias".

Neste livro é utilizado o conceito de instituição (que pode ser formal ou informal) em uma interação mais econômica, compartilhada por

44. Capital de risco informal é a equidade e quase-capital próprio investido por particulares diretamente, ou seja, informalmente, sem intermediações formais. Ele tem sido referido na literatura de finanças como dívida informal ou capital de risco informal.

North (apud GALA, 2003) e entendida como os mecanismos sociais ou as organizações no controle do funcionamento da sociedade, representando as experiências dos processos socioeconômicos. Assim, são instrumentos indispensáveis à compreensão da evolução, apresentando-se o seu estudo como aspecto primordial ao entendimento dos complexos processos de estruturação econômica.

Segundo North (apud GALA, 2003), é preciso estudar as causas das conhecidas variáveis participantes do crescimento, para que possa haver um entendimento sobre desenvolvimento econômico sustentável (o desempenho econômico das sociedades parece resultar sempre, em última análise, de suas dinâmicas institucionais). Para este autor, as regras ou os arranjos institucionais suplantam o avanço tecnológico e/ou a acumulação de capital, no caminho para a compreensão das ações que possam contribuir ou não para esse desenvolvimento. Assim, "o segredo para atingir o crescimento está na construção de uma matriz que estimule a acumulação de capital físico e humano", levando-nos a entender que o desenvolvimento econômico deve ser estudado a partir do desenvolvimento institucional.

Concluindo que somente através de uma teoria das instituições é possível o entendimento do desempenho econômico, North propõe uma "teoria geral"[45], com base na incerteza que permeia o ambiente econômico e social, cuja principal consequência são os custos de transação; um conjunto de regras (instituições) formais e informais é então desenvolvido com o objetivo de reduzir os custos de transação e coordenar as atividades sociais. Esse conjunto de regras é apresentado pela matriz institucional, a partir da qual são definidos os incentivos

45. Sobre a obra de North de 1990 (*Institutions, Institutional Change and Economic Performance*), Velasco e Cruz (2003) desenvolveram um estudo analítico. Dentre outras, os autores declaram que North foi guiado desde o início, "por um único e bem definido objetivo: entender o que tornava as economias ricas ou pobres, como condição *sine qua non* para melhorar seu desempenho". Para isso, ele se dedicou à construção de uma teoria sistemática sobre mudança institucional, abandonando algumas premissas neoclássicas que originalmente calçavam a sua caminhada (p. ex., a economia neoclássica ignora as instituições, entendendo-as como parâmetros exogenamente conhecidos). O grande mérito, segundo Velasco e Cruz, é o fato de que esta nova postura possibilitou a transformação de vários fenômenos anteriormente entendidos como simples anomalias (embora reconhecidos) e que se mantinham como elementos fora do modelo, em problemas básicos de pesquisa.

para que surjam as organizações (econômicas, sociais e políticas)[46]. A cointeração dessas organizações com os recursos econômicos e com a própria matriz institucional é considerada como responsável pela evolução institucional e pelo desempenho econômico no longo prazo.

2.4 Políticas públicas de empreendedorismo

Um problema enfrentado pelos atores interessados em fazer política de empreendedorismo diz respeito à dificuldade de conceituar empreendedorismo e definir o conteúdo e o escopo da política. Stevenson e Lundström (2007) enfatizam que desde a década de 1990, muitos países têm mudado seus programas de fomento ao empreendedorismo, defendendo que isto acontece em razão de que ainda não existe uma clara percepção do que significa a política de empreendedorismo e seus alcances. Link (2007) e Surfati (2013) reforçaram esta posição e desenvolveram argumentos que justificam tais políticas, direcionando para os possíveis resultados de sua prática.

O empreendedorismo é um campo do conhecimento ainda incipiente e que, em razão das suas características e consequente complexidade, apresenta grandes dificuldades naturais para a compreensão e consenso entre os formuladores de políticas.

2.4.1 Modelos explicativos

A literatura oferece dois clássicos modelos explicativos, um político e outro econômico, respectivamente defendidos por Hart (2003) e Audretsch e Link (2011), sobre como o empreendedorismo entrou na agenda da política, nos EUA e na União Europeia.

Hart (2003) defende um modelo explicativo da política de empreendedorismo sob o viés político. Apresenta o empreendedorismo como um novo campo de estudos da política pública, com foco no que chamou de economia do conhecimento nos EUA. Aponta para o momento (político) em que tanto a experiência prática quanto a pesquisa acadêmica demonstram o papel central dos empreendedores no processo de crescimento econômico e a importância das políticas públicas para a criação das condições em que as empresas empreendedoras podem surgir.

46. Ver NORTH, D. *Institutions, Institutional Change and Economic Performance.* Cambridge University Press: Cambridge, 1990.

Direciona um enfoque multidisciplinar, contando para isso com contribuições de estudiosos oriundos de disciplinas diversas, como economia, ciência política, direito, administração etc. É possível observar suas principais conclusões, que visam estimular o debate sobre as oportunidades futuras para os decisores políticos e pesquisadores na área, além das considerações sobre os desafios para a implementação da política.

Na visão de Hart (2003), a emergência da política de empreendedorismo nos EUA ocorreu pelos avanços em três dimensões: crescimento da economia do conhecimento, governança e *startups*. O fascínio com as empresas *startups*, particularmente nos anos 90, valorizou o empreendedorismo. Com o estouro da bolha em 2000, a sociedade resgatou o valor de grandes e antigas empresas americanas, o que fez com que o empreendedorismo, naquele momento, fosse relegado a um segundo plano. Subsequentemente, entretanto, as contribuições significantes de novas empresas surgidas na última década, mostrou que a atividade empreendedora possuía uma boa base de sustentação. Essas contribuições foram representadas em grande parte por negócios inovadores e foram valorizadas tanto diretamente, quanto em relação ao estímulo proporcionado em relação a outras empresas já estabelecidas, forçadas a se adaptar por uma questão puramente mercadológica.

Hart (2003), seguindo a linha de Schumpeter, sugere que a inovação tecnológica é um mecanismo particularmente importante, por meio do qual empreendedores expressam sua novidade e dinamismo. Assim, defende que empreendedorismo não é a mesma coisa que pequenas empresas e que, como consequência, a política de empreendedorismo é distinta da política pública para essas empresas. Embora existam algumas definições de política de empreendedorismo focadas na garantia de competência competitiva às pequenas empresas, o foco deveria ser na criação de uma economia dinâmica, garantindo a criação de novos empreendimentos que possam ser desenvolvidos, tornando-se empresas de alto crescimento.

As primeiras pesquisas sobre o assunto se concentraram nas qualidades de empreendedores como indivíduos e nas estratégias de negócios envolvidas. Alinhado com De Jong e Marsili (2011), Schumpeter, Kirzner e Alves (2005), Hart defende que mais recentemente tem se procurado integrar essa compreensão com uma análise da "procura" por empreendimentos ou, mais amplamente, a "estrutura de oportunidades" no contexto empreendedor.

A participação da dimensão "governança" fica clara na medida em que nem toda política pública que molda o contexto para o empreendedorismo pode ser considerada como estratégia empreendedora. Hart cita como exemplo a política de educação, que pode influenciar iniciativas empreendedoras através do conhecimento e a política macroeconômica, afetando a disponibilidade de capital de curto prazo e as condições de comércio internacional. Obviamente, seus resultados podem contribuir para a melhoria do contexto empreendedor.

Ainda segundo Hart, afirma-se que o nível e a qualidade do empreendedorismo fazem a diferença na vitalidade econômica das comunidades, regiões, indústrias e da nação como um todo, razão pela qual, pelo menos há duas décadas, os formuladores da política de empreendedorismo nos EUA, vêm buscando o aprimoramento e a melhor adequação dessas políticas também em outros níveis de governo, como os estaduais e municipais. Nós seguimos esse modelo explicativo político.

Já Audretsch e Link (2011) oferecem um argumento sob a ótica econômica. Argumentam que a maior parte da confusão e ambiguidade nos debates de políticas públicas sobre o papel da inovação e do empreendedorismo reflete as divergências de pensamento e a orientação entre as três abordagens econômicas mais conhecidas (neoclássica, keynesiana e schumpeteriana). Em primeiro lugar, elas divergem sobre o que se considera ser de primordial importância na economia. Em segundo lugar, sobre os mecanismos que influenciam o foco primário e, em terceiro lugar, na postura e o papel das políticas públicas.

A abordagem neoclássica tem o foco em mercados individuais e baixo nível de impostos, que podem contribuir para taxas mais elevadas de crescimento. Por exemplo, é a visão econômica dominante e prevalente nos Estados Unidos. A maioria dos economistas neoclássicos rejeitam a noção de uma nova economia emergente na última década (economia empreendedora), porque, para eles, a economia ainda possui sua base no preço e equilíbrio de oferta e demanda, o que deixa pouco espaço para a análise e compreensão do empreendedorismo e da inovação.

De acordo com a abordagem keynesiana, a política pública deve ser responsável pela gestão da demanda agregada, principalmente através das políticas fiscal e monetária. Ela muda a visão de análise para o volume do consumo, ou demanda agregada. Assim, como no âmbito do quadro econômico neoclássico, a economia keynesiana é pouco preocupada com o empreendedorismo e a inovação.

Schumpeter, considerado o pai da economia da inovação, remete, em primeiro lugar, a mudança. Essa mudança pode envolver produtos, processos, organizações ou instituições. A lógica da chamada economia schumpeteriana é que o capitalismo se traduz em um processo evolutivo, dominado pela "destruição criativa", que é suportada por um mecanismo identificado como empreendedorismo. Assim, o foco da visão schumpeteriana está na capacidade da economia de se envolver em atividades inovadoras, a fim de gerar crescimento econômico e emprego. As teorias de Schumpeter também foram aproveitadas por Martes (2010) e Brandão (2011), para explicar a racionalidade econômica como um importante obstáculo à política de empreendedorismo.

Em outro estudo, Audretsch et al. (2007) explicam as razões pelas quais o empreendedorismo surgiu como um importante foco da política pública, particularizando suas consequências no que diz respeito ao crescimento econômico e à criação de emprego, utilizando exemplos na União Europeia e nos EUA, sob a ótica econômica. Tendo como objetivo fornecer fundamento para a política de empreendedorismo, aborda particularmente respostas a seis questões: (i) qual é a política de empreendedorismo? (ii) qual é a racionalidade econômica para a (não) realização de política de empreendedorismo? (iii) por que a política de empreendedorismo tornou-se tão importante? (iv) quais são os principais instrumentos de política de empreendedorismo? (v) quem executa a política de empreendedorismo? e (vi) qual é o impacto da política de empreendedorismo e como ele deve ser avaliado? Uma conclusão importante desses autores é que a política de empreendedorismo não é uma política modernizada para promover pequenas e médias empresas, ou a chamada política de empresa de pequeno porte nos EUA. Argumentam que a política empreendedora deve ser muito mais abrangente, abraçando um amplo espectro de instituições, agências e circunscrição de diferentes grupos. Observa-se que este argumento tem como origem a identificação de Audretsch e Thurik (2001) sobre a mudança da economia gerenciada para a economia empreendedora. Para demonstrar diversas formas em que o nível de empreendedorismo pode ser influenciado, os autores apresentam os determinantes que integram de forma ordenada as diferentes vertentes da questão dos campos de pesquisa, relacionando sete canais de intervenção pública.

Quadro 8 - Canais de intervenção pública

CANAL E FOCO	ABORDAGEM
Canal 1 Desenvolvimento tecnológico	A intervenção do governo envolve a demanda do empreendedorismo. Referem-se aos impactos da intervenção pública sobre o tipo, número e acessibilidade a oportunidades empreendedoras. A ideia é criar espaço para o empreendedorismo, através de políticas estimulantes para desenvolvimentos tecnológicos. Os avanços tecnológicos criam oportunidades para empreendimentos através de novas ideias ou novos processos de aplicação. Estes avanços podem ser estimulados pelo governo através de gastos e/ou subsídios em P&D.
Canal 2 Aspectos demográficos	Essas políticas dizem respeito à política de desenvolvimento regional (tratando com processos de urbanização), influenciando a composição e a dispersão da população, respectivamente. Além disso, o tratamento fiscal das famílias com crianças, incluindo abonos de família, pode influenciar a estrutura etária da população e o número de potenciais empreendedores no longo prazo.
Canal 3 Capacitação	Os impactos dessa intervenção dizem respeito às habilidades e recursos dos potenciais empreendedores. A política do governo pode minimizar lacunas financeiras e conhecimento através do aumento da disponibilidade de recursos financeiros e de informação, respectivamente.
Canal 4 Preferências e atitudes individuais	Funciona com foco nas preferências individuais em direção ao empreendedorismo. As preferências das pessoas, tal como expressas através de valores e atitudes, são desenvolvidas durante a criação. Uma vez que elas são, em grande medida, determinadas pela formação cultural, são difíceis de sofrer influência ou modificação. Entretanto, o governo pode tentar influenciar as preferências individuais, fomentando uma cultura empreendedora. Por exemplo, valores e atitudes empresariais pode ser moldado através da introdução de elementos empreendedores no sistema de ensino e utilização da mídia na divulgação do empreendedorismo. Essas políticas são caracterizadas pela amplitude assumida no conceito de política do governo, incluindo o sistema de educação.

Continuação

Canal 5 Foco nas opções	Essa intervenção é dirigida ao processo de decisão de indivíduos que são potenciais empreendedores. Refere-se a disponibilizar políticas que possam minimizar o risco à criação de novos negócios, tais como políticas de impostos, segurança social e mercado de trabalho. Tem como objetivo influenciar pessoas a abandonar o estado de (des) emprego, tornando-se empreendedoras. Trata de aumentar a atratividade de iniciar ou continuar um negócio, oferecendo melhores condições para a sua flexibilidade.
Canal 6 Empreendedorismo latente	A intervenção governamental envolve a política de influenciar o empreendedorismo através da facilitação de acessibilidade aos mercados. Essas políticas devem influenciar o tamanho dos mercados, através da política de concorrência. Deve-se procurar melhorar a acessibilidade dos mercados, por exemplo, através da redução do poder das grandes empresas no mercado e da redução de barreiras à entrada de pequenas empresas.
Canal 7 Discrepância da atividade empreendedora	Essa política subordina-se aos argumentos econômicos ou políticos que moldam a determinação do nível de equilíbrio da atividade empreendedora. Embora o empreendedorismo esteja ligado ao desempenho econômico, falhas e distorções de mercado no contexto do empreendedorismo justificam a automática intervenção política pública. Por exemplo, o acesso ao financiamento é um aspecto em que a teoria econômica identifica um forte potencial para falhas de mercado.

Fonte: elaboração do autor, a partir de Audretsch et al. (2007).

De acordo com Shane (2012), a formação/criação de uma nova empresa é apenas um arranjo institucional, uma consequência necessária, o que vai na contramão da maioria de estudiosos, que - segundo o autor - apoiam a definição alternativa de que empreendedorismo é o estudo da formação da empresa. Ele defende que a comunidade acadêmica precisa entender que o empreendedorismo envolve o nexo entre oportunidades e indivíduos, substituindo a sua simples visão de centralização na pessoa. Argumenta que se deve pensar não apenas sobre as pessoas que identificam, avaliam e exploram as oportunidades, mas também sobre as oportunidades das pessoas para identificar, avaliar e explorar.

Na mesma linha, De Jong e Marsili (2011), direcionam a compreensão sobre como empreendedores identificam e tratam oportunidades de criação de novos negócios, considerando antagonismos em estudos de Schumpeter e Kirzner. Ao apresentar uma investigação empírica sobre tipos de oportunidades, eles avaliam que as oportunidades de Schumpeter são muito inovadoras, enquanto as oportunidades keynesianas são de natureza incremental. Basicamente, a explicação está no fato de que as oportunidades de Schumpeter são mais propensas a serem perseguidas por indivíduos orientados estrategicamente para satisfação de necessidades futuras (longo prazo), através do desenvolvimento de produtos proativos, enquanto os indivíduos com um foco estratégico na exploração de demandas atuais são mais propensos a buscar oportunidades kirznerianas.

A linha de raciocínio de Keilbach (2009), de forma complementar, evidencia que novas empresas possuem um bom potencial de contribuição na geração de novos conhecimentos, na medida em que desenvolvem projetos e produtos de maior risco, não aproveitados por empresas já estabelecidas (que possuem mais possibilidade de escolha), podendo também resgatar oportunidades não aproveitadas por aquelas.

Shane (2001) defende que quatro dimensões do regime tecnológico influenciam a probabilidade de que uma inovação seja explorada através da criação de uma empresa. Isto é mais provável quando o conhecimento técnico é mais novo, quando o mercado tende para a segmentação, em linhas de negócios em que as patentes funcionam melhor e onde os chamados ativos complementares em *marketing* e distribuição são menos importantes.

Em dois estudos, em outra abordagem, Henrekson (2005 e 2006) refere-se ao *welfare state* (estado de bem-estar ou estado-providência) e suas supostas consequências para o empreendedorismo. No primeiro, o autor apresenta uma análise empírica sobre a Suécia, mostrando como as instituições-chave do estado de bem-estar tendem a reduzir incentivos econômicos tanto para sistemas baseados em oportunidades quanto necessidades empreendedoras. Defende que uma cultura empreendedora e um estado de bem-estar (em alto nível) estão muito remotamente relacionados. Como consequência, as respectivas culturas não são susceptíveis de ser promovidas por um conjunto semelhante de instituições. Ele analisa, de forma exploratória, como o desenvolvimento do empreendedorismo é provavelmente afetado pelo tipo de regime fiscal e de segurança social que prevalecem em um típico Estado social maduro.

No segundo estudo, aquele autor responde às críticas ao seu trabalho feitas por Galbraith (2006) e Dore (2006), sustentando que o nível do *welfare state* é susceptível de enfraquecer os incentivos para desenvolver esforço empreendedor. Os conteúdos dos dois estudos de Henrekson levam à natural conclusão de que o nível do *welfare state* pode influir no nível do empreendedorismo, ou seja, quanto maior o atendimento do Estado às necessidades da sociedade, menor deverão ser os estímulos às atividades empreendedoras.

Segundo Karlsson e Andersson (2009 apud Mason, 2011), "ainda há um abismo entre a nossa compreensão da necessidade de políticas de empreendedorismo e como tais políticas devem ser concebidas quando necessário". Mason (2011) defende a existência de evidência empírica considerável que apoia a proposição de que apenas uma pequena proporção de empresas criam a maioria dos postos de trabalho em qualquer mercado[47], denominadas empresas de alto crescimento (HGFs). Sua visão direciona para a criação de política para apoio às empresas de alto crescimento - HGFs, sugerindo, entretanto, que "os decisores políticos estão procurando HGFs nos lugares errados" e propõe uma reorientação, tanto em termos de adequada focalização como formas de apoio. Isto porque as abordagens atuais baseiam-se apenas no pressuposto da forte relação entre HGFs e tecnologia.

No entanto, HGFs são encontradas em todos os setores da economia, uma heterogeneidade que também se reflete na sua idade, tamanho, origens e até propriedade. Assim, torna-se necessário, antes de mais nada, o entendimento dessa heterogeneidade, para que os decisores políticos possam adotar "ancoragens estratégicas" para HGFs, sem ignorar, entretanto, as empresas *startups.* As propostas de Mason tiveram como base um estudo de HGFs na Escócia e chamam a atenção também para a necessidade fundamental de se considerar as diferentes dotações de recursos, estágio de desenvolvimento e estruturas econômicas, além dos ambientes empresariais envolvidos em qualquer economia em pauta.

Mais radical, Shane (2009) busca demonstrar que incentivar mais pessoas a se tornarem empreendedoras é uma má política pública, de-

47. Ver Birch, 1987; Anyadike-Danes et al., 2009; Henrekson e Johansson, 2010; Kirchhoff , 1994; Stangler, 2010 (MASON, 2011).

fendendo que o foco para o desenvolvimento econômico deve estar nas grandes corporações. Segundo ele, os formuladores de políticas podem estar equivocados, ao acharem que a criação de mais empresas *startup* irá trazer transformação, gerar inovação e criar empregos. Em sua visão, esta crença é falha porque a típica *startup* não é inovadora, cria poucos empregos e gera pouca riqueza. Propõe a elevação do crescimento de empresas, estimulando a formação de alta qualidade.

Ainda segundo o autor, os decisores políticos devem deixar de subsidiar a formação da típica empresa *startup* e se concentrar em um subconjunto de empresas com potencial de crescimento. Ao eliminar os incentivos para criar estas empresas de baixa probabilidade, o governo pode melhorar o desempenho médio dos novos negócios, redirecionando recursos. Shane argumenta que "há uma grande quantidade de provas que essas políticas levam as pessoas a iniciar negócios marginais que tendem a falhar, têm pouco impacto econômico e geram pouco emprego". Isto porque, segundo ele, somente um seleto grupo de poucos empreendedores criará empresas com reais condições de tornar os mercados mais competitivos e aumentar o crescimento econômico.

Já Acs (2009) apresenta uma visão sobre como as decisões de políticas públicas que envolvem o empreendedorismo podem ser formuladas e avaliadas. Fornece *insights* de pesquisas sobre as ligações entre o empreendedorismo, a inovação e o crescimento econômico, que propiciam melhor entendimento sobre as implicações para as políticas públicas. Também procura deixar claro como e por que as pequenas empresas e o empreendedorismo aparecem como cruciais para o crescimento econômico, o emprego e a competitividade e dá ênfase à importância da universidade, no que diz respeito à transferência de conhecimento.

Assim, observa-se que o estudo do empreendedorismo, e em particular de sua política, é um campo do conhecimento ainda incipiente e que, em razão das suas características e consequente complexidade, apresenta grandes dificuldades naturais para a compreensão e consenso entre os formuladores de políticas.

Link (2007) levanta uma questão anterior: "pode a política pública enriquecer os ambientes em que os indivíduos apreendem conhecimentos que poderiam passar inexplorados?" Sua resposta é positiva, em especial se tratando de conhecimentos relacionados à inovação, exemplificando que nos EUA, há uma série de políticas públicas que, em diferentes graus, fornecem recursos direcionados à ampliação da percepção de oportunidades e ações, especialmente relacionada com o comportamento inovador.

Surfati (2013) desenvolve um argumento a partir da seguinte pergunta: "Há a necessidade de se criar políticas públicas de fomento ao empreendedorismo?". A resposta a esta pergunta não é tão simples, encontrando-se ancorada em dois pontos adicionais. O primeiro direciona para o papel das MPEs no crescimento econômico, na geração de emprego e na inovação. Autores como Holtz-Eakin e Kao, Newberry, Luetkenhorst, Raynard e Forstater (2003, 2006, 2004 e 2002 apud SURFATI, 2013) defendem a hipótese schumpeteriana, de que existe uma correlação positiva entre atividade empreendedora e crescimento econômico. Outros autores (Van Stel, Carree e Thurik (2005 apud SURFATI, 2013) declaram que a atividade empreendedora produz efeitos positivos em países com economias desenvolvidas e negativos em países economicamente mais fracos. Estudos de Beck, Demirguc-Kunt e Levine, Audrestsch e Keilbach, Wennekers e Thurik (2005, 2005, 2004 e 1999, respectivamente, apud SURFATI, 2013) apontam para a falta de evidências conclusivas da relação entre atividade empreendedora e crescimento econômico. Entretanto, mais recentemente, Henrekson e Johansson (2008 apud SURFATI, 2013) explicam que algumas empresas com crescimento acelerado podem contribuir com grande impacto na geração de empregos e no crescimento econômico.

Segundo Henrekson e Stenkula (2009 apud SURFATI, 2013), essas diferentes posições - não consideradas nas pesquisas - podem ser consequência das diferenças existentes entre empreendedorismo e os trabalhadores por conta própria, que são também entendidos e tratados como empreendedores. Este grupo - trabalhadores por conta própria -, juntamente com pequenos empresários (donos de padarias, pequenas confecções e outros), não pode ser confundido com o empreendedor gerador de negócios de alto impacto. Apesar de gerar algum emprego, os primeiros constituem um negócio para satisfazer suas mínimas necessidades, enquanto os negócios de alto impacto ou alto crescimento geram empregos e valor econômico, contribuindo diretamente com o crescimento.

Esta diferença teórico-conceitual nos leva ao segundo ponto, relativo à necessidade e o desenho das políticas públicas. Assim, é preciso diferenciar as políticas direcionadas para as Micro e Pequenas Empresas (MPEs), (o que se justifica, por várias razões), das políticas para fomento ao empreendedorismo de alto crescimento, que possam gerar negócios inovadores e com maior valor agregado. Porter (2002 apud SURFATI, 2013) sugere os estágios de desenvolvimento econômico[48], os quais podemos relacionar com as diferenças sobre as visões de políticas públicas: "no estágio movido a inovação, a economia passa a ser fortemente caracterizada por atividades intensivas em conhecimento, o que fortemente caracteriza a atividade empreendedora".

Definitivamente, o empreendedorismo não é um campo conhecido por seu consenso. O estudo de Audretsch e Thurik (2007) conclui que o debate deveria se concentrar na mudança e adaptação das políticas públicas na economia empreendedora, ao invés de simplesmente se concentrar na adição de políticas de empreendedorismo para o arsenal de instrumentos de política pública. Ou seja, a política de empreendedorismo não é simplesmente uma política para fomentar MPEs.

2.4.2 Barreiras à política de empreendedorismo

Pontualmente, existem alguns entraves para a definição de uma política de empreendedorismo. Um dos óbices – e aparentemente a origem de vários – é a falta de consenso na definição. Pelo que parece – e isto é um dos aspectos primordiais trabalhados neste livro , o problema está mais no real entendimento das necessárias políticas públicas para empreendedorismo e na capacidade de implantar efetivamente

48. Os três estágios de desenvolvimento: 1) Economias impulsionadas: são condições básicas para este fator o trabalho de baixo custo e os recursos naturais não transformados são a base dominante de vantagem competitiva nas exportações. Economias orientadas por este fator são altamente sensíveis a ciclos econômicos mundiais, preços de *commodities* e flutuações cambiais. 2) Economias orientadas para a eficiência: a vantagem do país vem da produção de produtos e serviços mais avançados e altamente eficientes. Investimento pesado em infraestrutura eficiente, fortes incentivos ao investimento, melhoria das competências e um melhor acesso ao capital de investimento para permitir grandes melhorias na produtividade. 3) Economias orientadas para a inovação: a capacidade de produzir produtos e serviços inovadores na fronteira tecnológica global, utilizando os métodos mais avançados torna-se a principal fonte de vantagem competitiva. Uma economia orientada para inovação é caracterizada por produtores distintivos e uma elevada percentagem de serviços na economia é bastante resistente a choques externos.

essas políticas, considerando todos os atores envolvidos no processo (instituições e órgãos governamentais, empreendedores, empresas, entidades não oficiais e a própria sociedade). Isso também faz com que a utilização das ações de fomento sejam em grande parte desperdiçadas, na medida em que são direcionadas de forma inadequada.

E quais são os obstáculos à política empreendedora? Stevenson e Lundström (2007), ao caracterizarem as políticas de empreendedorismo em seis categorias, oferecem um campo de debates acerca das ações e adaptações necessárias para a implementação dessas políticas. Indiferentemente dos contextos em que estejam envolvidas, elas são: (i) promoção da cultura empreendedora; (ii) educação para o empreendedorismo; (iii) redução das barreiras de entrada a novas empresas; (iv) medidas de apoio e suporte às novas empresas; (v) fornecimento de capital/apoio ao empreendedorismo e (vi) políticas com enfoque em segmentos específicos da população.

A primeira refere-se à "educação para o empreendedorismo", com o objetivo de aumentar o número de oportunidades para o acesso de conhecimento sobre o empreendedorismo, diretamente voltada para o sistema educacional. A segunda diz respeito às "medidas de apoio e suporte às novas empresas", como acesso à informação, assessorias e outras formas de transferência de conhecimento. E a terceira, "fornecimento de capital de apoio ao empreendedorismo", envolve o suporte financeiro às novas empresas.

Outro obstáculo fundamental diz respeito à "racionalidade econômica". Sua origem encontra-se na teoria econômica convencional, com a suposição de que os agentes econômicos são racionais, sendo a sua explicação relativamente simples.

Segundo Martes (2010), Schumpeter, em sua obra *A teoria do desenvolvimento econômico*, o empreendedor é utilizado para mostrar os limites da teoria econômica neoclássica, no que diz respeito à sua incapacidade para analisar e processar o fenômeno do desenvolvimento. Dentre os pontos que Schumpeter defende como fundamentais na relação entre o empreendedorismo e a economia, estão (i) a definição de que "o empreendedor é um indivíduo socializado e não atomizado", como é entendido pela teoria econômica à qual se opõe e (ii) a eleição da inovação como fator para o desenvolvimento econômico. O empreendedor é um indivíduo guiado pela racionalidade (lógica das ações inovativas, por exemplo), mas também o é pela paixão, sendo "portador de interesses, vontade e intencionalidade", o que reduz, em vários momentos, os efeitos da racionalidade.

O entendimento desta dualidade é a fonte do problema, o que é enfatizado por Schumpeter como "uma dimensão fundamental da ação empreendedora: resistência e conflito institucional" (MARTES, 2010).

Reforçando o assunto e na mesma linha, Brandão (2011) também segue o pensamento de Schumpeter (1982), que foca o empreendedorismo como a base do desenvolvimento econômico, classificando-o como uma nova combinação de meios de produção, num processo de "destruição criativa". De acordo com aquele autor, a racionalidade econômica é formalmente trabalhada, com base na hipótese de que os atores focam a utilidade, ao avaliarem objetivos, interesses e valores. Afirma também que todos os estudos (mesmo os neoclássicos) reconhecem que as ações e decisões empreendedoras não são desenvolvidas tendo elementos racionais como base exclusiva.

Assim, segundo Pelaez e Sbicca (2000 apud BRANDÃO, 2011), a teoria econômica baseada na racionalidade a torna inconsistente e incompleta, incapacitando-a para demonstrar o fenômeno do empreendedorismo na dinâmica da economia capitalista, simplesmente porque ele não se alinha com o entendimento racional, não podendo, então, fazer parte dos modelos econômicos que a explicam.

Pretendeu-se neste capítulo demonstrar a importância do empreendedorismo para o desenvolvimento, discutindo suas políticas e seus principais conceitos, focando a relevância da sua associação com a inovação, no que diz respeito aos seus respectivos papéis na economia e competitividade.

O próximo capítulo apresenta as evidências empíricas identificadas no que diz respeito ao *status* da economia brasileira, discutindo o seu desenvolvimento e competitividade. Provoca o debate sobre as MPEs, o empreendedorismo e as HGFs, envolvendo-os nesse contexto.

3 Competitividade, política industrial e empreendedorismo no Brasil

No marco do desenvolvimento deste livro, o capítulo identifica e apresenta as evidências empíricas a serem analisadas para atingir os seus objetivos e validar as hipóteses propostas com vistas a contribuir para o aprimoramento das teorias subjacentes. Está organizado da seguinte forma: trata da discussão sobre desenvolvimento econômico e competitividade brasileira, onde também se inserem comentários e comparações sobre resultados de pesquisas englobando as economias de diversos países – incluindo o Brasil. Essas pesquisas consideram fatores apontados internacionalmente como os mais importantes nesse contexto. Na sequência, discute a política industrial brasileira, tendo em vista a existência de um consenso internacional sobre a importância do empreendedorismo para o desenvolvimento da competitividade. Analisa e avalia nessa perspectiva os planos de desenvolvimento mais representativos da "nova política industrial brasileira" recentemente implantados. Desenvolve o tema empreendedorismo, apresentando as MPEs e as HGFs, contextualizando-as e discutindo suas implicações frente aos diferentes conceitos. Finalmente, leva-se ao debate a participação do empreendedorismo na política industrial brasileira.

3.1 Desenvolvimento econômico e competitividade do Brasil

O Brasil tem sofrido com a baixa produtividade, o que consequentemente tem afetado sua competitividade. Mendes (2015, p. 1) afirma que até poucos anos atrás havia grande otimismo em relação à economia brasileira. Chegamos a crescer 7,6% em 2010. Os salários cresciam, o desemprego ia para a plenitude, a pobreza e a desigualdade caíam. A ascensão da classe C era festejada com a ampliação do consumo. De repente tudo mudou: a economia entrou em recessão em meados de 2014.

Existe grande preocupação com o futuro da indústria brasileira. As projeções do mercado continuam sendo fortemente reduzidas por vários economistas consultados pelo Banco Central do Brasil, chegando à negatividade. Há um problema na estrutura industrial de vários países com a sua menor participação percentual no PIB, que se torna mais relevante para aqueles em desenvolvimento. Entretanto, o Brasil apresenta um problema específico, traduzido por um conjunto de incertezas, o que dificulta o direcionamento de políticas.

E não somente a indústria enfrenta problema. Por exemplo, o varejo[49] brasileiro tem um impacto no PIB da ordem de 55,71% (base 2013) e emprega atualmente (janeiro de 2015) 19,1% dos trabalhadores formais, o que em 2014 representava 23% (Indicadores IBGE – pesquisa mensal de emprego - janeiro 2015 e Cadastro Geral de Empregados e Desempregados (CAGED), citado em Sociedade Brasileira de Varejo e Consumo (SBVP, 2015). Anualmente, a consultoria A. T. Kearney elabora o Global Retail Development Index, (apud SCRIVANO, 2014), que avalia o ambiente de negócios dos 30 países mais atrativos para receber recursos das redes varejistas mundiais. A posição brasileira é sustentada, sobretudo, pelo tamanho do mercado consumidor, um dos maiores do mundo. Entretanto, o índice aponta para uma queda do Brasil para a quinta colocação no ranking internacional. Segundo Pietro Gandolfi, da A. T. Kearney, os resultados abaixo das expectativas se devem a um conjunto de variáveis ruins, como a inflação e juros em alta, além do PIB baixo. Na visão dos economistas da organização, o poder de compra do consumidor não cresceu, o que demonstra que investimentos, sobretudo no varejo, não terão rápido retorno.

Para Mendes (2015), o problema econômico atual tem causas antigas, que remontam ao início de 1985, bem como causas recentes, ligadas a uma política econômica equivocada e inconsistente, adotada por volta de 2005/2006 e aprofundada a partir de 2011. Em 1985, surgiram fortes pressões sociais para expansão do gasto público, levando ao aumento do déficit público e exigindo a expansão da carga tributária. Esses fatos estão na base da nossa crise atual.

Na mesma linha, Kanczuk (apud BECK, 2014) afirma que a fraqueza da atividade econômica tem raízes na insegurança empresarial para investir, aliada aos juros altos e ao fato de que nenhuma das razões acima citadas está sendo atacada.

Considerando as colocações acima, é possível inferir que o Brasil carece de uma política econômica[50] mais fundamentada, focada, capaz de

49. É o primeiro setor da economia a ser impactado pela redução da renda do consumidor, em razão do nível de desemprego.

50. A relação da política econômica com o tema encontra-se explicitada na Introdução.

recuperar a credibilidade. Um dos principais alicerces para o crescimento é o investimento privado, que precisa reagir, o que não acontece por insegurança nas instituições, por falta de um direcionamento eficaz (até porque não se conhece a temporalidade das medidas implantadas). Sintetizando os principais problemas apontados, temos a dificuldade no direcionamento de políticas, o custo de produção, a necessidade de grandes investimentos em logística, correções e ajustes regulatórios na política energética, carga tributária, falta de melhor qualificação da mão de obra, infraestrutura deficiente, inflação e juros em alta.

Para Radaelli e Galetti (2014), os efeitos decorrentes da crise de 2008 acentuaram os problemas de competitividade da indústria nacional. De acordo com Pastore, Gazzano e Pinotti (2013 apud RADAELLI e GALETTI, 2014), não se tem conseguido ampliar a produtividade do trabalho[51] em um ritmo capaz de acompanhar a elevação do seu custo unitário. A perda de competitividade da indústria de transformação brasileira ganhou mais espaço no debate após a crise, recolocando a discussão da desindustrialização em pauta. A partir de recente estudo sobre as políticas industriais brasileiras estabelecidas entre 2004 e 2014, Stumm (2016) conclui que as políticas desenvolvimentistas estabelecidas no período[52] não mudaram efetivamente o cenário industrial brasileiro:

> [...] chamou a atenção para as possíveis consequências que a combinação de juros elevados, câmbio supervalorizado e redução das tarifas de importações poderia causar sobre a capacidade de desenvolvimento do país. [...] mais que limitar o

51. O índice de produtividade do trabalho é obtido pela relação entre a produção física mensurada pela Pesquisa Industrial Mensal (PIM) e o número de horas pagas medido pela Pesquisa Industrial Mensal de Emprego e Salário (Pimes), ambas do IBGE. O cálculo do custo unitário do trabalho (CUT) é obtido pela divisão entre a folha de pagamento real por hora paga e a produtividade do trabalho. A primeira variável da relação consiste na divisão entre a variável folha de pagamento real e a variável número de horas pagas, ambas elaboradas pelo IBGE. Para obter o CUT em US$, é realizada a conversão do índice em R$ pela taxa de câmbio (R$/US$) comercial de venda – média mensal –, disponibilizada no Boletim do Banco Central, seção Balanço de Pagamentos (RADAELLI e GALETTI, 2014).

52. Política Industrial, Tecnológica e de Comércio Exterior (PITCE) de 2004; Política de Desenvolvimento Produtivo (PDP) de 2008 e Plano Brasil Maior (PBM) de 2011.

> crescimento econômico nacional, esse "trinômio maléfico" levou à perda relativa do setor industrial, construído com esforço entre 1930 e 1980, [...] representando, assim, um retrocesso para o desenvolvimento socioeconômico do Brasil. A emergência do nocivo trinômio deu ensejo ao retorno das discussões relacionadas ao papel da indústria nacional, talvez nunca antes superadas e fez surgir um novo ponto de preocupação: a desindustrialização. (STUMM, 2016, p. 3).

Entretanto, Radaelli e Galetti (2014, p. 42) sustentam que a despeito da menor participação da indústria de transformação na economia, não há consenso quanto à existência do processo de desindustrialização no país.

À queda da produção, da produtividade do trabalho e ao aumento dos custos de mão de obra soma-se a deterioração da competitividade internacional da indústria, em especial nos produtos de maior sofisticação tecnológica. Em 2006, os produtos manufaturados representaram 54,44% da pauta de exportação nacional e ostentavam um *superávit* de US$ 4,147 bilhões com o exterior. A partir do ano seguinte, a balança comercial de manufaturados começou a apresentar déficit, que se intensificou com os efeitos da crise nos anos seguintes. O déficit saltou de US$ 9,241 bilhões, em 2007, para US$ 39,794 bilhões, em 2008, e encerrou 2012 em US$ 94,136 bilhões. A participação dos manufaturados caiu para 46,82% em 2008, e despencou para apenas 37,39% em 2012 (RADAELLI e GALETTI 2014, p. 44).

A recuperação mundial continua a enfrentar dificuldades para se firmar, e pressões em algumas das grandes economias de mercados emergentes complicam as perspectivas de crescimento. No caso da América Latina e Caribe, prevê-se agora que o crescimento em 2016 seja negativo pelo segundo ano consecutivo — o que não ocorria desde a crise da dívida de 1982-83, que desencadeou a "década perdida" para a região. Contudo, a recessão regional oculta o fato de que a maioria dos países continua a crescer — a um ritmo modesto, porém incontestável. Em especial, os desdobramentos específicos em cada país estão sendo determinados pela interação entre choques externos e fundamentos domésticos. Embora os países com políticas econômicas sólidas estejam se ajustando sem sobressaltos aos choques externos, os países com fundamentos domésticos mais fracos estão passando por uma desaceleração significativa (WERNER, 2016, p. 1), o que é exatamente o caso brasileiro.

Uma combinação de fragilidades macroeconômicas resultantes do lento ajuste interno, um escândalo de grandes proporções envolvendo o governo e algumas grandes empresas e problemas políticos paralisaram os investimentos, dominando o cenário econômico. Após uma forte contração de 3,8% em 2015, o PIB deve cair mais 3,5% em 2016[53] — no total, a maior contração desde 1981-83. O desemprego teve uma forte alta (11,6% em agosto) e a inflação está em 4,96% (IPCA[54], julho). A situação de disfuncionalidade política continua a adiar a adoção de uma estratégia fiscal crível para manter a dívida pública em uma trajetória sustentável, o que acarretou rebaixamentos da classificação de risco do país e elevou os custos de financiamento. Embora as exportações comecem a mostrar sinais de fortalecimento com a acentuada desvalorização do real, encontrar uma solução para as incertezas políticas e de política econômica é essencial para a volta do crescimento positivo (WERNER, 2016, p. 3). Esses pontos são confirmados por consistentes e acreditadas pesquisas.

Figura 5 - Evolução do Brasil no *ranking* de competitividade 2009-2016

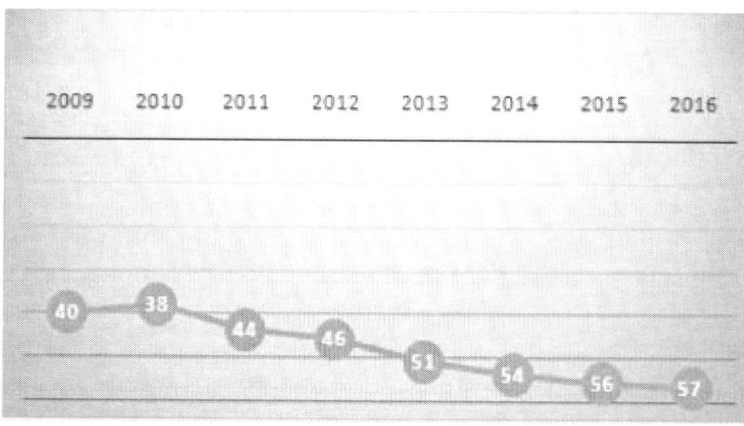

Fonte: adaptado por Bris (2016), a partir do IMD (2016).

53. Em 27 set. 2016, o Banco Central do Brasil publicou o Relatório de Inflação, apontando uma previsão de queda de 3,3% do PIB em 2016 e alta de 1,3% em 2017. Disponível em: http://g1.globo.com/economia/noticia/ 2016/09/bc-segue-vendo-estouro-da-meta-de-inflacao-em-2016-e-tombo-do-pib.html.

54. Índice de preços ao consumidor - amplo, é o índice oficial que mede a inflação no Brasil. No mesmo relatório está previsto IPCA de 7,3% para 2016, que em 2017 deverá ficar próximo de 4,5%.

Em 2015, de acordo com o IMD e Bris (2016), o Brasil apresenta-se no 57º lugar no *ranking* mundial entre 61 países, acumulando uma perda de 19 posições em seis anos (Figura 5). Depois de atingir sua melhor posição em 2010 (38º lugar) neste relatório, o país se mantém no bloco dos países menos competitivos do mundo, ficando à frente apenas da Croácia, Ucrânia, Mongólia e Venezuela.

A análise do IMD se baseia em quatro pilares, sendo que para cada pilar são analisados 20 subfatores, no total de 300 variáveis contabilizadas[55]. Os aspectos mais importantes em relação à análise dos quatro pilares são:

a) Desempenho econômico

Nesse campo, o Brasil vem apresentando pioras desde 2011, quando atingiu sua melhor posição. No *ranking* atual, o subfator comércio internacional foi impactado pelo limitado grau de abertura para o comércio externo; os dados mostraram que o saldo da conta atual brasileira foi a terceira pior dentre os 61 países. Outros aspectos em que o Brasil teve um desempenho ruim são exportação de bens e de serviços, taxa de câmbio e receitas de turismo. O Brasil ficou em segundo lugar na participação do PIB em importação de bens e serviços com alto crescimento desta taxa. O subfator preços também foi prejudicado pela taxa de inflação, que ficou com um valor de 9,03% em relação à média de 4,47% da pesquisa. O subfator emprego apresentou péssimo resultado (devido ao aumento do desemprego), mas economia doméstica foi quem apresentou o pior resultado, pressionado pelo crescimento negativo do PIB em 3,9%. Contribuíram negativamente também para esse resultado, a formação fixa de capital bruto, assim como a despesa de consumo das famílias e a despesa de consumo do governo. O subfator investimento internacional teve uma leve queda, apesar do aumento em termos absolutos. A queda neste quesito reflete a perda de credibilidade, assim como o aumento da taxa de risco para se investir no país devido à instabilidade econômica e política atual.

b) Eficiência do governo

A eficiência do governo vem apresentando pioras constantes desde 2009 até chegar em último lugar em 2016. Dentre seus cinco subfatores,

55. Ver Quadro 5.

a estrutura institucional, legislação dos negócios e estrutura social se mantiveram nas mesmas posições do ano anterior. O item finanças públicas aparece em último lugar e política fiscal também teve resultado ruim. A relação entre excedente e déficit do orçamento do governo ficou com um valor negativo de 184 bilhões, com uma média negativa de 10%, comparada à média negativa de 2% dos demais países. Isso reflete a deterioração das contas públicas desde o ano de 2015, em que o valor do déficit no orçamento era de 146 bilhões e cuja média apresentava-se negativamente perto dos 6%. A eficiência da gestão de finanças públicas foi analisada como péssima, também ficando em penúltimo lugar. No que se refere à estrutura institucional, os dados que avaliam a percepção do empresariado carregam uma tendência pessimista. A comunidade empresarial brasileira avaliou negativamente os critérios de transparência, burocracia e decisões do governo, assim como a corrupção. Estes critérios ficaram entre os 3 piores dentre os 61 países avaliados. É possível perceber uma piora significativa em todos esses resultados de percepção, uma vez que nos últimos dois anos a transparência do governo e a capacidade de adaptação das políticas públicas apresentaram resultados ruins, sendo que este último subfator ocupa atualmente o penúltimo lugar. Este resultado não chega a ser surpreendente, à vista da crise de governabilidade e de ética ocorrida durante os anos de 2015 e 2016. No entanto, demonstra o peso da percepção pessimista do empresariado no aumento do grau de incerteza econômica, reduzindo a credibilidade do governo. As políticas do Banco Central também foram mal avaliadas e a falta de diretriz no governo afetou o lado da política fiscal. Segundo a pesquisa, não houve uma liderança para a criação e alocação de uma política fiscal que conduzisse a política econômica.

c) Eficiência empresarial

Na série histórica, a trajetória foi de avanço no início da década, seguido de queda desde 2013. Ocorreram rebaixamentos nos subfatores "produtividade e eficiência", "finanças e atitudes" e "valores", ressaltando-se a queda real da produtividade da 48ª para a 60ª posição. Além disso, a percepção do empresariado brasileiro sobre reformas econômicas também se tornou mais urgente e no subfator de práticas gerenciais o empreendedorismo caiu. A satisfação do consumidor também ficou abaixo da média dos demais países. O crescimento da força de trabalho levou à melhoria do resultado do subfator mercado de trabalho. Entretanto, este aumento da população ativa pode pressionar ainda mais o desemprego, uma vez que o desaquecimento da economia reduziu o mercado de trabalho. Considerando que o emprego caiu bastante este ano e a economia não está dando sinais de uma recuperação rápida, é possível supor que grande parte dos novos trabalhadores não conseguirão se inserir na economia, agravando as taxas de desemprego, notadamente entre os jovens, assim como consequente aumento da economia informal e gastos assistenciais do governo.

d) Infraestrutura

Foi o único pilar a apresentar uma melhora significativa, ganhando sete posições (46), embora o resultado tenha sido em certa medida influenciado pela mudança na metodologia da pesquisa pelo IMD. Com uma tendência negativa até 2011, em razão da Copa do Mundo de 2014 e Olimpíadas de 2016, houve uma melhora em 2012, reflexo do aumento dos investimentos, principalmente na infraestrutura básica. No entanto, o país voltou a perder competitividade neste fator no período 2013-2015 com o desaquecimento da economia. Os indicadores do subfator infraestrutura básica obtiveram relativos ganhos, em parte devido à melhoria na variável "acesso à água" que em 2015, devido à crise hídrica, havia colocado o Brasil na última posição neste indicador. Gestão da logística, distribuição, infraestrutura energética e transporte fluvial continuam entre os piores do mundo. Neste bloco de variáveis de infraestrutura básica, além da melhoria no acesso à água, a única variável que apresentou melhoria relevante foi a qualidade do transporte aéreo. Muito aquém das necessidades do país, mas consistente com os movimentos de privatização e investimentos na infraestrutura aeroportuária brasileira. No subfator tecnológico, a qualidade dos engenheiros subiu e foi medida de acordo com o questionário de opinião executiva do empresariado brasileiro, o que evidencia um pensamento mais positivo sobre a educação superior, apesar do sistema educacional ter ficado em último lugar e a qualidade das universidades em antepenúltimo. O aumento dos gastos com a saúde elevou o índice desse setor. No Brasil, gasta-se uma média de mais de 9% do PIB, quando a média geral dos países é de 7,7%. Consideram-se aí os gastos públicos e o gasto da população com seguro de saúde e hospitais privados. Entretanto, os indicadores de problemas de saúde e mortalidade infantil subiram. Isso reflete as atuais dificuldades do sistema de saúde brasileiro, tanto na gestão de recursos e distribuição de médicos pelo território, quanto pelas atuais epidemias como Zika, Dengue, H1N1 e Chikungunya. Ao separar os indicadores de volume dos indicadores de qualidade dos subfatores saúde, educação, ciências e tecnologia é possível inferir que o desafio da competitividade brasileira está em fazer bom uso dos recursos públicos e privados investidos. Essa percepção é demonstrada através da tabela a seguir.

Tabela 1 - Percepção da diferença entre indicadores de qualidade e indicadores de volume

Indicador	**Posição no *ranking***
a) Investimentos em tecnologia	5
a1) Qualidade das telecomunicações	58
b) Gastos totais em P&D	8
b1) Número de patentes internacionais válidas	53
c) Investimento do PIB em saúde	12
c1) Qualidade do setor de infraestrutura	60
d) % do PIB investido em educação (2014)	9
d1) Qualidade da educação básica[1]	55 (leitura), 58 (matemática) e 59 (ciências)

Fonte: elaboração do autor, a partir de IMD (2016).

Bris sintetiza e apresenta uma conclusão da análise desses quatro pilares analisados pelo IMD:

> O desempenho do Brasil no *ranking* de competitividade este ano é consequência não apenas de questões conjunturais, mas também do esgotamento de um modelo de crescimento. [...] a economia brasileira precisa se reinventar para avançar em competitividade de forma robusta e significativa. [...] Por não ter tido investimentos suficientes em infraestrutura (considerando todos os pilares do WCI: infraestrutura básica, tecnológica, ciências, saúde e educação), o salário aumentou mais do que a produtividade marginal do trabalho e não resultou em aumento da competitividade. Além disso, o crescimento interno da demanda

> gerou as pressões inflacionárias que o Brasil está sentindo hoje. [...] Se de um lado não há receita mágica para um novo modelo, do outro não há como fugir das questões básicas como qualidade da educação e promoção da inovação. (BRIS, 2016, p. 12).

Na mesma direção, o *The Global Competitiveness Report* 2014-2015, relatório do WEF (2015), registra que em 2014 o Brasil perdeu oito posições no *ranking* mundial de competitividade, voltando ao 56º lugar, mesma posição que ocupou em 2009[56]. O último relatório (2015) apresenta o país na 57ª posição. Este registro é fruto da análise das condições de competitividade de 144 países e a diferença apontada entre as posições do WEF e do IMD deve-se às características metodológicas de cada um. Importante é a conclusão da pesquisa, demonstrando que o resultado do Brasil é consequência da deterioração nas condições macroeconômicas e da falta de avanços significativos nos investimentos em infraestrutura.

De acordo com a pesquisa, o resultado geral é impulsionado pelo insuficiente progresso na sua infraestrutura de transporte, que apresenta persistentes fraquezas e uma percepção de deterioração do funcionamento das suas instituições, com o aumento das preocupações sobre a eficiência do governo e a corrupção. O Brasil também exibe um fraco desempenho macroeconômico, mais dificuldade no acesso ao financiamento e um sistema de educação deficiente, que não fornece trabalhadores com o conjunto necessário de habilidades para uma economia em transição, com mais atividades baseadas no conhecimento. Considerando essas fraquezas, o Brasil necessitará de reformas para implementação e engajamento em investimentos produtivos. Esta abordagem não é apenas importante, mas tornou-se urgente para reforçar a resiliência do país. É preciso estar pronto para enfrentar dificuldades relacionadas a recentes mudanças na economia global, com uma queda no preço internacional das commodities e potenciais saídas de capital que tinham vindo ao país a partir de algumas economias avançadas durante o auge da crise financeira. Não obstante esses desafios, o país ainda se beneficia de importantes pontos fortes, especialmente o grande tamanho do seu mercado e sua relativamente sofisticada comunidade de

56. Em 27 set. 2016, foi divulgado o *The Global Competitiveness Report* 2016-2017, cujo relatório completo ainda não se encontrava disponível. Segundo os dados preliminares informados, o Brasil aparece em 81º lugar na lista dos 138 países avaliados, o pior resultado em 20 anos (*O Globo*, Cad. Economia, p. 26, 28 set. 2016).

negócios, com bolsões de excelência em inovação em muitas pesquisas aplicadas e atividades de alto valor agregado.

Foram observados os indicadores dos 7 pilares que possuem uma relação mais forte e direta com o empreendedorismo, através da sua posição no *ranking* (144 países), respectivo *score* e a média indicada na tabela da pesquisa, conforme apresentado no Apêndice A.

Figura 6 - *Ranking* dos 15 países selecionados

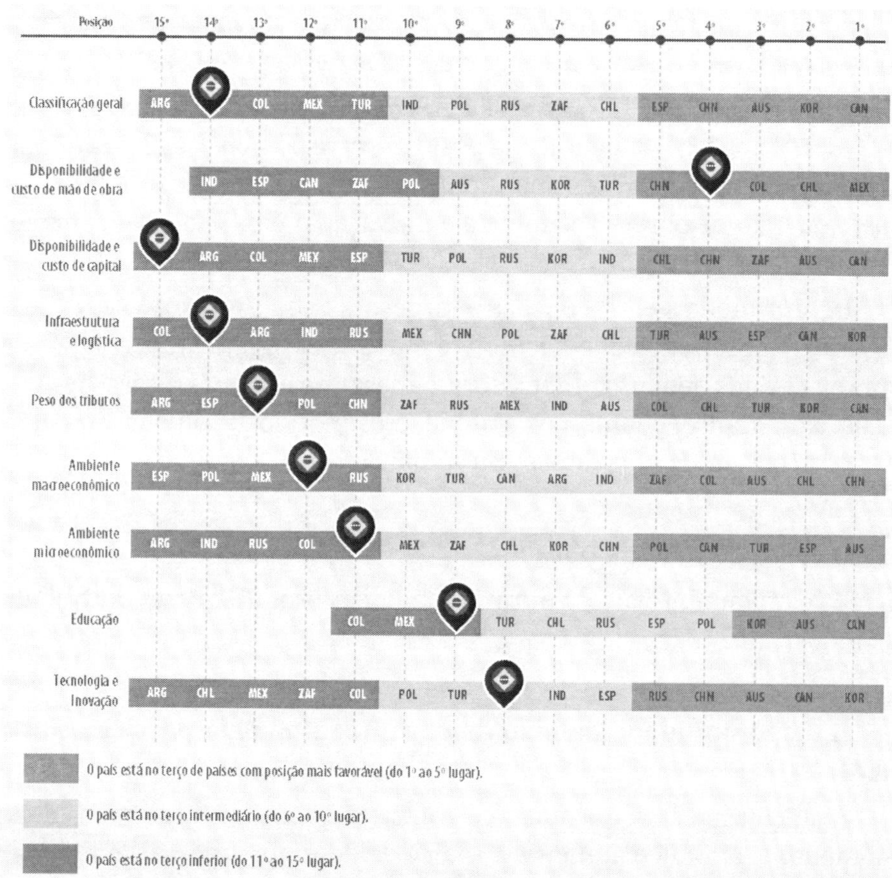

Fonte: CNI (2015).

O relatório da Confederação Nacional da Indústria (CNI, 2015)[57], ape-

57. Relatório completo: CONFEDERAÇÃO NACIONAL DA INDÚSTRIA. *Competitividade Brasil 2014*: comparação com países selecionados. Brasília: CNI, 2015. 108 p.

sar de se inserir nessa linha de estudos, se difere dos mais difundidos – "*The Global Competitiveness Report*" do WEF, e *World Competitiveness* do IMD –, uma vez que tem como foco: 1) um conjunto limitado de países (15)[58] que, por suas características econômico-sociais e/ou por seu posicionamento no mercado internacional, constituem um referencial mais adequado para uma avaliação do potencial competitivo das empresas brasileiras e 2) um conjunto restrito de variáveis, mais diretamente relacionado à realidade desse conjunto de países, selecionado a partir do universo das variáveis contempladas nos relatórios divulgados por entidades internacionais (CNI, 2015, p. 11). A Figura 6 mostra a posição do Brasil frente aos demais países comparados nessa pesquisa.

Na avaliação dos oito fatores determinantes utilizados pela pesquisa, o Brasil aparece na penúltima posição entre os 15 países selecionados, à frente apenas da Argentina. Somente nos fatores Disponibilidade e custo de mão de obra e Tecnologia e inovação o país não se encontra no terço inferior do *ranking*.

De um modo geral, consoante a pesquisa da CNI (2015) e à luz da Figura 7[59], observa-se que não houve mudanças significativas na posição em relação aos demais competidores, apesar de algumas alterações pontuais. No entanto, chama-nos a atenção os motivos e/ou consequências nas posições em alguns fatores ou subfatores, por exemplo:

O custo da mão de obra

É relativamente alto, em razão da baixa produtividade do trabalho na indústria.

A disponibilidade de mão de obra (medida pela participação da PEA)

Avançou, mas esse avanço se transforma em um problema, pois o momento econômico aumenta o índice de desemprego.

58. Brasil mais África do Sul, Argentina, Austrália, Canadá, Chile, China, Colômbia, Coreia do Sul, Espanha, Índia, México, Polônia, Rússia e Turquia.

59. A linha escura indica as posições registradas neste relatório de 2014; a linha clara, as indicadas no relatório de 2013. Um deslocamento na direção do centro da figura indica uma melhor classificação, sugerindo, portanto, que a evolução relativa do fator ou subfator contribuiu para a melhoria da competitividade das empresas brasileiras *vis-à-vis* os países selecionados.

Desempenho da disponibilidade de capital

O Brasil ocupa a última posição, influenciada pela maior dificuldade de acesso a financiamento e à disponibilidade de *venture capital*[60].

Custo de capital

Também aqui o país ocupa a última posição. Nas variáveis associadas a esse subfator, temos a mais alta taxa de juros real de curto prazo (9,7% - referência 2013), e o maior *spread*[61] da taxa de juros (19,6% – referência 2013), cerca de três vezes superior ao registrado na Colômbia, o segundo país com o maior custo entre os avaliados.

Educação

Duas de três dimensões associadas colocam o Brasil no terço inferior do *ranking*: Disseminação da educação e Qualidade da educação. É apenas no tocante ao volume de recursos destinados à educação que o Brasil está entre os países com posição mais favorável. O contraste entre essas dimensões é observado desde o relatório de 2010 e põe em dúvida a eficiência e a eficácia do gasto público no país. Esse problema identificado na avaliação da educação no Brasil é apontado de forma idêntica em pesquisas nas outras instituições.

Figura 7 - Evolução da posição do Brasil entre 2013 e 2014 (subfatores)

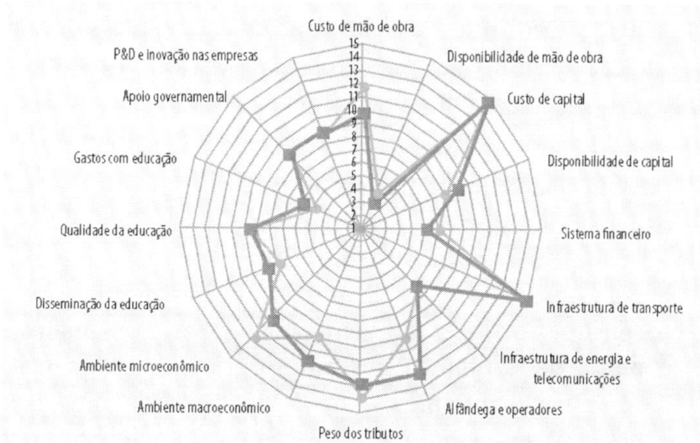

Fonte: CNI (2015).

60. Nomenclatura usada para descrever todas as classes de investidores de risco.

61. Diferença entre a taxa de empréstimo e a taxa de depósito.

O *The Economist* (2014) ratifica alguns pontos desse contexto, ao afirmar que a produtividade do trabalhador no Brasil está estagnada há 50 anos. Segundo a matéria, um conjunto de fatores pesam para a pouca produtividade do trabalhador brasileiro, a começar pelo investimento em educação, que aumentou, mas continua sendo mal aplicado, resultando em baixíssima qualidade do ensino. Também o investimento em infraestrutura seria uma das causas: o país investe apenas 2,2% do PIB contra uma média de 5,1% nos países em desenvolvimento. Outro dado citado é o de registro de patentes: enquanto o Brasil registrou 254 criações em 2013, os EUA, por exemplo, obtiveram 278.000. A má gestão de empresas privadas também é um problema para a produtividade, segundo o *The Economist*.

3.2 Nova política industrial brasileira

A fim de compreender como o contexto de política pública informa e constrange uma resposta à questão: "por que no Brasil, a despeito da sua crescente importância como fenômeno global, o empreendedorismo não entrou de forma consolidada e efetiva na agenda de política pública do governo, como uma área subjacente à política industrial?", é mister a apresentação de algumas evidências percebidas na política industrial brasileira.

Retomando o entendimento sobre algumas possíveis premissas para a atual falta de crescimento do país, Castelar sustenta que é interessante ter em mente alguns aspectos relevantes:

> De um lado, mais influente no curto prazo, está a menor expansão da demanda. As exportações estão em queda, devido à queda do crescimento na China, Argentina e Venezuela e à baixa competitividade da indústria nacional. O investimento e o consumo privado também estão fracos. O primeiro sofre com a perda de confiança dos empresários, fruto da má qualidade da política econômica e do sério risco de um racionamento energético. O segundo desacelerou com a queda da confiança dos consumidores e a menor expansão do crédito e da massa salarial. O outro lado é o da oferta, mais relevante no longo prazo. A capacidade de expandir a produção caiu muito. A produtividade aumenta devagar, pela falta de investimentos e o ambiente de negócios ruim. Assim, não dá para crescer mais que 2,5% ao ano

> de forma sustentada. Sem mudar a política econômica, crescer 4% continuará sendo uma miragem. (2014, p. 19)

A partir de qualquer dimensão reflexiva, seja através de comparação com as experiências internacionais ou a partir das características do desenvolvimento brasileiro, é clara a importância estratégica de uma política industrial de longo prazo. A visão intervencionista da participação do Estado é fruto da sua forma de atuação na economia, através do tempo.

Política industrial é um tema muito presente nas discussões sobre economia brasileira, desde a década de 1930, com maior ênfase a partir dos anos 1950. De acordo com Ferraz (2009), no período compreendido entre o pós-guerra até o final da década de 1970, o Brasil conseguiu construir uma base industrial relativamente diversificada e integrada, em grande parte impulsionada por políticas industriais. Para Suzigan e Furtado (2006, p.170), neste período prevaleceu o "desenvolvimentismo nacionalista e o intervencionismo estatal, que amalgamavam as forças políticas e os interesses econômicos do projeto industrializante".

Ao final da década de 1980, em função da crise que afetou a economia brasileira (estagnação econômica e grande pressão inflacionária), os objetivos de estabilização econômica direcionaram os esforços governamentais e o foco da política econômica recaiu sobre o combate à inflação, reduzindo o efeito da política industrial, com administração de seus instrumentos em função das necessidades para a normalização da economia. Para Gonçalves (2008), essa década (1980) é considerada pelos economistas como a "década perdida".

A década de 1990 se apresenta como um dos períodos em que aconteceram as mais intensas mudanças no contexto industrial do país. A nova forma de fazer política industrial, desde o início da década, demonstra uma ruptura com o modelo que orientou o processo de industrialização até o final da década anterior. É importante observar que as pressões impostas a esse processo também já não eram tão fortes. Para Gonçalves (2008), ficou evidente a preocupação com eficiência e produtividade, mas como consequência da falta de resultados do modelo anterior – já explicado anteriormente –, muitas ineficiências e distorções foram motivos para a incapacidade de expansão e modernidade do sistema industrial brasileiro. Como defendem Ferraz e Gonçalves (2009; 2008), em que pese o problemático contexto, a resposta veio com ações orientadas por mecanismos de mercado e direcionadas à liberalização das importações, desestatização, nova forma de tratar o capital internacional, financiamento para investimentos e programas fomentadores de produtividade e qualidade.

Em contraste com a política desenvolvida até então, onde os mecanismos de mercado prevaleceram, a recente fase desenvolvimentista no Brasil, a partir do início da década de 2000, apresenta o Estado como protagonista fundamental na organização da atividade econômica. Por exemplo, as iniciativas em curso orientam a política mais para a inovação e desenvolvimento tecnológico, quando a intervenção do governo é vista como necessária, com o objetivo de direcionar a competitividade[62].

Para Stumm (2016), os argumentos utilizados para justificar esse novo direcionamento estão associados aos benefícios que a atividade industrial causa ao desenvolvimento econômico. Considera-se que o aumento da participação industrial no PIB promove a ampliação da taxa de crescimento econômico e leva, por consequência, o país a um *status* mais elevado de desenvolvimento (Federação das Indústrias do Estado de São Paulo – Fiesp, 2013). Esse direcionamento também se justifica por intermédio de uma série de outros fatores, dentre os quais: (i) os bens industriais permitem maior geração e agregação de valor, comparativamente aos produtos primários e aos serviços; (ii) a indústria possui o maior poder de empuxo em uma economia, por se situar no topo da cadeia produtiva e, assim, demandar produtos e serviços de outros setores e (iii) a indústria é o principal vetor das atividades de invenção, inovação e difusão tecnológica.

O ano de 2003 pode ser considerado como o marco do retorno da política industrial no Brasil (KUPFER, 2013; STUMM, 2016) A partir daí, foram editadas quatro versões da política industrial (considerando-se também como tal o Plano de Ação em Ciência, Tecnologia e Inovação - PACTI). Em 31 de março de 2004 foi lançada a (i) PITCE - Política Industrial, Tecnológica e de Comércio Exterior; em novembro de 2007, o (ii) PACTI; em maio de 2008, a (iii) PDP - Política de Desenvolvimento Produtivo e o (iv) PBM - Plano Brasil Maior, divulgado em agosto de

62. Existe um debate sobre a continuidade ou quebra do desenvolvimentismo na política industrial do Brasil. Uma síntese desse debate pode ser vista em BOTELHO, Antonio José Junqueira; KASAHARA, Yuri. Brazilian "developmental state" reloaded? Brazilian industrial policy for the oil and gas in the 21st century. In: *Annual Conference. Centro de Extensión* UC, Santiago, Chile. Santiago: REPAL, 2014. 18 p.

2011 e ampliado em abril de 2012, conforme sistematizado no Quadro 9. Alguns autores – por exemplo, Stumm (2016) – não consideram o PACTI como uma política industrial, talvez pela sua direção específica para C,T&I e também por ter sido apresentado como "plano". No entanto, entendemos (como Kupfer) que ele pode ser inserido no grupo "política industrial", em razão da sua potencial abrangência e possibilidade real de estimular a indústria brasileira.

Stumm (2016) sustenta que essas ações marcam o retorno de políticas de cunho desenvolvimentista no Brasil e demonstram que o Estado, pressionado por diversos segmentos, vem institucionalizando esse processo ao reconhecer a necessidade de medidas antidesindustrialização[63].

Para Kupfer (2013), a PITCE (2004), concebida para criar condições de enfrentamento dos problemas de vulnerabilidade externa, buscou agregar valor às exportações, com base na inovação.

Seus resultados foram pífios, em razão da performance apresentada externamente pelos produtos básicos, em detrimento dos produtos de maior conteúdo tecnológico previstos pelo plano, revertendo o cenário econômico. Suzigan e Furtado (2006) defendem que isso aconteceu pelo fato da PITCE constituir um conjunto de ações abrangente e não priorizar setores tradicionais da indústria, sendo severamente criticada e finalmente substituída. De qualquer forma, durante a vigência do PITCE foram criados o Conselho Nacional de Desenvolvimento Industrial (CNDI)[64] e a Agência Brasileira de Desenvolvimento Industrial (ABDI)[65], além da Lei da Inovação (Lei n. 10.973, de 02/12/2004)[66] e a

63. Desindustrialização se constitui como uma ideia que define um problema e desenvolvimentismo se estabelece como solução técnico-política na medida em que coloca a industrialização como vetor de desenvolvimento econômico.

64. Órgão colegiado vinculado ao MCTI, criado com o intuito de subsidiar a formulação e implementação de políticas públicas voltadas ao desenvolvimento industrial, em consonância com as políticas de comércio exterior e de ciências e tecnologia.

65. Criada com a missão desenvolver ações estratégicas para a política industrial brasileira, promovendo o investimento produtivo, o emprego, a inovação e a competitividade industrial. Ligada ao MDIC, é o elo entre o setor público e privado.

66. Considerada o marco legal da inovação no Brasil. Foi alterada pela Lei n. 13.243, de 11/01/2016 (estímulos ao desenvolvimento científico, à pesquisa, à capacitação científica e tecnológica e à inovação).

Lei do Bem (Lei n. 11.196, de 21/11/2005)[67].

O PACTI (2007-2010), de acordo com Brasil (2010), foi estruturado a partir de quatro prioridades estratégicas norteadas pela Política Nacional de C,T&I: (i) expansão e consolidação do Sistema Nacional de Ciência, Tecnologia e Inovação; (ii) promoção da Inovação Tecnológica nas Empresas; (iii) pesquisa, desenvolvimento e inovação em áreas estratégicas; e (iv) ciência, tecnologia e inovação para o desenvolvimento social. As prioridades estratégicas foram divididas em 21 linhas de ação, as quais foram subdivididas em 86 programas. Seu objetivo principal foi estimular e viabilizar o aumento gradativo dos investimentos públicos e privados em C,T&I. Estima-se que o investimento em P&D em relação ao PIB alcançou 1,25%, o que corresponde a 83% da meta fixada (1,5% do PIB em 2010).

A mudança favorável aos produtos básicos no ambiente de comércio exterior, em detrimento dos produtos tecnológicos - já citada - levou à formulação da PDP (2008), melhor ajustado à nova realidade. Foram estabelecidos quatro objetivos: (i) ampliar a taxa de investimento para evitar a formação de gargalos de oferta; (ii) elevar o esforço de inovação, principalmente no setor empresarial; (iii) preservar a robustez do balanço de pagamentos; e (iv) fortalecer as micro e pequenas empresas (BRASIL, 2011).

Conforme Kupfer (2013), a política foi direcionada à alavancagem de investimento em inovação, foi estruturado em 25 setores que mais pudessem se adequar aos programas de fortalecimento de competitividade ou às ações destinadas a áreas estratégicas. Entretanto, poucos meses após o lançamento da PDP, a crise financeira internacional chegou ao clímax, inviabilizando parcialmente os objetivos previstos.

Segundo Souza (2013), desde o PITCE – e com ênfase especial na PDP – a política econômica esteve direcionada à aceleração do processo de conglomeração da economia, por meio da política de incentivo aos campeões nacionais. De acordo com o autor, há uma forte crítica à atuação do BNDES quanto à formação das empresas "campeãs nacionais", relativamente à transferência de recursos a essas

67. Instituiu o Regime Especial de Tributação para a Plataforma de Exportação de Serviços de Tecnologia da Informação - REPES, o Regime Especial de Aquisição de Bens de Capital para Empresas Exportadoras - RECAP e o Programa de Inclusão Digital; dispõe sobre incentivos fiscais para a inovação tecnológica.

empresas, quando o país apresenta tantas carências, que poderiam ser minimizadas com os recursos aportados àquelas empresas. Esta política estaria equivocada nas escolhas, pois as grandes empresas "poderiam se financiar sozinhas, captar recursos privados sem o apoio do governo". E mesmo em se considerando a política de incentivo à conglomeração econômica como política "desenvolvimentista", as escolhas do BNDES seriam questionáveis.

Na sequência, foi lançado Plano Brasil Maior (PBM), que delineia a política industrial, tecnológica, de serviços e de comércio exterior do governo para o período de 2011 a 2014. Com foco no estímulo à inovação e à competitividade da indústria nacional, estabelece as diretrizes para a elaboração de programas e projetos em parceria com a iniciativa privada. Sob o mote "Inovar para competir. Competir para crescer", foi construído com base nas seguintes orientações estratégicas, que direcionam as suas ações: (i) promover a inovação e o desenvolvimento tecnológico; (ii) criar e fortalecer competências críticas da economia nacional; (iii) aumentar o adensamento produtivo e tecnológico das cadeias de valor; (iv) ampliar mercados interno e externo das empresas brasileiras e (v) garantir um crescimento socialmente inclusivo e ambientalmente sustentável (BRASIL, 2011).

É interessante observar as oportunidades identificadas, que deram origem aos seus objetivos e consequentes estratégias: (i) mercado interno grande e dinâmico, com capacidade de sustentar o crescimento mesmo no contexto de crise dos países desenvolvidos; (ii) condições do mercado de *commodities* no curto e médio prazos, que possibilitam a manutenção do superávit da balança comercial; (iii) existência de núcleo de empresas inovadoras com capacidade de liderar processo de modernização produtiva; (iv) acúmulo de competências científicas com potencial para o desenvolvimento de produtos e serviços de alto conteúdo tecnológico; (v) abundância de recursos naturais, domínio tecnológico e capacidade empresarial em energias renováveis e na cadeia de petróleo e gás; e (vi) utilização das compras públicas e dos grandes eventos esportivos para alavancar novos negócios e tecnologias (BRASIL, 2011).

De acordo com Kupfer (2013), o PBM sofreu um ajuste em 2012, em razão de que algumas premissas nas quais foram centrados seus objetivos (criação de competências para o desenvolvimento produtivo e tecnológico) foram frustradas, além do aumento da concorrência internacional. Este contexto determinou o seu realinhamento, direcionando-o mais para a defesa do mercado interno e a recuperação das condições sistêmicas de competitividade, atuando menos nas ações previstas nos programas setoriais e mais nos aspectos formadores do custo-país.

A PITCE, a PDP e o PBM alcançaram menos da metade dos objetivos preestabelecidos (STUMM, 2016). Isso nos leva a aventar a possibilidade que a política industrial brasileira carece de capacidade de planejamento, mais especificamente no que diz respeito ao diagnóstico da dinâmica dos fatores externos, que podem representar ameaças – e os níveis dessas ameaças – ao desenvolvimento dos objetivos e alcance das metas definidas nos planos. Modificações na estrutura econômica não acontecem de repente. Nesse sentido, Kupfer (2013, p. 1) afirma que "Sem pensar à frente de seu tempo, Brasil é sempre surpreendido por rupturas no seu diagnóstico de base". Isto também nos leva a crer que os planejadores pensam setores e objetivos corretos, mas não conseguem estabelecer os meios, porque estão permanentemente voltados às grandes empresas. São políticas reativas (por exemplo, "expandir a base industrial existente"), sem pensar na abertura de novos setores. Sintetizando, nenhum dos planos representou efetivamente uma "Política Industrial", por falta de foco.

Quadro 9 - As quatro políticas industriais

PLANO	PITCE	PACTI	PDP	PBM
Data	31/04/2004	11/2007	12/05/2008	02/08/2011
Vigência	2004-2007	2007-2010	2008-2010	2011-2014
Objetivo	Fortalecer e expandir a base industrial através da melhoria da capacidade inovadora das empresas	Estimular e viabilizar o aumento gradativo dos investimentos públicos e privados em C,T&I.	Fortalecer a economia, sustentar o crescimento e incentivar a exportação	Alavancar a competitividade da indústria nos mercados interno e externo

Continuação

Metas	Não existentes	1,5% do PIB em 2010	. Ampliar investimento fixo em relação ao PIB . Ampliar participação nas exportações . Aumentar a quantidade de MPEs exportadoras . Elevar gasto privado em P&D em relação ao PIB	. Ampliar número de domicílios com acesso à banda larga . Ampliar investimento fixo em relação ao PIB . Ampliar participação nas exportações . Ampliar valor agregado nacional (VTI/VBT)[2] . Aumentar o número de trabalhadores da indústria com ensino médio . Aumentar o número de MPEs inovadoras . Aumentar valor agregado (VTI/VBP) dos setores ligados à energia . Diminuir o consume de energia por unidade de PIB industrial . Elevar gasto privado em P&D em relação ao PIB . Elevar participação de indústrias intensivas em tecnologia
Linhas de ação	. Inovação e desenvolvimento tecnológico . Inserção externa . Modernização industrial . Capacidade e escala produtiva	(i) Expansão e Consolidação do Sistema Nacional de Ciência, Tecnologia e Inovação; (ii) Promoção da Inovação Tecnológica nas Empresas; (iii) Pesquisa, Desenvolvimento e Inovação em Áreas Estratégicas; e (iv) Ciência, Tecnologia e Inovação para o Desenvolvimento Social.	Fortalecer a economia, sustentar o crescimento e incentivar a exportação	. Incentivo ao investimento . Comércio exterior . Incentivo à inovação . Formação e qualificação profissional . Produção sustentável . Competitividade de pequenos negócios . Ações especiais em desenvolvimento regional . Bem-estar do consumidor . Condições e relações de trabalho

Continuação

Setores	(i) estratégicos (software, semicondutores, bens de capital e fármacos & medicamentos e (ii) portadores de futuro (biotecnologia, nanotecnologia, biomassa e energias renováveis)	Conforme os setores abrangidos pelas políticas com as quais possui interação	24 segmentos industriais divididos em (i) com efeitos mobilizadores em áreas estratégicas; (ii) direcionados à consolidação e expansão da liderança e (iii) voltados ao fortalecimento da competitividade	Não estabelece prioridades, dividindo os setores em diretrizes estruturantes: (i) fortalecimento da cadeia produtiva; (ii) ampliação e criação de novas competências tecnológicas e de negócios; (iii) desenvolvimento de cadeias de suprimento em energias; (iv) diversificação de exportações e internacionalização corporativa e (v) consolidação de competências na economia do conhecimento natural

Fonte: adaptado pelo autor, a partir de Suzigan e Furtado (2006), Kupfer (2013), Stumm (2016) e Brasil (2010, 2016a e 2016b).

Conforme observado no Quadro 9, é notável que, sem exceção, todos os planos e políticas ressaltam o direcionamento de esforços e investimentos em inovação, o que parece demonstrar a compreensão da sua importância como fator de desenvolvimento. Ainda que na Introdução tenha sido mostrado que há um claro consenso em relação à importância do empreendedorismo e, como discutido no capítulo 2, que inovação e empreendedorismo são temas indissociáveis, com exceção da PDP[68], causa surpresa que nas demais políticas industriais discutidas não exista qualquer alusão ao tópico empreendedorismo. À luz do que foi preconizado por essas políticas, podemos observar que:

i. como objetivo, a PITCE defende o fortalecimento e a expansão da base industrial, através da melhoria da capacidade inovadora das empresas e como linhas de ação, a modernização industrial, a capa-

68. A exceção feita à PDP refere-se ao fato de que, seu item 4.3 – Outras medidas, subitem 4.3.13, p. 157 (BRASIL, 2011), estabeleceu a [criação de grupo de trabalho, no âmbito do Fórum Nacional de MPEs, para discutir a inclusão da matéria "empreendedorismo" nos três níveis de ensino, com o objetivo de estimular e direcionar a capacidade empreendedora nata do brasileiro para geração de negócios por oportunidade].

cidade e escala produtiva. Um dos objetivos da PDP é o fortalecimento da economia, estabelecendo dividir as empresas em 24 segmentos industriais, direcionados à consolidação e expansão da liderança. Já o PBM tem como objetivo a alavancagem da competitividade da indústria, por exemplo, com a consolidação de competências na economia do conhecimento natural[69]. Nota-se que tanto o "fortalecimento e a expansão...", quanto a "modernização industrial...", o "fortalecimento da economia..." a "alavancagem..." e a "consolidação de competências..." não quebram nenhum paradigma, ou seja, estão incorporados ao que já existe, em setores e empresas já instalados e geralmente grandes.

ii. entretanto, alguns direcionamentos nessas políticas nos orientam a outras possibilidades, com a perspectiva de buscar resultados no novo, através do desenvolvimento seletivo de novos negócios associado à identificação de oportunidades: o foco da PITCE em setores estratégicos (como fármacos e medicamentos) e portadores de futuro (biotecnologia, nanotecnologia), a meta da PDP como a elevação do gasto privado em P&D em relação ao PIB e as metas do PBM, como ampliar valor agregado nacional (VTI/VBT) e aumentar o número de MPEs inovadoras. O PBM estabeleceu como direcionamento ações especiais em desenvolvimento regional, sem escolher prioridades, dividindo os setores em diretrizes estruturantes, como o fortalecimento da cadeia produtiva e a ampliação e criação de novas competências tecnológicas e de negócios. Ademais, uma de suas linhas de ação é a "competitividade dos pequenos negócios". As várias citações nos levam a concluir que, para o governo, inovação e MPEs são temas importantes.

Muito recentemente, em abril de 2016, foram lançados sob coordenação MDIC (2016c), o Programa Brasil Mais Produtivo[70] e o Plano Nacional de Cultura Empreendedora (PNCE). O Programa Brasil Mais Produtivo tem como objetivo aumentar em 20% a produtividade das empresas alvo[71], com foco na redução de sete tipos de desperdícios

69. Refere-se ao conteúdo científico e tecnológico dos setores intensivos em recursos naturais.

70. Disponível em: http://www.brasilmaisprodutivo.gov.br/.

71. Definidos quatro setores prioritários: alimentos e bebidas, metalmecânico, moveleiro e vestuário e calçados.

mais comuns no processo produtivo[72]. Pretende atender 3.000 empresas industriais de pequeno e médio portes. Já o objetivo do PNCE é aumentar o número de empresas que operam no comércio exterior e, consequentemente, aumentar as exportações de produtos e serviços. Dando seguimento às promoções regionais, esses instrumentos foram apresentados em Goiânia (GO), em 16 de setembro de 2016, e naquela oportunidade representante do governo declarou textualmente que "os programas lançados pelo MDIC são um grande incentivo para os empreendedores goianos". Observa-se nessa declaração a percepção de que o empreendedorismo tem lugar importante no desenvolvimento de ações voltadas à produtividade e exportação.

3.3 MPES ou empreendedorismo? Estrutura e Instituições

3.3.1 Estrutura

Ao longo da última década e meia no Brasil, em geral, as iniciativas de política pública que implícita ou explicitamente se dizem voltadas ao empreendedorismo, são direcionadas para as MPEs em geral, que tem no Serviço Brasileiro de Apoio às Micro e Pequenas Empresas (Sebrae) a principal instituição paragovernamental de desenvolvimento de atividades de promoção e apoio.

Segundo critérios do Sebrae (2016), conforme especificado na Lei Geral de Microempresas e Empresas de Pequeno Porte (Lei Complementar n. 123, de 14 de dezembro de 2006), microempresas (ME) são aquelas que possuem receita bruta anual de R$ 61 mil a R$ 360 mil, sendo que as empresas de pequeno porte (EPP) encontram-se na faixa de R$ 361 mil a R$ 3,6 milhões. De forma complementar, o Sebrae ainda estabelece uma classificação quanto ao porte das empresas, conforme o Quadro 10.

Quadro 10 - Porte das empresas

Porte	Setores	
	Indústria	**Comércio e Serviços**
Microempresa	até 19 pessoas ocupadas	até 9 pessoas ocupadas
Pequena empresa	de 20 a 99 pessoas ocupadas	de 10 a 49 pessoas ocupadas

72. Superprodução, tempo de espera, transporte, excesso de processamento, inventário, movimento e defeitos.

Continuação

Média empresa	de 100 a 499 pessoas ocupadas	de 50 a 99 pessoas ocupadas
Grande empresa	500 pessoas ocupadas ou mais	100 pessoas ocupadas ou mais

Fonte: elaborado pelo autor, a partir de Sebrae (2016).

Em números absolutos, as MPEs representam 98,95% das empresas brasileiras, distribuídas segundo o Quadro 11.

Quadro 11 - Números de empresas brasileiras – 2013

Porte	Número de empresas	% das MPEs	% do total Brasil
Micro e pequenas	6.629.879	100,00	98,95
Micro	6.215.352	93,75	92,76
Pequenas	414.527	6,25	6,19
Médias e grandes	70.242	-	1,05
TOTAL	6.700.121	100,00	100,00

Fonte: elaborado pelo autor, a partir de Dieese/Sebrae (2015).

O segmento das MPEs deve ser percebido pela sua importância econômica, na medida em que é reconhecido pela absorção e manutenção de mão de obra[73], em especial aquela com maior dificuldade de inserção no mercado de trabalho. Entretanto, de acordo com o Dieese/Sebrae (2015), 59,1% delas - no subconjunto de microempresas - não possuem empregados, embora as demais sejam responsáveis pelo emprego de 52,0% dos trabalhadores brasileiros, representando quase 42,0% da massa de salários das empresas, segundo o Dieese/Sebrae (2015). Percebe-se então que apenas uma parcela das MPEs encontra-se inserida no aspecto "absorção de mão de obra".

Quanto à participação na economia, embora representem 98,95% das empresas brasileiras, MPEs são responsáveis apenas por cerca de 22% do

73. Segundo dados do MTPS/CAGED, em julho de 2016 os pequenos negócios contribuíram com apenas 16,7% para o saldo negativo total de 94,7 mil empregos no país.

PIB, (SEBRAE, 2016a). Ainda, 59,4% das empresas exportadoras são MPEs, embora contribuam com apenas 0,89% do valor de exportações (SEBRAE, 2015).

O entendimento do empreendedorismo no Brasil se beneficia do conhecimento produzido pelo GEM (SEBRAE, 2016)[74]. Seus dados são utilizados por diversas instituições, inclusive aquelas que como o Sebrae, têm sinalizado expandir seu escopo de atuação para a área de empreendedorismo. Segundo o GEM 2015, o empreendedorismo no Brasil se caracteriza por:

A. Em 2015, a TTE[75] foi de 39,3%, sendo que destes, 56,5% referem-se a empreendimentos criados por oportunidade.

B. Relativamente às condições que favorecem a atividade empreendedora, as citações estão relacionadas à capacidade empreendedora do povo brasileiro (54%), ao acesso a informações sobre empreendedorismo em canais multimídia (31%) e às políticas governamentais de estímulo à atividade empreendedora (19%)[76]. Também são citados o aumento significativo de iniciativas relacionadas ao empreendedorismo e o surgimento de incubadoras, aceleradoras, organizações não governamentais e outras organizações que fortalecem o ecossistema empreendedor.

C. Por outro lado, políticas governamentais (54%), educação e capacitação (49%) e apoio financeiro (28%) são as condições proporcionalmente mais citadas como limitantes à atividade empreendedora. No

74. O foco principal da pesquisa é o indivíduo empreendedor, mais do que o empreendimento em si. Por outro lado, o GEM utiliza um conceito amplo de empreendedorismo, que visa captar os diferentes tipos de empreendedores (formais e informais), sejam os empreendedores da base da pirâmide, envolvidos com empreendimentos muito simples ou aqueles envolvidos em empreendimentos mais sofisticados e de mais alto valor agregado. O Brasil participa do GEM desde 2000.

75. TTE = Taxa total de empreendedorismo, considerando pessoas entre 18 e 64 anos, envolvidas com empreendimentos em estágio inicial ou estabelecidos (até 3,5 anos).

76. Compreendem a instituição, na última década, do SIMPLES, do MEI e mais recentemente do Programa Bem Mais Simples. O objetivo principal desses programas é reduzir a burocracia, principalmente para abertura e fechamento de empresas, e simplificar o sistema de arrecadação de tributos.

caso das políticas públicas, é citada tanto como condição favorável (19%) quanto limitante (54%), mas ainda é considerada a principal condição limitante ao empreendedorismo no Brasil. De acordo com esta avaliação, faltam políticas públicas adequadas às necessidades dos empreendedores e há excesso de burocracia para abertura, funcionamento e encerramento dos negócios. Também são enfrentadas a alta carga tributária e a complexidade da legislação brasileira, que aumentam os custos de operação e tornam os negócios menos competitivos. São citadas também como condições limitantes ao empreendedorismo, a educação e capacitação, em especial nos níveis básico, fundamental e técnico, que historicamente têm como foco a formação de mão de obra para o mercado de trabalho ou para setor público, sem a devida ênfase ao empreendedorismo.

D. Por sua vez, o apoio financeiro é citado como condição limitante em função do alto custo do capital e inadequação das linhas de crédito disponíveis, a exemplo da exigência de garantia real para obtenção de empréstimos e da burocracia. Também é mencionada a necessidade de desenvolvimento de formas alternativas de financiamento, como as associações de investidores anjo e *seed capital*, instituições de microcrédito e financiamento público.

E. Quanto às propostas para a melhoria das condições para empreender no Brasil, os temas se concentram em aspectos relacionados à educação e capacitação (49%), seguidos das políticas governamentais (41%) e apoio financeiro (24%):

i. as recomendações para educação e capacitação propõem que o empreendedorismo seja disciplina transversal e esteja presente em todos os níveis educacionais, do básico ao superior. A melhora na educação e capacitação passa, segundo as recomendações, pelo fortalecimento do ecossistema empreendedor, que é formado por incubadoras, aceleradoras, *fablabs e hackerspaces*[77], dentre outros;

ii. para a melhoria das condições relacionadas a políticas governamentais, são listadas iniciativas como a simplificação da

77. Espaços compartilhados entre interessados em criação. Normalmente possuem diversas ferramentas de prototipagem, fabricação digital (impressoras 3D, cortadoras etc.), máquinas de costura, ferramentas de marcenaria e outras. A diferença entre ambos é que o *FabLab* possui regras específicas, ditadas por uma fundação mundial de *FabLabs*, a *FabFoundation*; já os *Hackerspaces* não possuem necessariamente ferramentas de prototipagem ou fabricação digital.

legislação trabalhista e tributária, desburocratização de procedimentos administrativos e desenvolvimento de iniciativas (programas) de estímulo ao empreendedor nos primeiros anos de vida;

iii. quanto ao apoio financeiro, as propostas focaram a necessidade de adequação das linhas de crédito à realidade dos empreendedores, principalmente pela flexibilização da exigência de garantias reais, concessão de crédito pela análise do perfil do empreendedor e potencial do negócio e desburocratização. Também foi sugerido o desenvolvimento do mercado de capital de risco, incentivos fiscais para investimentos privados em novos negócios e o desenvolvimento de micro finanças, como alternativas aos canais tradicionais.

O resultado da análise dos dados do GEM (2016), em seu conjunto, converge com as considerações analíticas desenvolvidas na seção 3.1 do presente capítulo.

Entretanto, um entendimento analítico restrito torna-se difícil, em razão, principalmente, da ambiguidade na compreensão oficial do empreendedorismo. Os dados constantes do GEM 2015 referem-se a empresas dentro do perfil de MPEs, mas de uma maneira geral, independente da área de atuação, especificidades de mercado etc. Porém a análise dos impactos sobre este universo e o consequente direcionamento de políticas adequadas e efetivas é bastante complicado, considerando a heterogeneidade dos empreendimentos, em suas diversas formas (CAMARA, 2013, p. 21).

Nessa linha, Nogueira (2013) aponta que o real entendimento do que sejam as MPEs é limitado, principalmente, pelo fato de que elas são entendidas e tratadas em uma só dimensão, não sendo consideradas as suas grandes e inúmeras diferenças. Os enquadramentos oficiais das MPEs possuem critérios diferenciados, quanto a número de empregados e porte por faturamento anual, por exemplo. MPEs são compreendidas como um só grupo de empresas, classificadas pelo seu porte e, consequentemente os respectivos planos de apoio e desenvolvimento são direcionados, independentemente da sua atividade, produtividade, momento do seu ciclo de negócio, potencial gerador econômico etc. Há que se considerar, ainda, que a heterogeneidade da economia brasileira produz profundas diferenças regionais e setoriais, que levam, naturalmente, a necessidades diferentes, por parte das empresas.

Em 2002, o IBGE publicou pela primeira vez a Pesquisa de Inovação (Pintec), referente ao período 1998-2000, com foco em empresas industriais, sem qualquer referência ao empreendedorismo. A partir de 2005, essa pesquisa tornou-se trienal e sua amostra foi ampliada para incorporar, além das empresas industriais, algumas atividades selecionadas de serviços de alta intensidade tecnológica. A Pintec é elaborada conceitual e metodologicamente de acordo com o *Manual de Oslo* (2005, p. 82). Sua amostra está baseada em empresas que possuam, no mínimo, 10 pessoas ocupadas em 31 de dezembro do ano de referência da pesquisa. Atualmente, a Pintec encontra-se em sua sexta edição e, com relação à edição 2014, o trabalho de campo foi iniciado em junho de 2015 (referente ao período 2012-2014).

A fim de aprofundar essa discussão, retomamos aqui as declarações de Mason (2011), "apenas uma pequena proporção de empresas cria a maioria dos postos de trabalho em qualquer mercado" e "os decisores políticos estão procurando HGFs[78] nos lugares errados". Na verdade, aquele autor quer dizer que é preciso entender as diferenças potenciais existentes entre as empresas, identificando exatamente onde estão localizadas (setor de atividade, tipo de mercado, oportunidades e abrangência geográfica). Por exemplo, o consenso existente sobre a inequívoca relação entre HGFs e tecnologia pode não ser verdadeiro.

O IBGE é responsável por uma pesquisa denominada Estatísticas de Empreendedorismo que, desde 2011, contempla também a análise dos resultados das empresas de alto crescimento (conforme conceito já citado). Segundo o próprio IBGE, o conjunto dessas informações concorre para o debate sobre a dimensão e a importância do empreendedorismo no país, assunto de relevância cada vez mais acentuada na economia, tanto em nível nacional quanto global (IBGE, 2015). Essa pesquisa abrange o assunto direcionador do estudo GEM (2016) e parte dela

78. Empresas de alto crescimento (HGFs/EACs) são aquelas com crescimento médio do pessoal ocupado assalariado de pelo menos 20% ao ano por um período de três anos consecutivos e com 10 ou mais pessoas ocupadas assalariadas no ano inicial de observação (IBGE, 2015). Este conceito está em acordo com os documentos *Defining entrepreneurial activity: definitions supporting frameworks for data collection* (AHMAD e SEYMOUR / OECD 2008) e o *Eurostat - OECD Manual on business demography statistics* (EUROSTAT / OECD 2007).

refere-se ao empreendedorismo no Brasil, conduzida pelo Instituto Brasileiro da Qualidade e Produtividade (IBQP), com o apoio técnico e financeiro do Sebrae. Entretanto, as metodologias utilizadas nesses estudos são diferentes, não existindo nenhuma convergência com relação às empresas de alto crescimento.

Nesse contexto e no caso do Brasil, o IBGE (2013) chama a atenção para as HGFs (chamadas de "EACs"). Sugere que a questão do empreendedorismo[79] deve ser vista sob o prisma da empresa, em especial a empresa de alto crescimento, defendendo que qualquer estudo sobre empreendedorismo, no Brasil ou no mundo, reafirma a sua importância para as economias nacionais, bem como para as sociedades de forma geral, explicando que

> o efeito visível da atividade empreendedora se dá através da empresa. Sua criação, manutenção no mercado, sua capacidade de crescimento e geração de empregos são tanto reflexos da situação econômica do país/região em que se insere, quanto agente promotor das mudanças desta mesma economia. No seu papel de modificador da sociedade, a empresa que mais se destaca é a de alto crescimento. Ao lado da gazela[80], o impacto que, atualmente, a empresa de alto crescimento possui nas economias globais deve ser mais bem estudado. (IBGE, 2013, p. 16).

Entretanto, há que se estabelecer uma diferença entre as posições de Mason (2011) e a do IBGE, no que se refere às empresas de alto crescimento. Para o IBGE, as EACs são identificadas segundo o conceito já informado e estão associadas à inovação, em indústrias e outros setores selecionados, baseando-se no pressuposto de uma forte sobreposição entre EACs e tecnologia.

Para Mason, essa presunção vai contra a evidência empírica. Segundo o autor, estudos realizados em vários países indicam que existem HGFs em todos os setores, não se limitando às empresas industriais que utilizam alta tecnologia ou cujo desenvolvimento encontra-se associado à inovação.

---

79. "No universo das empresas, optou-se pela utilização das empresas de alto crescimento como objeto de estudo. [...] Dessa forma, ao longo da análise, adota-se o conceito de alto crescimento de empresas como uma aproximação do termo empreendedorismo" (IBGE, 2015, p. 9).

80. Gazela é uma empresa de alto crescimento, com até cinco anos de idade no ano de referência.

Em 2013, existiam, no Brasil, 33.374 empresas de alto crescimento, que ocupavam cerca de 5,0 milhões de pessoas assalariadas e pagavam R$ 107,5 bilhões em salários e outras remunerações – vide ilustração no Gráfico 1 (IBGE, 2015). O objetivo deste gráfico é apenas demonstrar a participação das EACs na distribuição dos empregos. Nota-se, entretanto, que em 2013 a participação dessas empresas ficou abaixo das "outras empresas". É possível pensar que esse resultado foi fruto de problemas em setor(es) específico(s) onde pode existir forte representação de grandes empresas no conjunto das EACs, pois segundo o IBGE (2015, p. 22), ao final de 2013 a taxa de desemprego no Brasil foi de 5,4%, 2,5 pontos percentuais abaixo da taxa observada nas economias avançadas (7,9%) e menos da metade da verificada nos países da área do Euro (12,0%) no mesmo ano.

Gráfico 1 - Participação das EACs no quadro de pessoas assalariadas no período 2008-2013

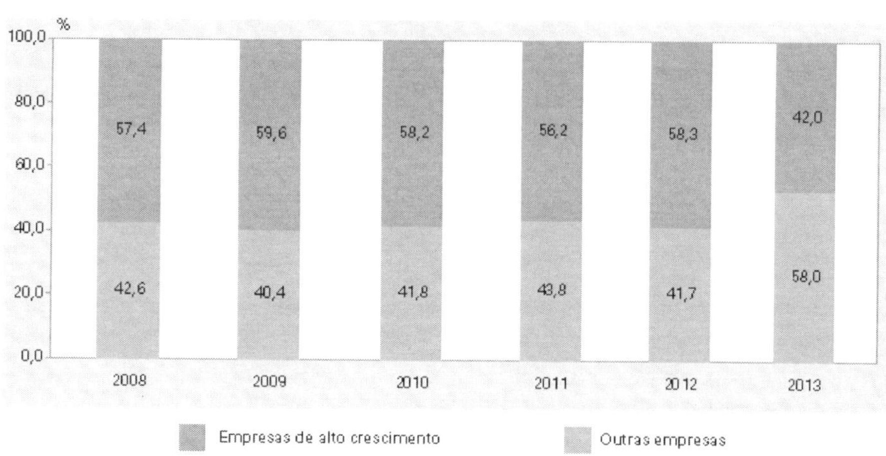

Fonte: IBGE, Cadastro Central de Empresas Brasil 2005-2013 (IBGE, 2015).

Em relação às pesquisas realizadas pelo IBGE, que dizem respeito direta e respectivamente à inovação e ao empreendedorismo, verifica-se uma variabilidade conceitual por parte do próprio governo: a metodologia utilizada pela Pintec, relativa à pesquisa com empresas que possuem um mínimo de 10 pessoas empregadas (parte do conceito de HGFs) nunca foi sequer comentada em nenhuma das conhecidas políticas ou ações direcionadas ao empreendedorismo. Da mesma forma, os resultados da pesquisa Estatísticas de Empreendedorismo, que contempla as EACs, ainda não foram considerados e incorporados a qualquer política de empreendedorismo, considerando a contundente declaração do IBGE, que é um órgão do governo. A possível explicação para isso pode estar no fato de que a coalizão que defende essa crença não possui força política suficiente para colocar o assunto na agenda, ou então na própria explicação do IBGE:

> No entanto, este é um objeto de análise ainda pouco tratado em pesquisas teóricas e empíricas. Pouco se sabe sobre as empresas de alto crescimento e ainda menos sobre os seus determinantes. (IBGE, 2015, p. 11).

Objetivando auxiliar a expansão de seu conhecimento sobre EACs, o autor coordenou uma pesquisa acadêmica em 2015[81], apresentada no Apêndice B.

3.3.2 Instituições

Consolidando sua compreensão da importância das MPEs (BRASIL, 2013), o governo criou em 2013 a Secretaria da Micro e Pequena Empresa

81. A pesquisa foi realizada com a participação de alunos da disciplina de Gestão Estratégica de Negócios do curso de Administração do Centro Universitário Augusto Motta Unisuam. Foram entrevistadas 236 empresas no Rio de Janeiro, utilizando o parâmetro de mínimo de 10 pessoas empregadas (em acordo com a metodologia empregada pelo IBGE, 2013; 2015) até 49 ou 99 pessoas empregadas (considerando indústria e comércio e serviços, respectivamente, mantendo a amostra balizada pelo conceito de MPEs). As EACs representaram 15,2% da amostra, com a indústria apresentando a maior proporcionalidade dentro do tipo de empresa (20,0%). O número de EACs, por tipo de empresa, não é proporcional ao número total de empresas pesquisadas em cada setor, levando à seguinte questão: está na indústria o maior potencial de existência de EACs? Observando a motivação para a criação das EACs, verificou-se que 72,2% delas foram criadas em razão de oportunidades identificadas. E isto leva à segunda questão: qual o peso da oportunidade para a existência de EACs? Por outro lado, temos um outro dado interessante: de acordo com o GEM 2015, os empreendimentos criados por oportunidade representam 56,5%; os dados da pesquisa ora discutida mostram que este percentual é de 72,2%, quando nos referimos a EACs, o que nos leva à terceira questão, como complemento da anterior: negócios criados por oportunidade têm mais chance de se tornarem EACs? É óbvio que as questões formuladas podem e precisam ser respondidas por pesquisas mais amplas.

(SMPE) (Lei n. 12.792, de 28 de março de 2013)[82]. A justificativa pelo governo então foi de que considera importante a criação do órgão para o estímulo à geração de empregos e ao empreendedorismo no país. Segundo a própria SEMPE, "[...] o crescimento das MPEs ainda é insuficiente para atender a demanda de emprego e renda da economia brasileira" (BRASIL, 2013). Na verdade, a SMPE foi alicerçada sobre as atividades institucionais da antiga Secretaria das Micro e Pequenas Empresas do MDIC - alavancadas posteriormente pelo Sebrae - e a partir daí, expandiu suas atividades (por exemplo, instituiu o Programa do Artesanato Brasileiro) sem, contudo - ao que nos parece -, demonstrar até o momento a real necessidade de sua criação.

A SMPE (atual Sempe), com *status* de Ministério, possui a missão legal de assessorar o presidente da República na formulação, coordenação e articulação dos programas que envolvem o apoio e desenvolvimento das MPEs, incluídos aí os programas de promoção da competitividade e inovação, como também respectivas políticas e diretrizes.

Outros desenvolvimentos institucionais vieram a compor o arranjo institucional voltado à promoção do desenvolvimento dos pequenos negócios. Em 2016, iniciou-se oficialmente o processo de fundação do Partido do Pequeno e Microempresário Brasileiro - Inova Brasil[83], partido que propõe

> maior eficiência do estado na execução das suas funções, menos burocracia governamental, plena liberdade de mercado, redução da carga tributária, criação de fundos de investimentos para o desenvolvimento das pequenas e microempresas, mais qualidade para as áreas de educação, saúde e segurança, dentre outras, visando construir uma sociedade mais justa e próspera (INOVA BRASIL, 2016).

Destaque-se aqui, a partir da nomenclatura definida para o novo partido, o entendimento sobre a vinculação dos pequenos negócios à inovação. Por outro lado, como já anteriormente referido, empreendedorismo e inovação são temas indissociáveis.

82. De acordo com o *Correio Braziliense* (2013), oposicionistas ao governo protestaram, questionando os custos e a necessidade de mais um Ministério.

83. Vide *Diário Oficial da União* (DOU), 17 mar. 2017, Seção 3, p. 152, no qual foram publicados o Manifesto e o Estatuto do Partido do Pequeno e Micro Empresário Brasileiro. O Inova Brasil é o 36º partido brasileiro.

3.3.3 Políticas

Ao avaliar as estruturas dos planos para o direcionamento das políticas de desenvolvimento econômico, observa-se que o empreendedorismo não é contemplado - e nem mesmo citado - em nenhuma delas, exceção feita à PDP. Essa exceção refere-se ao estabelecimento de um grupo de trabalho, no âmbito do Fórum Nacional de MPEs, para

> discutir a inclusão da matéria empreendedorismo nos três níveis de ensino, com o objetivo de estimular e direcionar a capacidade empreendedora nata do brasileiro para geração de negócios por oportunidade. (BRASIL 2011b, p. 157).

Entretanto, esta ação não estava diretamente interligada a nenhuma outra, não demonstrando uma lógica na estrutura da PDP. Porém, parece não ter havido seguimento de ações nessa linha. Por exemplo, de acordo com Brasil (2014): em 3 de junho de 2014, o Congresso Nacional aprovou o projeto de lei que cria o Plano Nacional de Educação - PNE[84], para vigorar no decênio 2011-2020 (encaminhado em 15 de dezembro de 2010, sofrendo várias alterações até então). Este documento, estruturado em 10 diretrizes, 20 metas e 173 estratégias, em nenhum momento se refere ao ensino do empreendedorismo, conforme direcionamento na PDP, apresentada em maio de 2008. Ainda, recentemente[85] o governo enviou ao Congresso Nacional a Medida Provisória (MP) que tem como foco a reestruturação do ensino médio[86]. Observando o texto do documento, verifica-se que também não há nenhuma alusão ao ensino do empreendedorismo.

Como principais entidades governamentais de financiamento a pequenos e novos negócios, temos no Brasil a Financiadora de Estudos e

84. Sancionado pela Presidência da República e publicado no *Diário Oficial da União*, em 26 de junho de 2014.

85. 22 de setembro de 2016.

86. Os péssimos indicadores do ensino médio no Ideb serviram de justificativa para o MEC apresentar essa reforma. A série histórica do Sistema de Avaliação Básica mostra que as médias dos alunos que terminam o ensino médio em matemática e português foram menores em 2015 do que em 1995 (GOIS, 2016).

Projetos – Finep[87] – e o Banco Nacional de Desenvolvimento Econômico e Social – BNDES, os quais disponibilizam diversos programas de fomento.

Dentre os programas principais que podem ser aproveitados pelas MPEs, a Finep possui o "Finep Inova Empresa", lançado em 14 de março de 2013, planejado para ajudar na elevação da produtividade da economia. Também o Projeto Inovar, lançado em 2000, envolve um conjunto de ações de estímulo a novas empresas, por meio de um leque de instrumentos, incluindo o aporte de capital de risco, via fundos de capital de risco. Dentre as áreas prioritárias definidas, de acordo com sua Política Operacional (FINEP, 2016d, p. 6),

> a Finep priorizará as micro e pequenas empresas, por meio de operações descentralizadas, bem como as tecnologias voltadas ao desenvolvimento de produtos e processos sustentáveis.

Já o BNDES atua como financiador de longo prazo para a realização de investimentos em todos os segmentos da economia, sendo que o seu apoio se dá por meio de financiamentos a projetos de investimentos, aquisição de equipamentos e exportação de bens e serviços. Em seu Planejamento Corporativo 2009/2014, a inovação foi eleita como um dos aspectos mais importantes do fomento econômico no contexto atual. Nesse contexto, dois programas são apresentados como relevantes: o "BNDES Inovação" (financiamento ao Plano de Investimento em Inovação - PII) e o "BNDES MPME Inovadora" (apoio ao aumento da competitividade das MPEs, financiando os investimentos necessários para a introdução de inovações no mercado) (BNDES, 2014). Em junho de 2017, o banco lançou um programa para MPEs, denominado "Canal do Desenvolvedor do MPME". Trata-se de uma plataforma *on-line*[88] que oferece um novo programa de financiamento, anunciado como "uma alternativa para novos empreendedores".

Ademais, vários programas de apoio financeiro são disponibilizados às MPEs por instituições financeiras oficiais, como Banco do Brasil e

87. Vinculada ao Ministério da Ciência, Tecnologia, Inovações e Comunicações (MCTI), tem como missão "promover o desenvolvimento econômico e social do Brasil por meio do fomento público à Ciência, Tecnologia e Inovação em empresas, universidades, institutos tecnológicos e outras instituições públicas ou privadas".

88. Disponível em: bndes.gov.br/canal-mpme.

Caixa Econômica Federal, intermediados pelo Sebrae[89].

Embora seja também importante e necessário o financiamento privado à inovação e novos negócios, em suas diversas modalidades (*private equity, venture capital* e capital de risco)[90], esse sistema ainda se apresenta de forma embrionária no Brasil. Observa-se que ampliar o acesso dos empresários ao capital de risco e capital de constituição (semente) e estimular a geração de investidores individuais de capital de risco (BRASIL 2013, p. 254) são recomendações contidas no estudo que serviu de apoio à PNE.

3.4 Há empreendedorismo na política de desenvolvimento?

As evidências apresentadas até aqui nos conduzem à percepção de que ainda há um abismo entre a compreensão da necessidade de políticas de empreendedorismo e como tais políticas devem ser concebidas.

E a resposta obtida a partir dessa evidência, apresentada à questão que orienta o nosso estudo, é que o Brasil dispõe de uma imensa variedade de políticas representadas por programas e ações de fomento e apoio ao empreendedorismo (diretrizes diversas), mas ainda não possui uma macrodiretriz estruturante para todas as políticas (vide capítulo 1). Fiorina Mugione (2013), diretora da divisão de empreendedorismo da Conferência das Nações Unidas sobre Comércio e Desenvolvimento (UNCTAD), em entrevista à revista *Veja*, declarou que "falta ao Brasil uma política pública de empreendedorismo".

Parecendo indicar que o governo federal se articulava para a formação de uma política global de fomento ao empreendedorismo, no

89. Por exemplo, programas como Empreendedor Individual, Microcrédito Produtivo Orientado (MPO), Desenvolvimento Regional Sustentável (DRS), Fundo Socioambiental e o Fundo de Aval às MPEs (Fampe).

90. *Private equity:* modalidade de fundo de investimento que compra participação acionária em empresas. Direcionado para negócios que já funcionam e têm, em geral, boa geração de caixa. Tendem a investir em negócios mais maduros, como consolidação e reestruturação; *Ventury capital:* forma de financiamento para estágio inicial de novos empreendimentos, novos produtos ou serviços etc.; Capital de risco: investimento temporário em empresas emergentes com evidente potencial de crescimento, via participação direta no capital social. Disponível em: *http://www.acionista.com.br/mercado/venture_capital.htm*. O Sebrae também atua como intermediador desses fomentos, pelo programa Capital Empreendedor.

período de 12 de julho a 10 de outubro de 2012 foi disponibilizado em sistema de consulta pública um documento intitulado "Política Nacional de Empreendedorismo e Negócios". Essa proposta foi construída em alinhamento com as políticas federais, em especial aquelas configuradas nas diretrizes centrais do governo e do Plano Brasil Maior. O documento demonstra, por um lado, a preocupação com o tema e por outro, o conceito de empreendedorismo amplo e abrangente utilizado. O conceito, segundo Brasil (2012):

> [...] possui um escopo amplo que é capaz de captar toda e qualquer característica de esforço autônomo que envolva a criação de uma base de recursos [...]. Desse modo, no âmbito deste projeto considera-se empreendedorismo o conjunto de esforços direcionados à criação de um novo negócio, como as atividades autônomas, criação de uma nova empresa ou expansão de uma já existente, com o foco no entendimento do empreendedorismo sob o conceito de "quinto fator de produção[91].

O público-alvo da proposta, envolve, dentre outros, os pequenos negócios e o empreendedorismo inovador. Porém, relaciona ainda o empreendedorismo de pequenos negócios a segmentos populacionais específicos, tais como mulheres, jovens e idosos, incluindo empreendimentos familiares em setores tradicionais (agricultura familiar, por exemplo). Observa-se, no Quadro 12, as relações entendidas do empreendedorismo com as metas do PBM.

Quadro 12 – Relação do empreendedorismo com as metas do PBM

Metas do PBM	Relação com o empreendedorismo
1. Ampliar o investimento fixo em % do PIB	Empreendedorismo é condicionante para o alcance da meta
2. Elevar o dispêndio empresarial em P&D	Meta e empreendedorismo se condicionam reciprocamente
3. Aumentar qualificação da mão de obra	A meta á condicionante para a promoção do empreendedorismo

91. A "Proposta de Teses e Diretrizes para a Política Nacional de Empreendedorismo e Negócios" considera o trabalho, capital, terra e tecnologia como os outros quatro fatores de produção.

Continuação

4. Ampliar o valor agregado nacional à produção	Empreendedorismo é condicionante para o alcance da meta
5. Elevar % da indústria intensiva em conhecimento	Meta e empreendedorismo se condicionam reciprocamente
6. Aumentar % o número de MPEs inovadoras	Empreendedorismo é condicionante para o alcance da meta
7. Aumentar a eficiência energética	Empreendedorismo é condicionante para o alcance da meta
8. Ampliar e diversificar as exportações	Empreendedorismo é condicionante para o alcance da meta
9. Elevar participação em mercados de energias (tecnologias, bens e serviços)	Empreendedorismo é condicionante para o alcance da meta
10. Ampliar acesso à banda larga e outros serviços	Meta e empreendedorismo se condicionam reciprocamente

Fonte: adaptado pelo autor, a partir de Brasil (2012).

O quadro, com dados obtidos no próprio documento citado, sintetiza o pensamento oficial sobre a relação positiva entre empreendedorismo e desenvolvimento, o que corrobora todas as evidências e conclusões apresentadas até o momento. Entretanto, até a presente data, não há evidência de que essa política pública se concretizou.

3.4.1 Considerações finais

Sintetizando os principais pontos empíricos do argumento levantados neste capítulo, foram demonstradas as principais razões da falta de competitividade do Brasil, através dos resultados de estudos comparativos entre as economias de diversos países, os quais consideram os fatores básicos entendidos internacionalmente como os mais importantes, contextualizados em fatos e resultados específicos da economia brasileira. Na sequência, foram apresentados e discutidos os programas e planos com vistas ao desenvolvimento (o que ficou conhecido como "nova política industrial") implantados mais recentemente no Brasil.

Nessa perspectiva e tendo em vista o *status* econômico e os resultados desses planos, é possível inferir que o Brasil carece de uma política industrial mais fundamentada, focada, capaz de recuperar a credibilidade do empresariado e motivar empreendedores. Parece que as políticas desenvolvidas seguem a direção certa, mas com meios errados. Ou seja, o diagnóstico é correto, mas o remédio deveria ser melhor adequado. Como foi visto, sem exceção, todos os planos apontam para a importância da inovação, cuja associação com o empreendedorismo foi demonstrada no capítulo 2, mas apenas a PDP faz referência a este tema e, mesmo assim, ao referir-se à educação. Entretanto, apesar de o PBM possuir uma linha de ação direcionada à "competitividade dos pequenos negócios", verifica-se que as demais encontram-se estruturadas em negócios grandes e já existentes, sem considerar a importância das novas empresas ou do empreendedorismo. Muito recentemente (abril de 2016), foi lançado o Programa Brasil Mais Produtivo, tendo como objetivo o atendimento a 3.000 empresas industriais de pequeno e médio portes, não havendo ainda a possibilidade de se analisar seus resultados. Porém, as empresas atendidas por esse programa fazem parte de um grupo de setores, cuja seleção não encontra paridade com nenhuma das justificativas utilizadas pelo governo até o momento.

Na discussão sobre MPEs, foi demonstrada a sua importância econômica e discutidos alguns resultados apresentados pelo GEM Brasil. Em sua Pesquisa de Empreendedorismo, o IBGE chama a atenção para as EACs, para as quais aponta alguns resultados. Causa estranheza, entretanto, o fato de que sendo o IBGE uma instituição do governo, esses resultados não foram ainda incorporados como evidência para formulação de qualquer política voltada para a área de empreendedorismo.

Segue-se com comentários sobre a criação da Sempe e uma declaração da UNCTAD de que não existe política de empreendedorismo no Brasil. Finaliza-se o capítulo, com a discussão sobre o documento "Política Nacional de Empreendedorismo e Negócios", através do qual o governo assume que não há, na verdade, uma política de empreendedorismo no Brasil. Curiosamente, o documento exibe um pensamento oficial sobre a relação positiva entre empreendedorismo e desenvolvimento, o que vem fortalecer todas as evidências e conclusões apresentadas até o momento.

No próximo capítulo, trataremos da aplicação do QCD, com o objetivo de explicar como a trajetória das coalizões e seu comportamento, influenciado pelo entendimento cognitivo do tema empreendedorismo contribui para a configuração de uma resposta à questão que norteou este estudo.

4 Aplicação do QCD

Conforme discutido no capítulo 1, a força explicativa do QCD repousa sobre a estrutura de crenças das coalizões de defesa concorrentes e os padrões de mudança nessas crenças.

Essas crenças, no que diz respeito à nossa temática, representam a base para a formação dos grupos de coalizão identificados, tendo por objetivo caracterizar o contexto que envolve o subsistema "formação da agenda de políticas públicas de empreendedorismo", dentro do sistema de políticas públicas de empreendedorismo.

Assim, o presente capítulo examina de forma sistemática e analisa as mudanças nas crenças expressas por coalizões em relação ao núcleo de políticas e questões secundárias envolvidas no debate sobre políticas públicas de empreendedorismo no Brasil, na busca de uma explicação para a formação da agenda nesse tema. Não obstante a reconhecida importância desse tipo de análise para o estudo da política pública, ela não foi até o presente, empregada para explicar a política de empreendedorismo como produto da dinâmica de atuação dos atores nesse subsistema ou nos subsistemas de políticas públicas eventualmente relacionados à sua formulação.

4.1 O subsistema político

Um subsistema é composto por coalizões que se distinguem por um conjunto próprio de ideias e crenças sobre a política pública em questão e o contexto no qual ela está inserida, bem como por dispor de determinados recursos (financeiros e humanos, tais como membros e agentes públicos membros da coalizão ou simpáticos a ela). Os membros das coalizões tentarão influenciar agências de diferentes níveis de governo para alcançar seus objetivos, ou seja, para concretização de suas crenças relativas às políticas públicas. Cada coalizão adota diferentes estratégias para alterar o comportamento dos decisores da política, havendo, na maioria dos subsistemas, uma coalizão dominante.

O subsistema definido para o estudo, "formação da agenda de políticas públicas de empreendedorismo", contextualizado no campo das políticas públicas, foi escolhido em razão direta da problemática objeto da pesquisa. Esse subsistema contempla o objeto, o problema e os objetivos da pesquisa. Para o fim de aplicação do modelo analítico QCD, considera-se que no Brasil, o empreendedorismo é conceitual e institucionalmente reconhecido somente como a formação de novos negócios, conforme discutido anteriormente.

4.2 Atores do subsistema

Considerando a constituição dos atores e seus sistemas de crenças como essência do QCD, para a sua aplicação na organização dos resultados empíricos apresentados, foram inicialmente identificados os principais atores presentes no subsistema no período 1995-2015[92], atuantes nos subtemas ou módulos, identificados segundo a metodologia proposta pelo QCD[93]. Ou seja, no caso em questão esses atores tenderiam a estar atuando nos processos de formulação de política pública que estejam em pauta no Congresso Nacional, de acordo com as regras básicas que estruturam as ações públicas referentes ao subsistema em questão. Assim, primeiramente, buscamos identificar e caracterizar esses atores em dois grupos: (i) atores governamentais e (ii) atores não governamentais.

4.2.1 Atores governamentais

1. Governo Federal

No grupo de atores do Governo Federal, encontram-se:

1. Presidência da República - conforme já referido, o presidente é um dos atores mais influentes no processo de formação de agenda, em razão de manejar recursos institucionais - em especial os poderes de veto e de nomeação de pessoas para cargos-chave do processo decisório.

2. Secretaria da Micro e Pequena Empresa (Sempe) - criada pela Lei n. 12.792, de 28 de março de 2013, em razão - segundo o governo - da necessidade de estímulo à geração de empregos e ao empreendedorismo no país. Possui a missão legal de assessorar o presidente da República na formulação, coordenação e articulação dos programas que envolvem o apoio e desenvolvimento das

92. Dividido em três subperíodos (1995-2002, 2003-2011 e 2012-2015).

93. Essa identificação é desenvolvida no capítulo 3, seção 3.5.

MPEs, incluídos aí os programas de promoção da competitividade e inovação, como também respectivas políticas e diretrizes. A Sempe utiliza como apoio o Fórum Permanente de micro empresas e empresas de pequeno porte (SMPE).

3. Ministério da Fazenda – responsável pela coelaboração e operacionalização de políticas de isenções e incentivos fiscais disponibilizadas às MPEs e outros setores fomentados.

4. Ministério da Ciência, Tecnologia e Inovação (MCTI) – institucionalmente, o MCTI tem como competências os seguintes assuntos: política nacional de pesquisa científica, tecnológica e inovação; planejamento, coordenação, supervisão e controle das atividades da ciência e tecnologia; política de desenvolvimento de informática e automação; política nacional de biossegurança; política espacial; política nuclear e controle da exportação de bens e serviços sensíveis[94].

5. Ministério do Desenvolvimento, Indústria e Comércio Exterior (MDIC) – tem como missão formular, executar e avaliar políticas públicas para a promoção da competitividade, do comércio exterior, do investimento e da inovação nas empresas e do bem-estar do consumidor[95].

6. Banco Nacional de Desenvolvimento Econômico e Social (BNDES) – é hoje o principal instrumento do Governo Federal para o financiamento de longo prazo e investimento em todos os segmentos da economia brasileira, apoiando empreendedores das MPMEs[96], através de diversos programas de financiamento e investimento.

7. Financiadora de Estudos e Projetos (Finep) – vinculada ao MCTIC, a Finep tem como missão promover o desenvolvimento econômico

94. Em acordo com o desenvolvimento de suas atribuições, o MCTIC possui como entidades vinculadas: as autarquias Agência Espacial Brasileira e a Comissão Nacional de Energia Nuclear; a fundação CNPq (Conselho Nacional de Desenvolvimento Científico e Tecnológico) e as empresas públicas Finep (Financiadora de Estudos e Projetos), o Centro Nacional de Tecnologia Eletrônica Avançada S.A, a Indústrias Nucleares Brasileiras e a Nuclebras Equipamentos Pesados. Ao MCTIC também estão vinculadas: a empresa binacional Alcântara Cyclone Space e diversas unidades de pesquisas no território nacional.

95. Ao MDIC estão vinculadas as seguintes entidades: Superintendência da Zona Franca de Manaus (Suframa); Instituto Nacional da Propriedade Industrial (INPI) e Instituto Nacional de Metrologia, Qualidade e Tecnologia (Inmetro).

96. Micro, pequenas e médias empresas.

e social do Brasil por meio do fomento público à Ciência, Tecnologia e Inovação em empresas, universidades, institutos tecnológicos e outras instituições públicas ou privadas. Ela pode ser considerada como a agência de inovação brasileira.

8. Conselho Nacional de Desenvolvimento Industrial (CNDI) – vinculado ao MDIC, é o órgão de assessoramento da Presidência da República para a formulação das políticas nacionais e medidas específicas destinadas a promover o desenvolvimento industrial, tecnológico e de comércio exterior do país.

9. Instituto Brasileiro de Geografia e Estatística (IBGE) - embora não seja um formulador de políticas, o IBGE aparece como um ator particularmente importante, na medida em que fornece, na pesquisa denominada Estatísticas de Empreendedorismo, evidências empíricas sobre o tema que além de servirem para subsidiar formulações de política pública também configuram cognitivamente uma trajetória de abordagem de intervenção na política do subsistema.

2. Congresso Nacional

É o principal ator do subsistema, na medida em que, em última instância, é quem aprova qualquer ação em política pública[97]. Evidencia-se aqui a Frente Parlamentar Mista da Micro e Pequena Empresa do Congresso Nacional, atualmente coordenada pelo Deputado Jorginho Mello (PR/SC).

1. Senado Federal – faz parte do Poder Legislativo da União, juntamente com a Câmara dos Deputados. No âmbito do Senado, funciona a CCT (Comissão de Ciência, Tecnologia, Inovação, Comunicação e Informática), sob a coordenação do Senador Cristovam Buarque (PDT/DF).

2. Câmara dos Deputados – desempenha três funções: representação da sociedade, legislação sobre os assuntos de interesse nacional e

97. É composto por duas Casas: Câmara dos Deputados e Senado Federal. Cada uma delas possui Comissões Parlamentares, Permanentes ou Temporárias, com funções legislativas e fiscalizadoras, na forma definida na Constituição Federal e nos seus regimentos internos.

fiscalização da aplicação dos recursos públicos. Na Câmara funciona a Frente Parlamentar Mista em Defesa do Comércio, Serviços e Empreendedorismo, presidida pelo Deputado Rogério Marinho (PSDB/RN).

Nas Tabelas 2 e 3 são demonstradas as participações dos atores (governamentais e não governamentais) em cada fase do período em estudo, adequado ao subsistema. Esta demonstração tem por objetivo proporcionar melhor entendimento sobre o desenvolvimento da aplicação do QCD.

Tabela 2 - Participação dos atores governamentais no período estudado

Ator governamental	1995-2002	2003-2011	2012-2015
Presidência da República	x	x	x
SEMPE	-	-	x
Ministério da Fazenda	x	x	x
MCTI	x	x	x
MDIC	x	x	x
BNDES	x	x	x
Finep	x	x	x
CNDI	-	x	x
Senado Federal	-	x	x
Câmara dos Deputados	x	x	x

Fonte: elaboração do autor, a partir de levantamentos próprios.

Observa-se que, naturalmente, todos os atores governamentais estiveram presentes nas três fases componentes do período, com exceção da Sempe, do CNDI e do IBGE. A Sempe, porque foi criada somente em março de 2013; o CNDI, em dezembro de 2004, e o IBGE publicou a sua primeira pesquisa com o escopo definido para este estudo em 2011 (relativamente aos dados de 2008).

4.2.2 Atores não governamentais[98]

1. Agência Brasileira de Desenvolvimento Industrial (ABDI) – criada em 2004, no âmbito da PITCE, tendo como missão desenvolver ações estratégicas para a Política Industrial, promovendo o investimento produtivo, o emprego, a inovação e a competitividade da indústria brasileira. A supervisão de sua gestão cabe ao MDIC.
2. Serviço Brasileiro de Apoio às Micro e Pequenas Empresas (Sebrae)[99] – é a principal instituição não governamental de desenvolvimento de atividades de promoção e apoio ao empreendedorismo. O Sebrae é parceiro do Instituto Brasileiro da Qualidade e Produtividade (IBQP), juntamente com a Fundação Getulio Vargas (FGV/EAESP), na consolidação dos dados do GEM, relativamente ao empreendedorismo no Brasil.
3. Confederação Nacional da Micro e Pequena Empresa (Comicro) – associação nacional de MPEs, tem como objetivo promover o seu crescimento, com foco na organização associativa, qualificação de lideranças e na formação de redes sustentáveis de apoio e desenvolvimento local.
4. Endeavor Brasil[100] – conceituada organização de apoio ao empreendedorismo, com foco no que define como empreendedorismo de alto impacto, via inovação e ganho de escala. A Endeavor disponibiliza apoio técnico para a realização da pesquisa Estatísticas de Empreendedorismo, do IBGE.
5. Associação Brasileira de Startups (ABStartups) – fundada em 2011, é uma associação de representação das *startups* brasileiras, disponibilizando projetos, serviços e eventos focados em aumentar a competitividade de empreendedores, em especial de *startups*.
6. Instituto Brasileiro da Qualidade e Produtividade (IBQP) – é o coordenador nacional da pesquisa GEM, da Global Entrepreneurship Research Association (Gera), desde 1999.

98. Em futuro próximo, deveremos ter nesse grupo um novo ator: o Partido do Pequeno e Microempresário Brasileiro – Inova Brasil, cujo processo de fundação foi iniciado em maio de 2016.

99. Atua na promoção da competitividade e desenvolvimento sustentável de MPEs, com foco no fortalecimento do empreendedorismo.

100. Presente em mais de 20 países e com 8 escritórios em diversas regiões do Brasil.

7. Confederação Nacional dos Jovens Empresários (Conaje) - criada em 2000, atua no fomento ao empreendedorismo, fortalecimento, criação e manutenção de novas empresas - principalmente geridas por jovens -, na articulação e divulgação de práticas capazes de fortalecer a disseminação de novos e sólidos negócios no Brasil. Trabalha também para o estabelecimento de políticas públicas e práticas institucionais que incluam os micros e pequenos empreendedores, com participação nos conselhos temáticos da CNI e no Fórum Permanente das MPEs.

Representantes do setor produtivo

Confederação Nacional da Indústria (CNI)[101]: é a representante da indústria brasileira, atuando na defesa dos seus interesses e na articulação com os poderes Executivo, Legislativo e Judiciário, além de diversas entidades e organismos. A CNI também estimula a pesquisa, a inovação e o desenvolvimento tecnológico da indústria e desenvolve o Procompi - Programa de Apoio à Competitividade da Micro e Pequena Indústria.

Federação das Indústrias do Estado do Rio de Janeiro (Firjan)[102]: tem como missão garantir a competitividade e o desenvolvimento econômico, através do crescimento sustentável da indústria.

Federação das Indústrias do Estado de São Paulo (Fiesp): segundo declaração explícita, a Fiesp tem como principal causa a luta pela competitividade brasileira, com reivindicações para diminuir os

101. Administra diretamente o Serviço Social da Indústria (Sesi), o Serviço Nacional de Aprendizagem Industrial (Senai) e o Instituto Euvaldo Lodi (IEL), compondo o Sistema Indústria.

102. É o centralizador do Sistema Firjan, formado também pelo CIRJ (Centro industrial do Rio de Janeiro), responsável pelo fortalecimento do encadeamento produtivo da indústria; pelo Sesi (Serviço Social da Indústria), que cuida da produtividade na indústria e o bem-estar do trabalhador; Senai (Serviço Nacional da Indústria), que cuida da tecnologia, inovação e educação profissional e IEL (Instituto Euvaldo Lodi), responsável pelo empreendedorismo e educação executiva.

custos de produção e conter a desindustrialização. No que diz respeito ao empreendedorismo, a Fiesp coordena o Comitê de Jovens Empreendedores (CJE).

Tabela 3 - Participação dos atores não governamentais no período estudado

Ator governamental	1995-2002	2003-2011	2012-2015
ABDI	-	x	x
Sebrae	X	X	X
Comicro	-	X	X
Endeavor Brasil	x	x	x
ABStartups	-	-	x
IBQP	x	x	x
Conaje	X	X	X
CNI	x	x	x
Firjan	x	x	x
Fiesp	x	x	x

Fonte: elaboração do autor, a partir de levantamentos próprios.

Como também verificado na participação anteriormente demonstrada, alguns atores não estão presentes em todo o período, em razão dos inícios de suas operações (ABDI em 2004, a Comicro em agosto de 2010 e a ABStartups em 2011).

4.3 Recortes temporal e analítico

Seguindo a recomendação metodológica do modelo QCD, observa-se o prazo mínimo de dez anos de análise demandado para a aplicação consistente do mesmo. Assim, a análise cobre o período 1995-2015, o que permite analisar o papel de fatores políticos na trajetória das políticas públicas de empreendedorismo, em função de que abrange três períodos de governos com ideologias distintas. Ademais, a análise das diferenças nos arranjos institucionais privilegiados em cada período permite observar o efeito do arranjo institucional no aprendizado entre as coalizões.

O aprendizado orientado às políticas públicas, ou simplesmente "o caminho do aprendizado" foi o escolhido para o desenvolvimento do modelo analítico apresentado neste livro, dentre os três mecanismos de mudanças descritos pelo QCD[103]. Por um lado, o aprendizado pode causar mudanças na formação da agenda, por motivar revisões nos objetivos políticos do subsistema, em razão da adição de experiência e novas informações. Por outro, ele é moldado por fatores como o poder político, participação de especialistas e os valores dos decisores políticos, relacionado aos processos de difusão (adoções sucessivas ou sequenciais de determinadas práticas, políticas ou programas) e convergência (pode ou não ser tomada como expressão de mudanças subjacentes na estrutura econômica, social e política).

É nesse contexto que serão analisadas as evidências empíricas, em estrito atendimento às recomendações metodológicas do modelo analítico. O período estudado está dividido em três fases, como caracterizadas a seguir.

Governo de Fernando Henrique Cardoso – FHC (1995 a 2002)

Após longo período convivendo com a hiperinflação e diversos planos econômicos fracassados, a equipe econômica do governo Itamar Franco, em 1993, implementou o Plano Real. O então ministro da Fazenda, Fernando Henrique Cardoso, notabilizou-se por esse plano, que seria o primeiro passo para a estabilização econômica do país.

A estabilização monetária promovida pelo Plano Real veio debelar uma inflação crônica, que acometia o país desde o início dos anos 1980. Seu encaminhamento encaixava-se em uma agenda emergencial, já que sem um mínimo de estabilidade, pouca coisa poderia ser encaminhada na tentativa de reestruturar um modelo econômico já fatigado.

O primeiro governo FHC foi marcado por duas agendas principais: a estabilização monetária e as reformas constitucionais, lançando as bases do que seria um novo modelo da relação do Estado com o mercado. Outras ações importantes levadas a cabo pelo Executivo articularam-se e entrelaçaram-se a essas duas agendas. É o caso das privatizações, da

103. Os dois outros mecanismos são (i) os choques internos, que podem gerar mudanças na política pública e (ii) os acordos negociados, gerados entre as coalizões que anteriormente se encontravam em conflito.

reforma do sistema financeiro e do acordo da dívida dos estados. Dentro das ações voltadas à desoneração fiscal e financeira do investimento e das atividades produtivas e que dizem respeito diretamente às MPEs, tivemos a simplificação do regime tributário e a ampliação do prazo de apuração do IPI.

Sob a tutela do Ministério do Planejamento, Orçamento e Gestão, foi lançado em agosto de 1996 o Programa Brasil em Ação, cujo objetivo era listar, agregar e gerenciar um pacote de ações e obras do governo federal em parceria com estados, municípios e empresas privadas. Suas ações estavam estruturadas em duas dimensões: infraestrutura, meio ambiente e os polos de desenvolvimento integrado. Nesse programa não identificamos nenhuma alusão ao empreendedorismo.

A ampla aliança partidária que sustentou o governo possibilitou ao presidente contar com uma sólida base de apoio parlamentar, o que permitiu a continuidade da política econômica e a aprovação de inúmeras reformas constitucionais. No que se refere às reformas, o governo conseguiu que o Congresso Nacional aprovasse a quebra dos monopólios estatais nas áreas de comunicação e petróleo, bem como a eliminação de restrições ao capital estrangeiro. A ampla política de privatização de empresas estatais renovou o país, por exemplo, nas áreas de telefonia e de extração e comercialização de minérios. Apesar das várias crises internacionais[104] que impactaram a economia brasileira

104. Entretanto, essas crises trouxeram grandes dificuldades à manutenção das políticas econômicas, em maior ou menor grau. Por exemplo, a crise do Sudeste Asiático, em 1997, protagonizada em sua maior parte por países emergentes como Tailândia, Malásia e Coreia do Sul. Apesar de ter provocado algum dano global, principalmente a partir da elevação da taxa de juros nos EUA, sua maior consequência foi a contribuição para a crise russa de 1998. A extinção da URSS levou a economia russa a uma década de taxas negativas de crescimento do PIB, altas taxas de inflação e forte desemprego. Dentro desse contexto, a crise asiática trouxe sérios problemas, com o enxugamento da oferta de crédito e redução dos preços das commodities exportadas pela Rússia. Como consequência, o país não conseguia financiamento no mercado, declarando a moratória de sua dívida externa, no que foi seguido por outros países com alto endividamento externo e conta corrente deficitária, contraindo grande vulnerabilidade frente à economia mundial. Essa situação acabou por atingir o Brasil em janeiro de 1999. Em 2001, foi a vez da Argentina, importante parceiro comercial do Brasil, que declarou a moratória da sua dívida. A Argentina lutava com alta taxa de desemprego (mais de 15%), enorme dívida externa e não

durante o período, graças à continuidade do Plano Real a inflação se manteve baixa e assim continuou pelos anos seguintes.

Rebatendo as críticas oposicionistas que taxavam as políticas governamentais de "neoliberais", o governo se esforçava em demonstrar que foram implementadas várias políticas sociais de transferência de renda para as populações mais pobres, através de programas como o Bolsa Escola, o Vale Gás e o Bolsa Alimentação.

Seu segundo mandato, a partir de 1999, não realizou o projeto almejado, que era mudar a bandeira política que legitimava o governo, passando da agenda estabilizadora para a retomada do crescimento sustentado. O projeto de mudança de rumos contido na reeleição foi abalado pela crise cambial e pela maneira como ela ocorreu. De qualquer forma, foi lançado o Plano Plurianual de Investimentos (PPA[105] 2000-2003), conhecido como Avança Brasil[106]. Esse plano visou a continuidade do Programa Brasil em Ação. Dentre as suas várias estratégias, o PPA previu o incentivo e fortalecimento das MPEs, com o desenvolvimento da capacidade empreendedora.

Três fatores prejudicaram os planos de FHC para a obtenção de melhor desempenho econômico. O primeiro foi a crise energética ocorrida em 2001, que obrigou o governo a propor medidas de racionamento, as quais reduziram consideravelmente o nível de atividade econômica. Além disso, o chamado "apagão" atingiu a eficiência técnica do governo, o que minou seu prestígio e, consequentemente, a confiança da população na capacidade de o governo resolver os problemas do país. O segundo fator que prejudicou o desempenho foi a incapacidade de reformar o modelo econômico a fim de reduzir a vulnerabilidade externa e gerar maior crescimento. O predomínio da visão fiscalista, que se expandiu no

---

conseguia alterar sua política monetária, em razão da existência da paridade 1:1 do peso argentino com o dólar. Assim, o câmbio fixo imobilizou as ações dos formuladores da política, o que levou o governo a declarar a moratória. A forte consequência disso para o Brasil foi a queda do PIB em 4,38%.

105. Um dos três instrumentos estabelecidos pela Constituição de 1988 para orientação da gestão pública.

106. As diretrizes estratégicas pretendidas são as seguintes: (i) consolidar a estabilidade econômica com crescimento sustentado; (ii) promover o desenvolvimento sustentável voltado para a geração de empregos e de oportunidades de renda; (iii) combater a pobreza e promover a cidadania e a inclusão social e (iv) consolidar a democracia e a defesa dos direitos humanos.

BNDES, tornou-se um obstáculo para todas as tentativas mais agressivas de política industrial e de auxílio à exportação. E na sequência deu-se o enfraquecimento das bases políticas do governo, fator que inviabilizou a realização dos objetivos presentes no projeto da reeleição. Ao final do governo, reconfigurou-se por completo a teia de relações entre os atores situacionistas e toda a coalizão soçobrou.

Como principais ações e resultados do período FHC, tivemos as reformas estruturais[107] e de transferência de renda[108]. É importante observar que a principal base de sustentação da economia brasileira, nesse período, deu-se em razão do "tripé econômico": ele diz respeito a três "leis" que o governo deveria seguir: (i) adoção de câmbio flutuante; (ii) regime de metas de inflação e (iv) responsabilidade fiscal, com a geração de superávits primários. A instauração do tripé aumentou a

107. O governo realizou algumas reformas já necessárias há anos, as quais não tinham acontecido em razão do ambiente político: Reforma da Administração Pública Federal, conhecida como "Reforma Gerencial de 1995" (seu objetivo era melhorar a eficiência e agilidade do serviço público, substituindo o modelo de administração burocrática pelo de administração gerencial, além de reduzir os gastos públicos, que após forte elevação no período da hiperinflação, se estabilizaram em torno de 20%); Privatização de empresa (a maior foi a Vale do Rio Doce, que se tornou a maior empresa privada do Brasil, e o sistema telefônico brasileiro, que era altamente deficitário, caro e ineficiente. Foi também sancionada a Lei do Petróleo, que acabou com o monopólio estatal do setor no país, oportunizando a entrada de empresas estrangeiras para o aumento da concorrência interna e redução dos preços praticados); Reforma Previdenciária (apesar de não ser o suficiente, foi realizada em 1998 uma reforma na previdência, com o objetivo de reduzir o "rombo". Pelo novo processo, o tempo de serviço foi substituído pelo tempo de contribuição, alterando a forma de contagem de tempo de aposentadoria. A principal contribuição na reforma foi a instauração do fator previdenciário, que relaciona proporcional e diretamente o valor do benefício ao tempo de serviço, o que na prática funcionou como incentivo para aposentadorias mais tardias). Reforma Fiscal (a principal ação nessa área aconteceu em 2000, com a Lei de Responsabilidade Fiscal (LRF), com o objetivo de impor um maior rigor na execução do orçamento público. A partir da LRF, os Estados e Municípios estão sujeitos a limites no nível de endividamento e no que diz respeito aos gastos com funcionalismo público.

108. Foram criados os programas Bolsa Escola e Bolsa Alimentação, destinados à transferência de recursos à população de baixa renda, atingindo mais de 5 milhões de famílias.

credibilidade do governo e a confiança dos investidores nacionais e internacionais, podendo ser considerada a principal contribuição desse governo para o crescimento observado nos anos seguintes.

Dentre os vários programas desenvolvidos durante o governo FHC não houve nenhum direcionamento claro em termos de políticas públicas ao setor industrial e tampouco alguma preocupação (pelo menos declarada) com o empreendedorismo. A política industrial, considerada causadora de distorções insanáveis ao equilíbrio resultante do livre mercado, nunca saiu do papel, apesar de alguns focos de resistência verificados no MDIC. A passagem de cinco ministros no MIDC entre 1999 e 2002 evidencia a grande instabilidade institucional na área. Claramente, existiu uma alta rivalidade entre o MDIC e o Ministério da Fazenda. Nos anos do governo FHC, a política industrial praticamente se constituiu numa "anti-agenda" de governo, proscrita e esquecida. O que o governo apresentou oficialmente como política industrial foram ações modestas e de fraca envergadura, não obstante uma das suas ações ter sido o "apoio às MPEs". Também sob esse título, os "Fóruns de Competitividade"[109] implementados pelo MDIC, na tentativa de manter um espaço com o setor industrial, sempre tiveram a hostilidade e a oposição pública do Ministério da Fazenda, que via neles um risco potencial à sua governabilidade na política econômica.

Governo de Luiz Inácio Lula da Silva (2003 a 2011)

Luiz Inácio Lula da Silva assumiu a Presidência sob forte crise de credibilidade. Os investidores estrangeiros retiraram seus investimentos do país com medo de que o "projeto petista", entendido como o calote da dívida externa e a regressão em algumas das reformas anteriormente implementadas, fosse efetivado. Como consequência natural, o dólar disparou, tendo atingido quase R$ 4,00/US$.

Pelo menos no primeiro mandato, o governo acompanhou o tripé econômico estabelecido no governo anterior, o que parece ter sido resultado de um aprendizado e/ou a continuidade de coalizões existentes.

109. Reuniões periódicas promovidas pela Secretaria de Comércio e Serviços do MDIC, com representantes dos vários setores produtivos, objetivando o encaminhamento de agendas convergentes. O último fórum aconteceu em 4 mar. 2016 (6ª reunião do Fórum de Competitividade do Varejo).

A economia mundial cresceu bastante nesse período e a manutenção da política econômica foi fundamental para atrair de volta os investidores. O excesso de dinheiro e o conforto da economia mundial foram particularmente bons para o Brasil, porque boa parte desse crescimento era puxado pela China, maior importadora mundial de *commodities.* Houve também no Brasil a ascensão de uma grande quantidade de famílias à classe média, fazendo com que o consumo tivesse um forte impacto no crescimento econômico.

Há que se destacar que no âmbito social, Lula fundiu os programas Bolsa Alimentação e Bolsa Escola, e "criou" o Bolsa Família, expandindo o programa por boa parte do Brasil, atingindo mais de 10 milhões de pessoas. Contudo, existe uma discussão sobre o não aproveitamento pelo governo do bom momento da economia (brasileira e global) e do seu alto nível de popularidade, para dar seguimento à agenda de reformas, principalmente no que diz respeito ao complexo sistema tributário brasileiro e à previdência.

Em 2007 foi criado o Programa de Aceleração do Crescimento (PAC 1)[110], com o objetivo de promover a retomada do planejamento e a execução de grandes obras de infraestrutura social, urbana, logística e energética, pensado como um plano estratégico de resgate do planejamento e de retomada dos investimentos em setores estruturantes do país. Esse programa teve continuidade com o PAC 2, lançado em 2010. O governo Lula ficou marcado pelo desenvolvimento de políticas industriais e de desenvolvimento desde o seu início, as quais já foram alvo de discussão no capítulo 2.

O Brasil durante o governo Lula foi impactado pela deflagração da crise financeira mundial, a partir da quebra do banco Lehman Brothers (quarto maior banco dos EUA), em 2008. Em continuidade às diversas medidas anticíclicas implementadas, o governo passou a combinar política monetária e fiscal expansiva, que viria a refletir mais tarde na inflação.

Governo de Dilma Rousseff (2012 a 2015)

A demora do governo anterior em retirar estímulos e reduzir gradativamente o consumo ocorreu em grande parte para eleger Dilma

110. Há quem diga que o programa PAC teve como embrião o Programa Brasil em Ação, desenvolvido no governo FHC.

Rousseff, que recebeu como herança os resultados dos custos dessas ações. Também a mudança na direção do Banco Central (BC)[111] foi o principal ponto negativo com relação ao controle inflacionário. Na sequência de resultados fruto de direcionamentos errôneos, o governo capitaneou o controle e/ou postergação de diversos aumentos que não são da alçada federal (por exemplo, interferências na Petrobras e no setor elétrico) na tentativa de conter o aumento da inflação. E esse afastamento entre a inflação prevista e a real acabaram degradando a credibilidade da equipe econômica, em especial a do BC. Na verdade, foi uma escolha mal feita, ou seja, conviver com uma taxa de inflação acima do centro da meta, na tentativa de manter crescimento e emprego. Para a deterioração dessa credibilidade, foi de fundamental importância a visão irrealista do Ministro da Fazenda, Guido Mantega, em especial com suas informações ao mercado.

Enfim, os efeitos da manutenção da política fiscal expansionista, paralelamente à perda de credibilidade das instituições nacionais, muito atrelada à forte interferência do governo petista na economia acabaram quebrando o tripé econômico brasileiro. Outro fator negativo foi a atuação do BNDES, manipulado politicamente e com foco na alimentação de "campeões nacionais"[112]. A principal crítica a essa instituição refere-se ao fato de disponibilizar crédito excessivo a conglomerados empresariais que podem ter acesso a crédito via instituições privadas.

E finalmente, como resultado da desastrosa gestão desse governo, o Senado Federal aprovou, em 31 de agosto de 2016, o *impeachment* de Dilma Rousseff. A presidente foi condenada sob a acusação de cometimento de crimes de responsabilidade fiscal (conhecidos como "pedaladas fiscais") e os decretos que geraram gastos sem autorização do Congresso Nacional.

4.4 Seleção e análise de evidências

O QCD aponta a análise do conteúdo de documentos públicos como a metodologia mais adequada para sua implementação. A

---

111. Alexandre Tombini substituiu Henrique Meireles.

112. Em junho de 2017, foi autorizada auditoria no BNDES para avaliar o real impacto na economia, provocado pelo apoio financeiro (volumosos empréstimos a juros subsidiados) ao setor de frigoríficos, principalmente ao frigorífico JBS.

seleção dos documentos foi realizada a partir das publicações oficiais pelos atores do subsistema, com base no sistema de crenças (núcleo duro, núcleo político e aspectos secundários ou instrumentais), discutido no capítulo 1.

NÚCLEO DURO

Pela característica conceitual deste nível, não foi considerado nenhum documento para análise.

NÚCLEO POLÍTICO

1. Constituição Federal do Brasil de 1988

Em especial, dois artigos mereceram atenção: o artigo 170, § IX, que prevê *tratamento favorecido para as empresas brasileiras de capital nacional de pequeno porte.* E o artigo 179, que obriga a União, Estados, Distrito Federal e Municípios a *dispensarem às MPEs tratamento jurídico diferenciado,* visando a incentivá-las pela simplificação de suas obrigações administrativas, tributárias, previdenciárias e creditícias, ou pela eliminação ou redução destas por meio de lei.

2. Diretrizes da Política Industrial, Tecnológica e de Comércio Exterior (PITCE) - 2004

São diretrizes voltadas à articulação simultânea do estímulo à eficiência produtiva, ao comércio exterior, à inovação e ao desenvolvimento tecnológico como vetores dinâmicos da atividade industrial. Apesar de declarar que os problemas de modernização produtiva são maiores nas empresas de pequeno e médio porte (não referenciadas as micro), na medida em que o seu acesso ao capital, à tecnologia e a técnicas de gestão são dificultados por problemas como o risco envolvido nas operações de empréstimo, o documento não menciona políticas ou ações relativas a empreendedorismo e/ou MPEs.

3. Lei n. 10.973, de 2 de dezembro de 2004 – Lei da Inovação

Conhecida como o marco legal da inovação no país, dispõe sobre *incentivos à inovação e à pesquisa científica e tecnológica no ambiente produtivo.*

Foi regulamentada pelo Decreto n. 5.563, de 11 de outubro de 2005, cujo artigo 22 prevê que as agências de fomento deverão promover, por meio de programas específicos, *ações de estímulo à inovação nas MPEs*, inclusive mediante extensão tecnológica realizada pelas ICT[113].

4. Lei n. 11.080, de 30 de dezembro de 2004 - ABDI

Autoriza o Poder Executivo a instituir a Agência Brasileira de Desenvolvimento Industrial (ABDI), com a finalidade de promover a execução de *políticas de desenvolvimento industrial*, especialmente as que contribuam para a geração de empregos, em consonância com as políticas de comércio exterior e de ciência e tecnologia. Pelo artigo 18 desta lei, fica criado o Conselho Nacional de Desenvolvimento Industrial (CNDI), vinculado à Presidência da República e presidido pelo MDIC, com a atribuição de propor ao presidente da República políticas nacionais e medidas específicas destinadas a *promover o desenvolvimento industrial do país.*

5. Lei n. 11.196, de 21 de novembro de 2005 - Lei do Bem

Regulamentada pelo Decreto n. 5.798, de 7 de junho de 2006. Em seu capítulo III, artigos 17 a 26, consolidou os *incentivos fiscais a empresas que realizam pesquisa tecnológica e desenvolvimento de inovação tecnológica.*

6. Lei Complementar n. 123, de 14 de dezembro de 2006

Institui o Estatuto Nacional da Microempresa e da Empresa de Pequeno Porte (Lei Geral das MPEs). Estabelece normas gerais relativas ao *tratamento diferenciado e favorecido a ser dispensado às MPEs* no âmbito dos Poderes da União, dos Estados, do Distrito Federal e dos Municípios.

7. Lei Complementar n. 147, de 7 de agosto de 2014

Altera (alterações operacionais) a Lei Complementar n. 123, de 14 de dezembro de 2006.

8. Plano Brasil Maior (PBM) – 2011-2014

O documento demonstra que o PBM teve como foco a inovação tecnológica e adensamento produtivo. No que diz respeito diretamente a

113. Núcleos de Inovação Tecnológica.

esta pesquisa, observa-se que um dos seus temas transversais é a *competitividade dos pequenos negócios, contemplando o apoio ao microempreendedor individual (MEI) e às MPEs,* por meio de: (i) ampliação do acesso ao crédito para capital de giro e investimento e (ii) preferência local nas compras públicas, em consonância com a legislação vigente. É interessante destacar que a Lei Complementar n. 123, de 14 de dezembro de 2006, que instituiu o Estatuto Nacional da Microempresa e da Empresa de Pequeno Porte já havia previsto esse direcionamento, ao estabelece normas gerais relativas ao *tratamento diferenciado e favorecido a ser dispensado às MPEs.* Também, um de seus objetivos estratégicos é o fortalecimento *das MPMEs, com a meta de aumentar em 50% o número de MPMEs inovadoras.* Note-se que neste grupo, foram incorporadas as médias empresas.

9. Política de Desenvolvimento Produtivo (PDP). MDIC

Articulado com a PACTI no que refere à inovação, dentre os desafios apresentados por essa política, incluem-se o de *elevar a capacidade de inovação do setor produtivo e o de fortalecer as MPEs.* Também foi estabelecida a criação de grupo de trabalho, no âmbito do Fórum Nacional de MPEs, para discutir a inclusão da matéria "empreendedorismo" nos três níveis de ensino, com o objetivo de estimular e direcionar a capacidade empreendedora nata do brasileiro para geração de negócios por oportunidade.

10. Projeto de Lei n. 4182, de 11 de julho de 2012 – Câmara dos Deputados

Projeto apresentado pelo Deputado Giovani Cherini, para a instituição da *Política Nacional de Empreendedorismo, a ser desenvolvida em todas as escolas técnicas e de nível médio do país.* O documento não tem relação com o PNEN e até 12/02/2015 (último registro) encontrava-se em tramitação.

11. Lei n. 12.792, de 28 de março de 2013 - Secretaria da Micro e Pequena Empresa – Sempe

De acordo com a lei, a Sempe é a responsável pelas políticas e diretrizes para o apoio à microempresa, empresa de pequeno porte e artesanato e de fortalecimento, expansão e formalização de MPEs, em substituição ao MDIC. Não foi encontrado nesse documento nenhuma alusão ao empreendedorismo. A Sempe coordena atualmente o Fórum

Permanente das Microempresas e Empresas de Pequeno Porte, em cujo âmbito a PDP estabeleceu, em 2008, a criação de grupo de trabalho para discutir a inclusão da matéria "empreendedorismo" nos três níveis de ensino, com o objetivo de estimular e direcionar a capacidade empreendedora nata do brasileiro para geração de negócios por oportunidade.

12. Lei n. 13.005, de 25 de junho de 2014 - Plano Nacional de Educação - PNE

Para vigorar no período 2014-2024, é o instrumento de planejamento que orienta a execução e o aprimoramento de políticas no setor educacional. Este documento foi alvo de análise, a fim de verificar como estaria estruturado o ensino do empreendedorismo nas escolas, como preconizado na PDP. Em nossa observação, não foi localizado o direcionamento de nenhum objetivo ou estratégia convergente ao tema.

13. Requerimento n. 541, de 11 de fevereiro de 2015 - Câmara dos Deputados

Registro da Frente Parlamentar Mista da Micro e Pequena Empresa para atuação no âmbito do Congresso Nacional. Entre as finalidades declaradas, está a de "Propor legislação que possa *fortalecer e contribuir para o fortalecimento das micro e pequenas empresas* e empreendedores individuais".

14. Projeto de Lei n. 545/2015, de 3 de março de 2015 - Câmara dos Deputados

Apresentado pelo deputado Hissa Abrahão. A proposta acrescenta parágrafo ao artigo 26 da Lei n. 9.394, de 20/12/1996 (que estabelece as bases da educação nacional), relativamente à *adição aos currículos escolares o tema "Educação Empreendedora"*. O documento não tem relação com o PNEN e até 12/03/2015 (último registro) encontrava-se em tramitação.

ASPECTOS SECUNDÁRIOS OU INSTRUMENTAIS

1. Plano Plurianual (PPA) 2000-2003

Para o objetivo de crescimento com geração de emprego e renda, dentre as estratégias escolhidas, apresentou o *incentivo e fortalecimento das MPEs, com o desenvolvimento da capacidade empreendedora* e a ampliação da oferta de postos de trabalho, promoção da formação profissional e regulação do mercado de trabalho, com ênfase na redução da informalidade.

2. Decreto n. 5.353, de 24 de janeiro de 2005

Regulamenta a Lei n. 11.080 (funcionamento da ABDI), a fim de subsidiar a Presidência da República, na formulação e a implementação de políticas públicas voltadas ao desenvolvimento industrial, em consonância com as políticas de comércio exterior e de ciência e tecnologia, de forma a atender, dentre outros: [...] *ao financiamento mais consistente e duradouro de atividades empreendedoras.* Estabelece, pela ABDI, a proposição de metas e prioridades de governo referentes à PITCE, indicando os respectivos meios e recursos para atingi-las com as especificações de instrumentos.

3. Plano de Ação em Ciência, Tecnologia e Inovação (PACTI) – 2007-2010

Sob a responsabilidade do MCTI, a Linha de Atuação 4 do PACTI previa a Promoção da Inovação Tecnológica nas Empresas. O subprograma Capacitação Empresarial para EPPs[114], iniciado em 2009, compreende a realização de *cursos de capacitação para empresários e gerentes para o empreendedorismo inovador.* Observa-se que as microempresas não foram contempladas e a seleção de empresas atendidas é via demanda, independentemente de área de atuação.

4. Projeto de Lei n. 1673, de 21 de julho de 2011 – Câmara dos Deputados

Trata-se de projeto apresentado pelo Deputado Ângelo Agnolin, propondo a *inclusão do empreendedorismo no currículo escolar.* O documento não tem relação com o PNEN e até 05/08/2015 (último registro) encontrava-se em tramitação.

5. Planejamento Estratégico Integrado do Sistema MDIC 2011-2014 (2011)

Criado para coordenar o esforço do MDIC em promover o alinhamento, a sinergia e a ação coordenada das organizações a ele vinculadas,

---

114. Empresas de pequeno porte.

para o cumprimento das metas estabelecidas no PBM. Refere-se à política industrial, tecnológica, de serviços e de comércio exterior, que possui como foco o *estímulo à inovação e à produção nacional* para alavancar a competitividade da indústria nos mercados interno e externo. Possui como *driver* o aumento da produtividade e competitividade das empresas, *através de inovação, tecnologia, empreendedorismo, cultura empreendedora e MPEs.*

6. Pintec – Pesquisa de Inovação 2011 – IBGE (2013)

Trata da divulgação de resultados sobre o *status da inovação nas empresas brasileiras,* seguindo a metodologia do *Manual de Oslo* (2005). O documento não relaciona a inovação ao empreendedorismo.

7. Estratégia Nacional de Ciência, Tecnologia e Inovação (ENCTI) 2012-2015 - Balanço das Atividades Estruturantes (2012)

A ENCTI abrange a ampliação da participação empresarial nos esforços tecnológicos do país, com vistas ao aumento da competitividade nos mercados nacional e internacional articulada com outras políticas de Estado. Dentre seus objetivos, destacamos:

1) ampliação dos recursos destinados ao desenvolvimento da base científica nacional e a inovação tecnológica nos mercados nacional e internacional, onde aparece como uma das estratégias associadas: priorizar o *fortalecimento da parceria com o Sebrae, com vistas a fomentar a P&D+I nas MPEs,* "as quais possuem grande potencial e necessitam de novos incentivos fiscais, financiamento e apoio, além de extensão tecnológica";

2) ampliação dos recursos destinados ao desenvolvimento da base científica nacional e a inovação tecnológica, onde consta a estratégia de *aperfeiçoamento do marco legal da inovação, com especial atenção aos incentivos a P&D+I para MPEs*; e

3) ampliação do capital humano capacitado para atender as demandas por pesquisa, desenvolvimento e inovação em áreas estratégicas para o desenvolvimento sustentável do país. Aqui verifica-se como uma das estratégias associadas, a *criação de programas de capacitação de recursos humanos em gestão da inovação.*

8. Estatísticas de Empreendedorismo 2013 – IBGE (2015)

O documento trata da contextualização do tema empreendedorismo, explicando a sua relevância. No universo das empresas, são utilizadas as *empresas de alto crescimento (EACs) como objeto de estudo.* O IBGE justifica esse foco com a declaração da relevância dessas empresas no crescimento econômico, principalmente na criação de empregos. *O conceito de EACs foi utilizado como uma aproximação do termo empreendedorismo.*

9. Proposta de Teses e Diretrizes para a Política Nacional de Empreendedorismo e Negócios (PNEN)

Disponibilizado para consulta pública de 12 de julho a 10 de outubro de 2012, o documento executivo apresenta os resultados do projeto de construção de teses e diretrizes preliminares para o delineamento de uma *política nacional de estímulo ao empreendedorismo* por meio de um conjunto de ações de sensibilização, mobilização e estímulo ao debate entre as partes diretamente interessadas – governo, empresariado, academia e sociedade civil.

10. Decreto n. 8.538, de 6 de outubro de 2015

Regulamenta o *tratamento favorecido, diferenciado e simplificado para as MPEs, [...] microempreendedores individuais* e [...] no âmbito da administração pública federal.

4.5 Módulos de pesquisa e associação dos documentos.

4.5.1 Módulos de pesquisa

São os subtemas norteadores da pesquisa, iniciada pela pesquisa dos documentos públicos. A seleção dos quatro módulos (Quadro 13) foi feita com base em sua relevância em cima do documento intitulado "Proposta de Teses e Diretrizes para a Política Nacional de Empreendedorismo e Negócios" (ANEXO I), produzido e disponibilizado para consulta pública, sob a responsabilidade do MDIC. A ele foi atribuído o papel de documento base, por expressar a vontade estatal acerca da política de empreendedorismo de forma direta e consistente. A esta lista, foi incorporado o módulo "política industrial", que curiosamente não está compreendido nesse documento base, tendo em vista o contexto do objeto de estudo, política de empreendedorismo.

Quadro 13 – Módulos de pesquisa

Nº	Subtemas / Módulos
1	Empreendedorismo
2	Microempresas e empresas de pequeno porte (MPEs)
3	Política industrial
4	Inovação

Fonte: elaboração do autor.

4.5.2 Documentos associados aos módulos de pesquisa

A seleção foi elaborada a partir dos principais documentos oficiais produzidos pelos atores no período de estudo e sua associação foi realizada considerando os assuntos contidos em cada um e o seu relacionamento com os módulos selecionados.

Módulo 1 – Empreendedorismo

1. Plano Plurianual (PPA) 2000-2003
2. Lei n. 11.080, de 30 de dezembro de 2004 – ABDI
3. Decreto n. 5.353, de 24 de janeiro de 2005
4. Plano de Ação em Ciência, Tecnologia e Inovação (PACTI) 2007-2010
5. Projeto de Lei n. 1.673, de 21 de julho de 2011 – Câmara dos Deputados
6. Planejamento Estratégico Integrado do Sistema MDIC 2011-2014 (2011)
7. Proposta de Teses e Diretrizes para a Política Nacional de Empreendedorismo e Negócios
8. Projeto de Lei n. 4.182, de 11 de julho de 2012 – Câmara dos Deputados
9. Estatísticas de Empreendedorismo 2013 – IBGE (2015)
10. Projeto de Lei n. 545/2015, de 3 de março de 2015 – Câmara dos Deputados

Módulo 2 – Microempresas e empresas de pequeno porte

1. Constituição Federal do Brasil 1988
2. Plano Plurianual (PPA) 2000-2003
3. Lei n. 10.973, de 2 de dezembro de 2004 – Lei da Inovação
4. Lei Complementar n. 123, de 14 de dezembro de 2006
5. Lei Complementar n. 147, de 7 de agosto de 2014
6. Plano Brasil Maior (PBM) 2011-2014
7. Planejamento Estratégico Integrado do Sistema MDIC 2011-2014 (2011)
8. Política de Desenvolvimento Produtivo (PDP) - MDIC
9. Estratégia Nacional de Ciência, Tecnologia e Inovação (ENCTI) 2012-2015 – Balanço das Atividades Estruturantes (2012)
10. Lei n. 12.792, de 28 de março de 2013 – Secretaria da Micro e Pequena Empresa – SEMPE
11. Decreto n. 8.538, de 6 de outubro de 2015
12. Requerimento n. 541, de 11 de fevereiro de 2015 – Câmara dos Deputados

Módulo 3 – Política industrial

1. Lei n. 11.080, de 30 de dezembro de 2004 – ABDI
2. Decreto n. 5.353, de 24 de janeiro de 2005
3. Plano Brasil Maior (PBM) 2011-2014
4. Política de Desenvolvimento Produtivo (PDP) – MDIC
5. Planejamento Estratégico Integrado do Sistema MDIC 2011-2014 (2011)

Módulo 4 – Inovação

1. Lei n. 10.973, de 2 de dezembro de 2004 – Lei da Inovação
2. Lei n. 11.196, de 21 de novembro de 2005 – Lei do Bem
3. Plano de Ação em Ciência, Tecnologia e Inovação (PACTI) 2007-2010
4. Plano Brasil Maior (PBM) 2011-2014
5. Planejamento Estratégico Integrado do Sistema MDIC 2011-2014 (2011)

6. Política de Desenvolvimento Produtivo (PDP) – MDIC

7. Estratégia Nacional de Ciência, Tecnologia e Inovação (ENCTI) 2012-2015 – Balanço das Atividades Estruturantes (2012)

8. Pintec – Pesquisa de Inovação 2011 – IBGE (2013)

4.6 Código de análise documental

O código de análise documental foi construído de forma a estabelecer categorias e as crenças políticas identificadas e potencialmente aplicáveis de uma forma ampla às políticas de empreendedorismo, considerando a metodologia recomendada pelo QCD. Assim, as categorias e crenças identificadas são fruto da análise dos documentos públicos disponibilizados e utilizados.

Para compor o Núcleo Duro, foram configuradas duas categorias de crença: (i = ND1) visão do Estado e (ii = ND2) percepção do conhecimento como valor, divididas em três crenças, que encontram-se estabelecidas no Quadro 14. As crenças integrantes deste núcleo não estão limitadas à política de empreendedorismo.

Quadro 14 – Código de Análise Documental – Núcleo Duro

NÚCLEO DURO	
Categoria	**Crenças**
ND1 – Visão essencial do Estado	ND1.1 – O Estado é responsável pelas ações e programas visando o desenvolvimento econômico. ND1.2 – O Estado e a iniciativa privada são igualmente responsáveis pelo desenvolvimento econômico.
ND2 – Percepção do conhecimento como valor	ND2.1 – O conhecimento é base para o aproveitamento dos programas e ações direcionados pelo Estado.

Fonte: elaboração do autor.

Já o Núcleo Político compreende seis categorias: (i = NP1) conceito de empreendedorismo, (ii = NP2) empreendedorismo como ferramenta de desenvolvimento econômico, (iii = NP3) empreendedorismo como ferramenta de política industrial, (iv = NP4) MPEs no desenvolvimento econômico e/ou na política industrial, (v = NP5) vinculação do empreendedorismo à inovação e (vi = NP6) inovação no desenvolvimento econômico e/ou na política industrial. Essas categorias foram, por sua vez, subdivididas em 17 crenças, como apresentado no Quadro 15.

Quadro 15 – Código de Análise Documental – Núcleo Político

NÚCLEO POLÍTICO	
Categoria	**Crenças**
NP1 – Conceito de empreendedorismo	NP1.1 – Empreendedorismo está associado às MPEs, sendo entendidos como a mesma coisa. NP1.2 – O conceito de empreendedorismo é distinto do conceito de MPEs. NP1.3 – Considera as EACs conceitualmente associadas ao empreendedorismo.
NP2 – Empreendedorismo como ferramenta de desenvolvimento econômico	NP2.1 – O empreendedorismo possui participação relevante. NP2.2 – Reconhece a falta de uma política nacional de estímulo e apoio ao empreendedorismo. NP2.3 – Reconhece a importância do empreendedorismo tecnológico e de alto impacto.
NP3 – Empreendedorismo como ferramenta de política industrial	NP3.1 – O empreendedorismo possui participação relevante. NP3.2 – Reconhece a falta de uma política nacional de estímulo e apoio ao empreendedorismo. NP3.3 – Reconhece a importância do empreendedorismo tecnológico e de alto impacto.
NP4 – MPEs no desenvolvimento econômico e/ou na política industrial	NP4.1 – As MPEs são importantes nesse contexto. NP4.2 – As MPEs devem ter tratamento diferenciado (financeiro e/ou fiscal e/ou jurídico). NP4.3 – Entre as MPEs, as inovadoras e/ou de base tecnológica são mais importantes nesse contexto. NP4.4 – Devem ser direcionados programas de incentivo à inovação e ao desenvolvimento tecnológico nas MPEs. NP4.5 – Devem ser direcionados programas de capacitação às MPEs.
NP5 – Vinculação do empreendedorismo à inovação	NP5.1 – Empreendedorismo e inovação são temas associados. NP5.2 – Não há associação entre empreendedorismo e inovação.

Continuação

NP6 – Inovação no desenvolvimento econômico e/ou na política industrial	NP6.1 – Entendido como fundamental.

Fonte: elaboração do autor.

Com relação aos Aspectos Secundários ou Instrumentais, foram selecionadas três categorias de crença: (i = AS1) percepção do conhecimento como valor para o desenvolvimento do empreendedorismo, (ii = AS2) principais tipos de instrumentos de política de empreendedorismo e (iii = AS3) importância das EACs, representadas por 5 crenças, como demonstrado no Quadro 16.

Quadro 16 – Código de Análise Documental – Aspectos Secundários ou Instrumentais

ASPECTOS SECUNDÁRIOS OU INSTRUMENTAIS	
Categoria	**Crenças**
AS1 – Percepção do conhecimento como valor para o desenvolvimento do empreendedorismo	AS1.1– Educação e capacitação são importantes para o desenvolvimento do empreendedorismo.
AS2 – Principais tipos de instrumentos de política de empreendedorismo	AS2.1 – Apoio financeiro, sob seus vários aspectos. AS2.2 – Redução da burocracia e carga tributária. AS2.3 – Capacitação direcionada à identificação de oportunidades.
AS3 – Importância das EACs	AS3.1 – Entendidas como importantes no estudo do empreendedorismo.

Fonte: elaboração do autor.

4.7 Relações entre os atores e as crenças

As crenças são entendidas no modelo QCD como ideias comuns direcionadas ao campo da política estudada, compartilhadas por cada coalizão, utilizadas para trabalhar informações e negociar posições. O modelo recomenda que o sistema seja construído a partir da análise e caracterização das fontes documentais, como elaborado no Código de

Análise Documental. Assim, o sistema de crenças é produto da tabulação dos dados relativos aos documentos e dos posicionamentos dos atores em relação a cada um dos componentes e as respectivas crenças, como estruturado no Quadro 17. Note-se ser possível que alguns atores apresentem posições diferentes ao longo do sistema, o que é explicado pela diferença na característica (objetivos, por exemplo) dos documentos verificados, relacionados àqueles atores.

Quadro 17– Sistema de crenças

Documentos	Atores	Crenças
Constituição da República Federativa do Brasil 1988	Presidência da República	ND1.1 NP4.1 NP4.2
Plano Plurianual (PPA) 2000-2003	Presidência da República	ND1.1 NP1.1 NP4.1 NP4.5 AS1.1
Diretrizes da Política Industrial, Tecnológica e de Comércio Exterior (PITCE) - 2004	MDIC	ND1.1 NP6.1
Lei n. 10.973, de 02 de dezembro de 2004 - Lei da Inovação	Presidência da República MCTI	ND1.1 NP4.4 NP6.1
Lei n. 11.080, de 30 de dezembro de 2004 - ABDI	Presidência da República MDIC	ND1.1 NP3.1
Decreto n. 5.353, de 24 de janeiro de 2005 - ABDI	Presidência da República MDIC	ND1.1 NP2.1 NP5.2 AS2.1
Lei n. 11.196, de 21 de novembro de 2005 - Lei do Bem	Presidência da República MCTI	ND1.1 NP6.1
Lei Complementar n. 123, de 14 de dezembro de 2006	Presidência da República	ND1.1 NP4.1 NP4.2

Continuação

Plano de Ação em Ciência, Tecnologia & Inovação (PACTI) - 2007-2010	MCTI	ND1.1 ND2.1 NP3.3 NP5.1 AS1.1
Lei Complementar n. 147, de 7 de agosto de 2014	Presidência da República	ND1.1 NP4.1 NP4.2
Plano Brasil Maior (PBM) - 2011 - 2014	Presidência da República	ND1.1 NP4.1 NP4.2 NP4.3 NP6.1
Política de Desenvolvimento Produtivo (PDP)	MDIC	ND1.1 ND2.1 NP4.1 NP4.4 NP6.1 AS1.1
Estratégia Nacional de Ciência, Tecnologia e Inovação (ENCTI) - Balanço das atividades estruturantes - 2012	MCTI	ND2.1 NP4.3 NP4.4 NP4.5
Estatísticas de Empreendedorismo 2013	IBGE Endeavor Brasil	ND2.1 NP1.3 AS3.1
Pintec - Pesquisa de Inovação 2011	IBGE	NP5.2 NP6.1
Lei n. 12.792, de 28 de março de 2013 - Sempe	Presidência da República	ND1.1 NP1.1 NP4.1 AS1.1 AS2.3
Lei n. 13.005, de 25 de junho de 2014 - Plano Nacional de Educação - PNE	Presidência da República	ND1.1 NP2.2

Continuação

Decreto n. 8.538, de 6 de outubro de 2015	Presidência da República Sempe	ND1.1 NP1.1 NP4.2
Projeto de Lei n. 1.673, de 21 de julho de 2011	Câmara dos Deputados	ND1.1 ND2.1 NP1.2 NP2.1 AS1.1
Planejamento Estratégico Integrado do Sistema MDIC 2011-2014 (2011)	MDIC	ND1.2 ND2.1 NP1.1 NP2.1 NP3.1 NP4.1 NP4.4 NP6.1 AS1.1
Proposta de Teses e Diretrizes para a Política Nacional de Empreendedorismo e Negócios – PNEN	MDIC Frente Parlamentar Mista da MPE do Congresso Nacional Sempe Sebrae Conaje Comicro	ND1.1 NP1.1 NP2.1 NP2.3 NP2.4 NP3.2 NP3.3 NP4.1 NP4.4 NP4.5 NP6.1 AS1.1 AS2.1
Projeto de Lei n. 4.182, de 11 de julho de 2012	Câmara dos Deputados	ND1.1 ND2.1 NP1.2 NP2.1 AS1.1

Continuação

Requerimento n. 541, de 11 de fevereiro de 2015	Câmara dos Deputados	ND1.1 NP1.1 NP3.2 NP4.1 AS1.1
Declaração de missão, projetos, programas e ações	Sebrae	ND1.1 ND2.1 NP1.1 NP2.1 NP2.4 NP4.1 NP4.2 NP4.4 NP4.5
Declaração de missão, projetos, programas e ações	Conaje	ND1.2 ND2.1 NP1.1 NP2.1 NP3.1 NP4.1 NP4.2 NP4.4 NP5.1 NP6.1
Resoluções e normas diversas	Ministério da Fazenda	ND1.1 NP1.1 NP6.1 NP4.1 NP4.2
Declaração de missão, projetos, programas e ações	BNDES	ND1.1 NP1.1 NP2.1 NP3.1 NP4.2 NP6.1 AS2.1

Continuação

Declaração de missão, projetos, programas e ações	Finep	ND1.1 NP1.1 NP2.1 NP4.1 NP4.3 NP4.4 NP6.1

Fonte: elaboração do autor.

A seguir, discute-se os resultados do processo de codificação, segundo os atores selecionados para estudo. As informações foram analisadas de forma a clarificar o conjunto de crenças de cada um deles e estabelecer sua evolução ao longo das três fases estudadas no período. Assim, a análise passa a trabalhar exclusivamente com as crenças do núcleo duro e do núcleo político, em razão de se apresentarem como determinantes da formação das coalizões. E entre as crenças contidas nesses núcleos, as políticas são mais relevantes, tendo em vista que as crenças do núcleo duro são extremamente difíceis de modificação, em razão das suas características. Os resultados do processo de codificação estão apresentados nos Quadros 18 e 19, discutidos a seguir.

Núcleo duro

Quadro 18 – Resultados do processo de codificação – Núcleo duro

Categorias	Crenças	Atores
ND1 – Visão essencial do Estado	ND1.1	Presidência da República / MDIC / MCTI / Câmara dos Deputados / Frente Parlamentar Mista da MPE do Congresso Nacional / Sempe / Sebrae / Conaje / Comicro / Min. Fazenda / BNDES / Finep
	ND1.2	MDIC / CONAJE
ND2 - Percepção do conhecimento como valor	ND2.1	Presidência da República / MDIC / MCTI / IBGE / ABStartups / Câmara dos Deputados / Sempe

Fonte: elaboração do autor.

Núcleo político

Quadro 19 - Resultados do processo de codificação - Núcleo político

Categorias	Crenças	Atores
NP1 - Conceito de empreendedorismo	NP1.1	Presidência da República / Sempe / MDIC / Frente Parlamentar Mista da MPE do Congresso Nacional / Sebrae / Conaje / Comicro / Min. Fazenda / BNDES / Finep
	NP1.2	Câmara dos Deputados
	NP1.3	IBGE / Endeavor Brasil
NP2 - Empreendedorismo como ferramenta de desenvolvimento econômico	NP2.1	Presidência da República / MDIC / Câmara dos Deputados / Frente Parlamentar Mista da MPE do Congresso Nacional / Sempe / Sebrae / Conaje / Comicro / BNDES / Finep
	NP2.2	Presidência da República / MDIC
	NP2.3	MDIC / Câmara dos Deputados / Frente Parlamentar Mista da MPE do Congresso Nacional / Sempe / Sebrae / Conaje / Comicro
NP3 - Empreendedorismo como ferramenta de política industrial	NP3.1	Presidência da República / MDIC / Conaje / BNDES
	NP3.2	MDIC / Câmara dos Deputados / Frente Parlamentar Mista da MPE do Congresso Nacional / Sempe / Sebrae / Conaje / Comicro
	NP3.3	MDIC / Câmara dos Deputados / Frente Parlamentar Mista da MPE do Congresso Nacional / Sempe / Sebrae / Conaje / Comicro

Continuação

NP4 – MPEs no desenvolvimento econômico e/ou na política industrial	NP4.1	Presidência da República / MDIC / Frente Parlamentar Mista da MPE do Congresso Nacional / Sempe / Sebrae / Conaje / Comicro / Câmara dos Deputados / Min. Fazenda / Finep
	NP4.2	Presidência da República / Sempe / Sebrae / Conaje / Min. Fazenda / BNDES
	NP4.3	Presidência da República / MCTI / Finep
	NP4.4	Presidência da República / MCTI / MDIC / Frente Parlamentar Mista da MPE do Congresso Nacional / Sempe / Sebrae / Conaje / Comicro / Finep
	NP4.5	Presidência da República / MCTI / MDIC / Frente Parlamentar Mista da MPE do Congresso Nacional / Sempe / Sebrae / Conaje / Comicro
	NP4.6	Câmara dos Deputados
NP5 – Vinculação do empreendedorismo à inovação	NP5.1	MCTI / Conaje
	NP5.2	Presidência da República / MDI
NP6 – Inovação no desenvolvimento econômico e/ou na política industrial	NP6.1	Presidência da República / MCTI / MDIC / IBGE / Frente Parlamentar Mista da MPE do Congresso Nacional / Sempe / Sebrae / Conaje / Comicro / Min. Fazenda / BNDES / Finep

Fonte: elaboração do autor.

4.7.1 Resultados do processo de codificação

Núcleo duro

A sua primeira categoria diz respeito à visão essencial do Estado, pelos atores. Verifica-se que o entendimento de que cabe exclusivamente ao Estado a responsabilidade pela elaboração das políticas e o desenvolvimento dos respectivos programas e ações é consenso geral (ND1.1). A exceção (ND1.2) fica por conta do MDIC e do Conaje, que embora façam parte desse consenso, defendem que a participação da iniciativa privada é fundamental para o desenvolvimento de determinadas políticas.

A percepção do conhecimento como valor fundamental para o resultado das políticas propostas é a crença representante da segunda categoria deste núcleo (ND2.1), para a qual não foi observado nenhum posicionamento negativo, embora isto não esteja explícito por todos os atores.

Núcleo político

A análise do núcleo político traz os componentes a partir dos quais foram delimitadas as coalizões. Diferentemente da análise do núcleo duro, o foco dos posicionamentos analisados nesse núcleo é essencialmente relacionado ao subsistema em estudo.

A primeira categoria desse núcleo diz respeito ao conceito de empreendedorismo. Ela foi dividida em três crenças: uma (NP1.1) refere-se ao entendimento de que o empreendedorismo está associado às MPEs; na segunda crença (NP1.2), esses conceitos são distintos, ou seja, empreendedorismo é uma coisa e MPEs são outra coisa. E a terceira crença (NP1.3) considera que as EACs representam uma dimensão dentro do empreendedorismo. Foi observado que o conceito dominante (atores governamentais e não governamentais) é o de que empreendedorismo e MPEs representam a mesma coisa (NP1.1). Entretanto, um ator – Câmara dos Deputados – faz a distinção ao referir-se ao empreendedorismo e às MPEs de forma distinta, indicando a sua percepção diferenciada (NP1.2). E o IBGE, juntamente com o Endeavor Brasil, entende que as EACs encontram-se inseridas no conceito de empreendedorismo (NP1.3).

O segundo conjunto de crenças do núcleo político está relacionado ao empreendedorismo como ferramenta de desenvolvimento econômico. Nesse aspecto, todos os posicionamentos convergem para o entendimento de que ele possui participação relevante nesse contexto, devendo ser utilizado como um meio para a condução de políticas em direção ao desenvolvimento econômico (NP2.1). E adicionalmente, considerando a importância que dão ao tema, dois atores – a Presidência da República e o MDIC – reconhecem a falta de uma política nacional de estímulo e apoio ao empreendedorismo (NP2.2). Atores como o MDIC, a Câmara dos

Deputados, a Frente Parlamentar Mista da MPE do Congresso Nacional, a Sempe, o Sebrae, a Conaje e a Comicro reconhecem também a importância do empreendedorismo tecnológico, às vezes referido como de alto impacto (NP2.3).

A terceira categoria deste núcleo foi estabelecida com as mesmas crenças, diferenciando-se apenas no foco: direciona o entendimento do empreendedorismo como ferramenta de política industrial. Com esta ótica (NP3.1), reduz o número de atores com esse entendimento: Presidência da República, MDIC, Conaje e BNDES. Observe-se que esses atores também entendem o empreendedorismo nas duas direções (ferramenta de desenvolvimento econômico e de política industrial). Com exceção do BNDES, reconhecem também a falta de uma política nacional nessa direção (NP3.2) e também a importância do empreendedorismo tecnológico (NP3.3).

A quarta categoria refere-se às crenças relativas às MPEs como partícipes no desenvolvimento econômico e/ou na política industrial. A Presidência da República, MDIC, Frente Parlamentar Mista da MPE do Congresso Nacional, Sempe, Sebrae, Conaje, Comicro, Câmara dos Deputados, Ministério da Fazenda e a Finep são os atores que demonstram essa importância (NP4.1). Desses, a Presidência da República, a Sempe, o Sebrae, o Conaje, o Ministério da Fazenda e o BNDES defendem que as MPEs devem ter tratamento financeiro e/ou fiscal e/ou jurídico diferenciado (NP4.2). Alguns atores, como a Presidência da República, o MCTI e a Finep assumem que as MPEs inovadoras e/ou de base tecnológica são as mais importantes (NP4.3). Direcionamento de programas de incentivo à inovação e ao desenvolvimento tecnológico nas MPEs são importantes, para atores como Presidência da República, Congresso Nacional, MCTI, MDIC, Frente Parlamentar Mista da MPE do Congresso Nacional, Sempe, Sebrae, Conaje, Comicro e Finep (NP4.4). Esses autores, com exceção da Finep, também defendem o direcionamento de programas de capacitação para as MPEs (NP4.5).

O quinto conjunto de crenças trata da vinculação do empreendedorismo à inovação. Nessa direção, o MCTI e o Conaje entendem que o empreendedorismo e a inovação são temas associados, ou seja, não há como se falar em empreendedorismo sem referir-se à inovação (NP5.1). Diferentemente, a Presidência da República e o MDIC não fazem essa associação (NP5.2).

Por fim, a sexta e última categoria de crenças do núcleo político diz respeito ao entendimento sobre a participação da inovação no desenvolvimento econômico e/ou na política industrial. Apenas uma crença foi identificada, segundo a qual essa participação é fundamental. Essa crença é compartilhada em consenso pela Presidência da República, MCTI, MDIC, IBGE, Frente Parlamentar Mista da MPE do Congresso Nacional, Sempe, Sebrae, Conaje, Comicro, Ministério da Fazenda, BNDES e pela Finep.

4.7.2 Considerações sobre atores e crenças

A análise a seguir estabelece bases para o encaminhamento da definição das coalizões, ao agrupar as crenças identificadas (expressamente indicadas) aos respectivos grupos de atores. Nessa direção, ela se atém aos pontos principais relativos ao subsistema, no sentido de observar os posicionamentos dos atores, relacionando-os com o escopo do estudo apresentado neste livro.

4.7.2.1 *Atores governamentais*

Com exceção da Sempe, CNDI e IBGE, todos os atores governamentais atuaram durante as três fases do período em estudo. Das três instituições excetuadas, a Sempe só participou entre 2012 e 2015 e as demais não estiveram presentes apenas entre 1995 e 2002. Essas não participações apontadas devem-se ao fato de que, naquelas fases, as instituições ainda não haviam sido criadas.

A importância do empreendedorismo e das MPEs como ferramentas de desenvolvimento econômico é um reconhecimento geral por todos os atores governamentais, cuja associação sempre esteve presente em suas posturas. Sobre esses dois temas, verifica-se que a Presidência da República (PR) sempre foi o ator preponderante, desde a Constituição da República de 1988, a qual prevê o tratamento diferenciado para as MPEs, entretanto, sem referência ao empreendedorismo. Essa importância também é verificada desde o lançamento do Plano Plurianual (2000) e até o final do período estudado. A ênfase à inovação e a sua interlocução com as MPEs é verificada a partir de 2004, com a Lei da Inovação, protagonizada pela PR e o MCTI.

Relativamente ao problema norteador da presente tese, é possível que outros atores também o considerem, porém só foram identificados dois firmes posicionamentos que acreditam no empreendedorismo como parte integrante de atividades ligadas ao desenvolvimento industrial. Nessa direção estão o Decreto n. 5.353/2005 (primeiro documento onde consta essa posição), que teve a participação da PR e do CNDI. Também o MDIC, em 2011, dentre outras "ferramentas", como a inovação e a tecnologia, incorpora o empreendedorismo e a cultura empreendedora às atividades relativas à política industrial.

Assim, aqui é possível a validação da primeira hipótese utilizada no estudo[115], na medida em que, claramente, empreendedorismo e MPEs são entendidas da mesma forma, ou seja, fazem parte do mesmo conceito. Deve-se observar, entretanto, que a Câmara dos Deputados, através do registro da Frente Parlamentar Mista da Micro e Pequena Empresa (Requerimento n. 541, de 11/02/2015) parece referir-se às MPEs e ao empreendedorismo de forma distinta. Uma política global e efetiva de empreendedorismo só foi identificada em 2012, cujos atores principais são a PR e o MDIC. E a análise dos posicionamentos desses atores, entretanto, não valida a segunda hipótese[116], na medida em que eles apresentam a proposição - ainda não implementada - de uma política de empreendedorismo, embora esse tema seja tratado em conjunto com MPEs.

Outro ponto observado merece registro: a postura do IBGE em 2015, na pesquisa realizada com EACs, na qual as aproxima do termo empreendedorismo. Essa posição irá contribuir para um melhor entendimento da primeira hipótese.

4.7.2.2 *Atores não governamentais*

Dentre esses atores, merece destaque o Sebrae, presente em todas as fases do período de estudo. A instituição, como já citado, é a principal parceira do governo para o desenvolvimento de atividades voltadas

115. H1: os atores envolvidos não possuem as capacidades cognitivas necessárias para modelar uma política global de empreendedorismo, devido a um viés conceitual sobre o tema.

116. H2: o arranjo institucional da política de desenvolvimento brasileiro, centrado na política industrial, a despeito da sua recente ênfase na inovação, não é propenso à adoção de uma orientação central para o empreendedorismo.

ao empreendedorismo, o qual, corroborando com o conceito estatal, entende como a criação de novos e pequenos negócios. Cabe destacar que o Sebrae já instituiu um direcionamento de "empreendedorismo inovador" ou de "alto impacto", vinculado – e sempre associado às MPEs – à importância da inovação.

Por parte dos demais atores não governamentais, também é visível o entendimento do empreendedorismo relacionado às MPEs. Merecem destaque os posicionamentos de três atores não governamentais: a Endeavor Brasil, parceira do IBGE na pesquisa denominada "Estatísticas de Empreendedorismo" (2015), relativamente à associação das EACs ao empreendedorismo; a ABDI, com sua postura sobre a importância do empreendedorismo na política industrial, ambas já citadas, e a Conaje, participante dos fóruns do MDIC, onde posiciona o empreendedorismo como uma ferramenta para o desenvolvimento industrial.

4.8 Definição das coalizões

Como discutido no capítulo 1, a definição das coalizões potencialmente existentes é parte essencial dos resultados de pesquisa com a utilização do QCD. Após percorrer as várias etapas que compõem o modelo, verifica-se que os atores que operam no subsistema em estudo não apresentam grandes e complexas variações de crenças, além de não demonstrarem oposições claras de discordância, expressando tão somente as suas preferências em relação ao que acreditam, ou seja, às suas crenças. Essas características facilitam, de certa forma, a definição das coalizões nesse subsistema, que também não apresenta grande complexidade para entendimento. Então, de acordo com as análises realizadas em relação às crenças identificadas, foram verificados e agrupados os posicionamentos dos atores e definidas as coalizões, inseridas nos quatro módulos de aplicação do modelo (capítulo 4, Seção 4.5).

Assim, tendo em vista a questão central e o objetivo deste estudo, e considerando as principais crenças que norteiam os diversos atores, foram identificadas e nomeadas três coalizões. A nomeação tem por objetivo identificar e caracterizar melhor cada coalizão. E, neste ponto, a análise realizada se afastou do previsto pelo QCD, na medida em que não analisou o aspecto "estabilidade" das coalizões. Isto porque, para análise das proposições e consequente definição das coalizões, foram consideradas as variáveis mais relevantes, de acordo com a temática referenciada.

4.8.1 Coalizão A - "Pró-empreendedorismo"

Essa coalizão é formada pelos atores que entendem a importância do empreendedorismo como ferramenta de desenvolvimento econômico e, particularmente, a oportunidade de associá-lo à política industrial. Para esses atores, é preciso que seja criada uma política específica, que trate do tema de forma objetiva, utilizando-o efetivamente para aquele fim. Nota-se, entretanto, que os atores desta coalizão entendem conceitualmente o empreendedorismo como associado às MPEs. Os atores que capitaneiam esta coalizão são a PR, o MDIC, a CNI, a ABDI e a Conaje. O QCD considera que o presidente é um dos atores mais influentes no processo de formação da agenda, em razão de manejar recursos[117] institucionais - em especial os poderes de veto e de nomeação de pessoas para cargos-chave do processo decisório. Por isso, esta coalizão pode ser entendida como a coalizão dominante, cuja principal característica é exatamente ter mais membros em posição de autoridade do que as coalizões minoritárias. Em parte, isso decorre do apoio da opinião pública, que elege representantes que defendem as ideias expostas pela coalizão dominante. Observa-se que o QCD preceitua que na maioria dos subsistemas haverá sempre uma coalizão dominante, que é mais bem-sucedida em traduzir suas metas em ações governamentais.

Com relação à estabilidade desta coalizão, é interessante notar que até 2012, a PR e o MDIC não haviam se manifestado acerca de uma política de empreendedorismo.

4.8.2 Coalizão B - "Continuidade"

Essa coalizão, apesar de considerar o empreendedorismo - também associado às MPEs - como fator de desenvolvimento econômico, não se manifesta sobre a necessidade de uma política específica relativa ao tema, da mesma forma que não considera o empreendedorismo na

117. Dentre os recursos relevantes identificados no QCD são os seguintes: autoridade legal para decisões em termos de políticas públicas; opinião pública; informação; recursos financeiros; tropas mobilizáveis; e liderança com habilidade.

política industrial. Por isso mesmo, é a que obteve menor foco analítico, tendo sempre em vista a temática trabalhada no livro. E como previsto pelo QCD, verifica-se que a PR também está presente nesta coalizão.

4.8.3 Coalizão C- "Empreendedorismo é mais"

Esta coalizão defende a importância do aprofundamento do estudo das EACs no âmbito do empreendedorismo e apresenta-se hoje como a menor e politicamente mais fraca, por duas razões: primeiro, por ser formada apenas pelo IBGE e pela Endeavor Brasil; segundo, por ser possuidora de poucos recursos. Cabe observar, no entanto, que em acordo com o modelo teórico, a informação técnica e científica, em regra, desempenha um papel importante na conformação das crenças dos atores do subsistema. A lógica dessa observação é a seguinte: o documento introdutório para o entendimento da sua formação é bastante recente (2015) e assim, com base no conceito de aprendizado entre as coalizões, é perfeitamente possível que alguns atores migrem para esta coalizão, no tempo. Esta possibilidade poderá se dar com a continuidade e aprofundamento das pesquisas e a disseminação de seus resultados.

Este capítulo apresentou a aplicação do QCD, percorrendo as etapas previstas no modelo, iniciando pelo estabelecimento do subsistema político a ser estudado, base para todo o procedimento. Foram identificados os atores e os documentos a serem analisados, de acordo com o período definido, com a caracterização, posicionamentos e fatos marcantes dos governos representantes de cada fase do período. O estabelecimento dos sistemas de crenças levou à identificação das coalizões. No próximo capítulo, apresenta-se a discussão dos resultados.

5 Discussão dos resultados

Este capítulo apresenta e discute os resultados obtidos na pesquisa. Inicia com a análise e conclusões sobre as hipóteses do QCD selecionadas e na sequência, traz ao debate as hipóteses específicas sugeridas no estudo, definidas para compor a explicação da problemática declarada.

Com base nos resultados obtidos pela aplicação do QCD (capítulo 4), passa-se à análise das suas hipóteses. Dentre as treze hipóteses propostas pelo modelo (capítulo 1, Seção 1.4), foram selecionadas seis. Como resultado dessa análise, conforme visto a seguir, uma não obteve validação, sendo que cinco corroboram as previsões do QCD, a partir de suas abordagens analíticas.

5.1 Hipóteses de coalizão

O QCD define seis hipóteses nesse conjunto, relativas à estrutura das coalizões de defesa, dentre as quais foi analisada a hipótese categorizada como 'Alinhamento espacial', que se refere à *hipótese n. 1 do QCD.*

5.1.1 'Alinhamento espacial'

A hipótese prevê que no âmbito de um subsistema de política maduro, "o alinhamento dos aliados e oponentes em relação às controvérsias que envolvem crenças centrais (*core beliefs*) tende a ser consideravelmente estável ao longo de uma década ou mais". Sua dimensão analítica abrange o período de 1995-2015. Aborda prováveis influências nas políticas públicas de empreendedorismo em razão da existência de ideologias políticas diferenciadas entre os governos no referido período, o que permite observar o efeito do aprendizado no arranjo institucional.

Embora tenham existido ideologias políticas diferentes no período em estudo (o governo presente na primeira fase do período possuía ideologias diferentes dos demais), o alinhamento foi demonstrado pela estabilidade política no subsistema. Entretanto, a análise desta hipótese não resultou em dados que levem à sua validação, tendo em vista que (i) não é possível considerar o subsistema político em questão como "maduro", pois os estudos sobre o tema ainda são relativamente recentes e (ii) não foram identificadas controvérsias envolvendo crenças centrais (*core beliefs*), *vis à vis* as definidas na aplicação do QCD e a abordagem da hipótese pelo modelo. As diferentes direções, são apresentadas, pelas coalizões, nas crenças relativas ao núcleo político e aos aspectos secundários. Cabe a explicação de que a seleção da hipótese foi naturalmente realizada antes do desenvolvimento das demais etapas previstas na aplicação do QCD.

5.2 Hipóteses de mudança

Esse conjunto, formado por duas hipóteses, diz respeito às possibilidades de mudanças na política pública. Entre as duas, foi analisada a hipótese categorizada como 'Perturbações externas', que representa a *hipótese n. 8 do QCD.*

5.2.1 'Perturbações externas'

A análise dessa hipótese tem por objetivo verificar se perturbações significativas externas ao subsistema constituem causa de mudança nos atributos fundamentais de um programa governamental. No caso em estudo, verifica-se que as perturbações externas ao subsistema mais significativas dizem respeito exatamente às mudanças em coalizões governantes e mudanças nas condições socioeconômicas. Identificamos evidências que nos levaram a validar esta hipótese.

A primeira evidência desponta no governo FHC. Com a sua ascensão, várias reformas institucionais foram realizadas e, através do Plano Real, conseguiu-se a estabilização monetária. Essa estabilização proporcionou bases para o desenvolvimento do Plano Plurianual, cujo objetivo era a reforma do modelo econômico, a fim de reduzir a vulnerabilidade interna e gerar maior crescimento. Verifica-se que, entre outros direcionamentos, essa política (que foi seriamente prejudicada pela crise cambial que se instalou internacionalmente) previa o incentivo e fortalecimento das MPEs, com o desenvolvimento da capacidade empreendedora.

A segunda evidência refere-se ao governo Lula. Como discutido no capítulo 3, Seção 3.2, alguns programas constantes da "nova política industrial brasileira" e facilitados pelo crescimento da economia mundial consideravam também o empreendedorismo (pelo menos assim declarado) e as MPEs. Entretanto, vários programas tiveram suas implementações e consequentes resultados impactados pela crise econômica de 2008-2009, fazendo com que "medidas de defesa" viessem prejudicar o controle da inflação, o que permaneceu até o final do governo.

O início do governo de Dilma Rousseff oferece a última evidência para a validação desta hipótese do QCD. Embora tenha sido engendrado no governo anterior e até hoje não se tenha notícias sobre a sua tramitação, foi apresentada em 2012 a intenção oficial do governo, no que diz respeito a uma "política de empreendedorismo"[118].

Adicionalmente, esta hipótese foi utilizada na tentativa de identificar evidências que pudessem levar à validação da hipótese auxiliar sugerida no estudo[119]. E embora possamos pensar na possibilidade dessa influência, não foi possível reunir elementos críveis que pudessem nos levar à sua validação.

5.3 Hipóteses de aprendizado

O QCD prevê cinco hipóteses relativas ao processo de aprendizado orientado a políticas públicas, ou seja, as possibilidades de aprendizado entre atores e coalizões. Nesse conjunto foram selecionadas quatro hipóteses para análise, representando as hipóteses 9, 10, 12 e 13 do QCD, cujo entendimento encontra-se alicerçado na Introdução e no capítulo 1, Seção 1.4.

5.3.1 'Probabilidade de aprendizado'

Esta hipótese diz respeito à *hipótese n. 9 do QCD*, cujo direcionamento defende a existência de maior probabilidade de aprendizado político entre sistemas de crenças quando há um nível intermediário de conflito informado entre as coalizões. Nessa situação, é provável que: (i) cada coalizão possua os recursos necessários para se engajar em tal debate; e (ii) o conflito seja entre aspectos instrumentais de um sistema de crenças e elementos do núcleo político (*policy core*) do outro ou,

118. Lançamento da "Proposta de Teses e Diretrizes para a Política Nacional de Empreendedorismo e Negócios".

119. A hipótese refere-se à possibilidade de a crise econômica global de 2008 ter influenciado a decisão do lançamento, em 2012, da "Proposta de Teses e Diretrizes para a Política Nacional de Empreendedorismo e Negócios".

alternativamente, entre importantes aspectos instrumentais dos dois sistemas de crenças. Assim, sua dimensão analítica visa estabelecer o nível de conflito existente entre coalizões formadas por órgãos não governo e o próprio governo, com base nas crenças identificadas.

Para a validação da hipótese, utilizou-se a seguinte fundamentação: a coalizão A (Pró-empreendedorismo) e a coalizão B (Continuidade) divergem no que diz respeito à política de empreendedorismo e ambas as coalizões possuem recursos suficientes para esse debate, tais como autoridade legal para decisões em termos de políticas públicas (a PR está presente nas duas coalizões) e recursos financeiros. O aparente conflito possui sua base nos aspectos secundários ou instrumentais, na medida em que ambas as coalizões concordam na crença principal (importância do empreendedorismo no desenvolvimento econômico), divergindo apenas no melhor aproveitamento do empreendedorismo na direção do desenvolvimento, ou seja, através de uma política específica.

Nessa situação, aspectos instrumentais da Coalizão Pró-Empreendedorismo conflitam com um elemento (crença) do núcleo político (empreendedorismo na política industrial). E assim, a partir do entendimento de que o aprendizado está relacionado a processos de difusão (interação entre pessoas participantes das coalizões) e convergência (expressão de mudanças subjacentes na estrutura econômica, social e política, como é o momento presente), o aprendizado é perfeitamente possível, o que corrobora a hipótese n. 9 do QCD. Um fato que também auxilia essa conclusão encontra-se nas discussões analíticas da hipótese oito do QCD, através das quais é possível aceitar ter havido aprendizado entre coalizões governantes, mais especificamente nas duas últimas fases do período em estudo (governos Lula e Dilma Rousseff).

5.3.2 'Problemas com dados quantitativos aceitáveis'

Essa abordagem, que se refere à *hipótese n. 10 do QCD,* defende que problemas em relação aos quais existem teorias e dados quantitativos aceitáveis são mais conducentes a aprendizado político entre sistemas de crenças do que aqueles em que a teoria e os dados são em geral qualitativos, muito subjetivos ou ausentes. Considerando que existem dados suficientes e aceitáveis por consenso sobre a importância do empreendedorismo, conforme discutido no capítulo 2, a sua dimensão analítica visa estabelecer as razões pelas quais o aprendizado político entre os sistemas de crenças parece ou não ter ocorrido.

Assim, considerando a lógica utilizada na discussão analítica da hipótese oito do QCD, é possível aceitar ter havido aprendizado entre coalizões governantes, mais especificamente nas duas últimas fases do período em estudo (governos Lula e Dilma Rousseff). E embora não seja possível afirmar, pode-se aceitar que esse aprendizado foi também influenciado pela existência dos dados quantitativos existentes, o que vem corroborar a hipótese 10 do QCD.

5.3.3 'Aprendizado político entre sistemas de crenças'

A abordagem dessa hipótese, correspondente à *hipótese n. 12 do QCD*, diz respeito à maior probabilidade de aprendizado político entre os sistemas de crenças, em razão da existência de um fórum que é (i) prestigiado o suficiente para motivar, profissionais de diferentes coalizões a participar; e (ii) dominado por normas profissionais. A hipótese pode facilmente ser validada, tendo em vista que alguns órgãos, tais como MDIC, MCTI, Sempe e CNI, têm fóruns acreditados (oficiais e oficiosos), que reúnem profissionais e representantes de coalizões diferentes, envolvidos com o tema em debate, participantes do processo de aprendizado aceito na discussão da hipótese 8 do QCD.

5.3.4 'Importância da informação técnica'

A abordagem dessa *hipótese n. 13 do QCD* prevê que, mesmo quando a acumulação de informação técnica não altera a visão da coalizão oposta, ela pode ter importantes impactos na política – ao menos no curto prazo – pela alteração das visões dos agentes políticos (*policy brokers*) ou outros importantes agentes governamentais. Sua dimensão analítica diz respeito às razões pelas quais: (i) a ampla e acessível informação técnica não altera o posicionamento da coalizão com poder para influenciar mudança e (ii) nível de impacto causado à política.

No âmbito dessa análise, verifica-se, conforme discutido no Capítulo 2, a existência de ampla e acessível informação técnica. Pelo que percebemos, e no que diz respeito ao subsistema em estudo, pelo menos a intenção de mudança ocorreu, com a publicização da intenção de o governo implementar uma política de empreendedorismo. Observa-se que o posicionamento da coalizão politicamente mais forte – com maior poder para influenciar a mudança – foi alterado. Embora não seja possível afirmar que isso se deveu à disponibilidade das informações técnicas, é perfeitamente aceitável que elas foram parte importante do processo. Assim, essa hipótese pode ser validada.

5.3.5 Considerações finais

O que falta para que o Brasil tenha uma efetiva política de empreendedorismo? Esta foi a problemática objeto do estudo. A seguir, para resposta a esta pergunta, são trazidas à discussão as fundamentações relativas à construção e defesa das hipóteses sugeridas.

A justificativa para a identificação do problema remonta às variadas fontes literárias utilizadas e a sua construção lógica segue a seguinte linha: o aumento da produtividade das empresas leva ao crescimento econômico, aspecto mais relevante para o desenvolvimento, que por sua vez aumenta a competitividade. Embora exista algum debate acerca do assunto, a indústria é considerada o principal pilar nesse contexto. O empreendedorismo, que surgiu como um novo fenômeno da economia política é considerado cada vez mais - nacional e internacionalmente - um componente importante para o desenvolvimento econômico, o que leva naturalmente à pergunta que caracteriza o problema.

Por essa razão, o marco teórico adotado foi o da formação de agenda, representando a fase da política pública em que se insere a incorporação de uma política de empreendedorismo como uma ferramenta auxiliar ao desenvolvimento da política industrial. O modelo teórico-analítico utilizado - Quadro de Coalizões de Defesa - mostrou-se adequado, na medida em que, coerente com a sua estrutura conceitual, permitiu a explicação dos resultados das análises das hipóteses formuladas, que por sua vez nos levaram à resposta da sua pergunta estruturante.

No entanto, a partir da análise das suas hipóteses, foi identificado um possível obstáculo para a mais adequada absorção do aprendizado. Esse obstáculo diz respeito à dissonância cognitiva, representada pelo equívoco conceitual proposto como uma hipótese estrutural (os atores envolvidos não possuem as capacidades cognitivas necessárias para modelar uma política global de empreendedorismo, devido a um viés conceitual sobre o tema) e também apresentado no seu título (Por que o Brasil não tem uma política de empreendedorismo? Dissonância Cognitiva e o Quadro de Coalizões de Defesa).

Como explorado em profundidade no capítulo 3, o Brasil tem sofrido com a baixa produtividade e consequente competitividade. Como pano de fundo para essa baixa produtividade, temos em resumo a dificuldade no direcionamento de políticas, o custo de produção, a necessidade de grandes investimentos em logística, correções e ajustes regulatórios na política energética, carga tributária, falta de melhor qualificação da mão de obra, infraestrutura deficiente, inflação e juros em alta[120]. E ainda os efeitos decorrentes da crise de 2008, aliados aos erros verificados na gestão econômica do governo Dilma Rousseff, acentuaram os problemas de competitividade da indústria nacional, pressionando negativamente investimentos e outras ações voltadas ao controle da economia, que também continua levando à perda de competitividade da indústria de transformação brasileira, que ganhou mais espaço no debate após a crise, recolocando em pauta a discussão acerca da desindustrialização.

Duas hipóteses foram selecionadas para compor a explicação da questão norteadora do estudo. A primeira é que os atores envolvidos não possuem as capacidades cognitivas necessárias para modelar uma política global de empreendedorismo, devido a um viés conceitual sobre o tema. A aceitação dessa hipótese começa a se desenhar a partir dos resultados da aplicação do modelo teórico-analítico (QCD), demonstrando que o conceito entendido de empreendedorismo é idêntico ao que se pensa sobre as MPEs. Ou seja, para as coalizões de defesa representadas pelos atores operantes no subsistema de políticas públicas de empreendedorismo, este é entendido de forma análoga à criação e desenvolvimento de pequenos e novos negócios.

A importância econômica das MPEs é um fator de consenso entre todos os atores, haja vista que ao longo da última década e meia no Brasil, em geral, as iniciativas de política pública que implícita ou explicitamente se dizem voltadas ao empreendedorismo, são direcionadas para as MPEs em geral, que têm o Sebrae como a principal instituição paragovernamental desenvolvedora de atividades de promoção e apoio. E ainda, para fortalecer a percepção sobre a importância dada às MPEs, foi criada, em 28 de março de 2013, a Secretaria da Micro e Pequena Empre-

120. Apesar de que, em 19/10/2016 e pela primeira vez em quatro anos, o Comitê de Política Monetária (Copom) baixou os juros básicos da economia (taxa Selic), de 14,25 % para 14% ao ano, ocasião em que o Banco Central afirmou que adotará uma política de corte de juros 'moderada e gradual'. Mesmo assim, o Brasil segue na liderança do *ranking* mundial de juros reais.

sa (Sempe). Também em declaração recente (5/10/2016)[121], o presidente Michel Temer fez um reconhecimento público ao papel das MPEs na geração de empregos, chegando a classificá-las como "campeões nacionais do crescimento". Isso pode significar que o atual governo[122] seguirá – pelo menos no curto prazo – o entendimento dos governos anteriores. É óbvio que essa importância não é discutível, em razão da capacidade de absorção de mão de obra dessas empresas, embora mais da metade não possuam empregados (negócios individuais, em sua maior parte criados por necessidade) e, ainda assim, sejam responsáveis por 52% dos empregos no Brasil e 42% dos salários. Em tamanho, esse segmento representa quase 99% das empresas brasileiras, mas contribui com apenas 22% do PIB. Ainda, 59% das empresas exportadoras são MPEs, mas seu volume não chega a representar 1,0% das exportações brasileiras.

Com esse quadro, é possível inferir que a importância das MPEs se dá naturalmente pela maior prevalência dessas empresas. Os dados demonstram que, apesar de representarem a quase totalidade das empresas brasileiras, apenas uma parte delas tem o poder de empregar pessoas e os resultados (no PIB e na exportação) não são condizentes com o seu tamanho, o que deve ser visto como uma oportunidade, ao invés de um problema. E, com certeza, esse é o raciocínio que guia os atores envolvidos. Por outro lado, cabe registrar que a mortalidade existente nesse segmento de empresas é grande, por razões diversas, mas excetuando a dificuldade de crédito, nos parece que as demais razões são consequência da falta de planejamento, fruto da falta de capacitação suficiente para a gestão mais adequada dessas empresas (entendemos que qualquer discussão nessa direção é passível de contestação por esse argumento). Percebe-se que empresários pouco

121. Por ocasião da comemoração do Dia Nacional da Micro e Pequena Empresa, também foram anunciados: (i) a disponibilização de R$ 30 bilhões em crédito para as MPEs, com linhas de empréstimos e financiamentos para a compra de máquinas, aquisição de matéria prima e pagamento de fornecedores e impostos e (ii) o projeto "Simples Exportação", que cria a figura do operador logístico, que será o responsável pelos procedimentos operacionais de exportação das MPEs.

122. Em 27/10/2016, a PR sancionou alterações na Lei do Supersimples. Entre essas alterações, estão a facilitação do pagamento de dívidas, amplia o teto de faturamento para aderência da MPE e micro empreendedor individual (MEI), a partir de 2018. Na mesma lei, também foi regulamentada a figura do investidor anjo.

capacitados têm dificuldades em gerir suas empresas, incorporar melhorias de produtividade, adotar inovações, exportar e aproveitar oportunidades. Existe uma grande quantidade de ações e recursos aplicados, por diversos atores públicos, para o desenvolvimento das MPEs no Brasil. Apesar destes esforços, observa-se que a mortalidade das empresas continua alta e persistem suas dificuldades relacionadas à competitividade.

No âmbito das MPEs, há que se entender também a importância da oportunidade. É a identificação e a busca de aproveitamento da oportunidade que confere maior probabilidade de sucesso a um novo negócio, qualquer que seja. Esse raciocínio é o que difere os negócios criados por necessidade dos que são criados por oportunidade, estes mais associados à qualidade.

Por sua vez, o empreendedorismo, conceituado sob diversas formas, vem ganhando importância crescente nos estudos que tratam de desenvolvimento econômico e competitividade, tornando-se um componente crítico das políticas de desenvolvimento em todo o mundo. Por isso, surge como um novo fenômeno da economia política, como já discutido no decorrer deste livro. Esse entendimento também está presente no Brasil, o que é comprovado pela disponibilização para consulta pública da Proposta de Teses e Diretrizes para a Política Nacional de Empreendedorismo e Negócios (PNEN), de 12 de julho a 10 de outubro de 2012. Por razões desconhecidas, não tivemos notícias sobre a tramitação desse documento. E como uma dimensão do empreendedorismo, despontam as EACs (ou HGFs), as quais, como já conceituadas, são as empresas que possuem real potencial de geração de empregos, função primordial do empreendedorismo. Parece-nos que essas empresas, então, deveriam ser incorporadas às atividades empreendedoras.

Assim, percebemos que o conceito atualmente reinante é equivocado, verificando-se – considerando a aplicação e as conclusões das hipóteses de aprendizado do QCD –, que o aprendizado possivelmente havido envolve o mesmo conceito. Esse equívoco é comprovado pela demonstração do cenário abaixo, o que nos leva a concluir pela validação da hipótese já apresentada.

1) entende-se que MPEs e empreendedorismo representam a mesma coisa;

2) as ações e programas direcionados às MPEs não são seletivos e assim, não consideram as necessidades e potenciais específicos dos variados grupos representados nesse segmento, o que naturalmente leva à sobreposição de ações e dispersão de recursos, que poderiam ser aplicados de forma mais efetiva;

3) partindo do pressuposto que o objetivo básico do empreendedorismo é a geração de empregos, verifica-se a não observação das evidências que demonstram que as MPEs não são, no geral, o foco para o direcionamento de programas para aquele fim;

4) as características das EACs, cujo acompanhamento é recente no Brasil, mas já considerado há muito em vários países, ainda não foram entendidas como uma variável importante nesse contexto.

Outra hipótese sugere que o arranjo institucional da política de desenvolvimento brasileiro, centrado na política industrial, a despeito da sua recente ênfase na inovação, não é propenso à adoção de uma orientação central para o empreendedorismo. Parte das considerações relativas a esta hipótese encontra-se na discussão da hipótese anterior, já tendo também sido tratada no decorrer deste livro. Como demonstrado, as políticas voltadas ao desenvolvimento no Brasil possuem como base a política industrial, sendo visível a atual compreensão da inovação como fator preponderante para o desenvolvimento e, como consequência, para qualquer política industrial. E, a partir daí, a hipótese apresentaria dois caminhos defensáveis:

1) ela poderia não ser verdadeira, se o conceito dominante sobre empreendedorismo não fosse considerado um equívoco, como demonstrado na defesa da hipótese anterior. Isto porque as MPEs são geralmente contempladas nas políticas de desenvolvimento e o governo demonstrou, recentemente, a sua intenção de criar uma política de empreendedorismo (ou de MPEs);

2) na medida em que restou comprovado o equívoco existente nesse conceito atualmente utilizado, é possível validá-la, em razão da clara evidência de contradição entre o conceito defendido no estudo e o direcionamento e a forma das políticas.

Assim, tendo em vista as discussões e evidências demonstradas, somos levados a concluir pela validação de ambas as hipóteses apresentadas.

Note-se que poderia ainda ser pensada uma hipótese auxiliar, que seria a possibilidade de a crise global de 2008 ter influenciado a decisão de lançamento da PNEN em 2012, assunto já discutido. Essa hipótese auxiliar já foi trabalhada neste capítulo, como a Hipótese 8 do QCD ('Perturbações externas'). Embora seja possível pensar essa possibilidade, não encontramos evidências que pudessem validá-la.

Este capítulo discutiu a validação das hipóteses do QCD, no qual foram analisadas as seis hipóteses selecionadas, a partir das treze apresentadas pelo modelo. Em seguida, foram apresentadas as necessárias argumentações com vistas à corroboração das hipóteses originais sugeridas.

O próximo capítulo apresenta a conclusão da pesquisa, abordando as conexões entre a sua problemática norteadora, as hipóteses sugeridas e os aspectos avaliados. Oferece ainda uma proposta para a implementação de uma política de empreendedorismo.

Conclusão

A originalidade deste livro reside no fato de não ter sido identificado um estudo, em âmbito nacional ou internacional, acerca da política pública de empreendedorismo com uso do marco teórico da formação da agenda governamental, associado à utilização do QCD como modelo teórico-analítico. Weible e Sabatier (2007) e Capelari et al. (2015) citam a aplicação do QCD em variados subsistemas de políticas. Weible e Sabatier (2007) referem-se a estudos sobre parcerias em bacias hidrográficas, política de qualidade da água, segurança nuclear, poluição do ar e proteção de áreas marinhas nos Estados Unidos. Em outros países[123], exemplificam trabalhos relativos à política de mudanças climáticas, violência doméstica, política de drogas, saúde pública, política desportiva, política educacional, censura, política de tabaco e política da água. No Brasil, segundo Capelari et al. (2015), nota-se uma predominância do QCD no estudo de políticas voltadas para meio ambiente e energia, embora também tenham sido encontrados trabalhos sobre políticas sociais, econômicas, saúde, científica e tecnológica, turismo, voltadas à infância, esporte, controle de drogas e desenvolvimento da metalurgia.

Este texto final apresenta as conclusões dos resultados da pesquisa sobre o problema proposto, a partir da lógica do significado de empreendedorismo, justificando as conclusões obtidas. A validação das hipóteses no capítulo anterior demonstrou o atual erro conceitual no trato do tema, proporcionando um contraponto. Essas conclusões obtidas estão alicerçadas pelos resultados da aplicação do QCD como modelo teórico-analítico, para explicar o marco teórico do estudo representado pela formação da agenda governamental.

A utilização do QCD mostrou-se adequada e seus resultados apontaram para a existência de três coalizões de defesa atuando no subsistema, de forma coerente com o modelo. Também foram verificadas as relações existentes entre as crenças políticas identificadas em cada coalizão e os consequentes comportamentos dessas coalizões, relativamente ao problema de pesquisa. Dentre as treze hipóteses propostas pelo modelo,

123. Reino Unido, Canadá, Suíça, Austrália, Coreia, Moçambique, Japão e Países Baixos.

foram selecionadas e analisadas seis, das quais apenas uma, relativa à hipótese n. 1 do QCD, categorizada como 'Alinhamento espacial', não foi validada. As demais, (i) 'Perturbações externas' - hipótese n. 8 do QCD, (ii) 'Probabilidade de aprendizado' - hipótese n. 9 do QCD, (iii) 'Problemas com dados quantitativos aceitáveis' - hipótese n. 10 do QCD, (iv) 'Aprendizado político entre sistemas de crenças' - hipótese n. 12 do QCD e (v) 'Importância da informação técnica' - hipótese n. 13 do QCD, corroboram as previsões previstas pelo modelo. Assumindo a probabilidade do efeito aprendizado entre os governos Lula e Dilma Rousseff, com relação a seus comportamentos no subsistema, a análise também mostrou que o aprendizado orientado a políticas públicas tem implicações para a mudança dessas políticas e que os conflitos relacionados às diferenças nos sistemas de crenças políticas dos atores podem explicar problemas importantes nos processos decisórios.

Entretanto, foi identificado - conforme comentado no capítulo 5, Seção 5.3 - um possível obstáculo para uma melhor incorporação dos efeitos do aprendizado pelas coalizões, em razão da dissonância cognitiva existente. Em razão disso, observa-se que, para a utilização mais efetiva desse modelo, o seu componente aprendizado precisa levar em conta a dimensão cognitiva.

O desenvolvimento do QCD sugere, para o estabelecimento das coalizões de defesa, a utilização do método de regressão linear, a fim de facilitar a indicação das relações entre o código de análise documental, os atores e suas respectivas crenças. Entretanto, optou-se pela não utilização dessa ferramenta, tendo em vista a relativa facilidade de entendimento dessas relações, bem como o limitado número de crenças identificadas. De acordo com o que foi relatado no início deste capítulo, não foi identificado nenhum estudo sobre algum setor conexo à política de empreendedorismo, o que inviabiliza a comparação e possibilidade de contraste com a aplicação do modelo e os consequentes resultados do estudo.

Todos os trabalhos analisados por Capelari et al. (2015), segundo os diversos autores, utilizaram o método qualitativo e também pelo menos uma das técnicas de coleta - análise de documentos públicos ou aplicação de entrevistas semiestruturadas, de forma idêntica ao que foi realizado nesta pesquisa. Entretanto, observam também que:

> [...] Muito embora os trabalhos nacionais tenham se sobressaído quanto à clareza e o detalhamento metodológico, parte deles peca por não seguir as recomendações do modelo quanto à forma de codificação para encontrar as coalizões no subsistema. [...] Quanto às hipóteses do ACF[124], somente seis[125] trabalhos relataram ter testado uma ou mais hipótese no decorrer da pesquisa. Dessa maneira, a grande maioria das teses e dissertações analisadas ignoraram as hipóteses do modelo, panorama similar ao encontrado na análise de Weible, Sabatier e McQueen (2009). [...] Uma segunda observação necessária está relacionada ao baixo cuidado metodológico das pesquisas no momento da delimitação das coalizões presentes no subsistema. Verificou-se que a maioria das teses e dissertações descreve as coalizões sem construir um código de análise dos documentos públicos ou do conteúdo das entrevistas e, sobretudo, ignorando recomendações do referencial teórico de Jenkins-Smith e Sabatier. Cabe registrar, também, que os três níveis de crenças (*deep core, policy core e* aspectos instrumentais) não foram ao menos citados em alguns trabalhos no momento de caracterização das coalizões. (CAPELARI et al. 2015, p. 94-96).

Comparando a utilização do QCD neste estudo com o que foi apontado anteriormente, a sua aplicação retificou essa deficiência, pois, em contraste, toda a sequência metodológica foi atendida, como preconizado no capítulo 4.

Por outro lado, é interessante verificar que o QCD perde utilidade em subsistemas de políticas sem coligações claras. De acordo com Weible e Sabatier (2007, p. 132), ele é mais útil em questões em que prevaleçam conflitos políticos envolvendo centenas de participantes, representando dezenas de organizações públicas e privadas em subsistemas de políticas bem definidas. No caso presente, é possível perceber que, por não existirem conflitos relevantes entre as coalizões identificadas, os seus posicionamentos não são tão evidentes, exigindo em algumas oportunidades mais uma interpretação pessoal, em detrimento do entendimento pelo QCD. Isto também é fruto da limitação do número de atores e respectivas crenças envolvidas no subsistema. E finalmente, em relação à aplicação do QCD, entende-se que os resultados apresentados neste estudo encontram-se alinhados com as explicações existentes

124. *Advocacy Coalition Framework.*

125. Entre dezenove analisados.

na literatura, as quais direcionam a finalidade maior do modelo para a compreensão da formulação e os padrões de mudanças nas políticas públicas.

Como já discutido, as MPEs possuem grande importância no desenvolvimento econômico, devendo continuar a ser tratadas nesse sentido. No entanto, esse tratamento, traduzido pelas políticas atuais, carece de aprimoramento, através do direcionamento de apoio e incentivo de forma mais efetiva e eficiente. Esse aprimoramento deve ser iniciado com o aprofundamento do conhecimento sobre as suas características, com o objetivo de construir uma sólida segmentação. Essa segmentação deve considerar as atuações e os potenciais de mercado, identificando as oportunidades e ameaças mais críticas para cada segmento, a fim de que, uma vez entendidos e mapeados, possam ser direcionadas as ações mais adequadas a cada um. Ou seja, as MPEs não podem ser tratadas como iguais, simplesmente pelo fato de serem desiguais. A partir daí, pode ser entendida a criação de uma política específica, voltada para as MPEs[126].

Entretanto, para o adequado aproveitamento das ações e programas derivados da aplicação de qualquer política, é necessário que sejam disponibilizados programas de capacitação construídos exclusivamente para os segmentos definidos, privilegiando a inovação por razões de sustentabilidade a longo prazo e de impacto no ganho de produtividade. O que temos verificado é que, em geral, o pequeno empresário pleiteia, por exemplo, menor carga tributária e redução da burocracia, mas não desenvolve o negócio principalmente por falta de capacitação. Ou seja, não adianta disponibilizar recursos e demais incentivos, se eles não são utilizados em sua plenitude, traduzindo-se em resultados. Adicionalmente, devemos entender que a criação de uma nova empresa é apenas um arranjo institucional, uma consequência necessária.

126. Em 27 de julho de 2016, a Frente Parlamentar Mista em Defesa do Comércio, Serviços e Empreendedorismo da Câmara dos Deputados, criada em abril de 2015 e que também funciona no âmbito do Congresso Nacional, entregou uma carta a Michel Temer, então vice-presidente da República, representando uma solicitação de definição de uma pauta para um novo ciclo de desenvolvimento econômico e de geração de emprego. Focou em vários aspectos, dos quais destacamos: (i) a hostilidade do governo para com os empresários, notadamente os varejistas, formados em sua enorme maioria de pequenos e médios negócios e (ii) a ausência de políticas públicas efetivas que fomentem a criação, manutenção e crescimento de MPEs.

Já o empreendedorismo ao qual nos referimos, deve ser pensado de forma diferenciada, tendo como base o seu objetivo maior, que é a geração de empregos. Nesse espectro, nos referimos tanto a novos negócios quanto a empresas já existentes. E o foco aqui não se encontra apenas na micro ou pequena empresa, mas naquelas que, independentemente do seu porte, já sejam portadoras de requisitos que as levem à classificação de "empresas de alto crescimento", ou as que apresentem reconhecido potencial para um futuro enquadramento. De acordo com Venkataraman et al. (2012), o principal direcionamento dessas empresas deveria estar centrado na oportunidade (sua identificação e caminhos de aproveitamento). Entendemos que o empreendedorismo envolve o nexo entre oportunidades e indivíduos, substituindo a sua simples visão de centralização na pessoa (base do ensino tradicional de empreendedorismo). A partir daí, seria trabalhada a inovação (que também poderia surgir como oportunidade), ou seja, a inovação não seria um objetivo em si, mas sim parte das estratégias de desenvolvimento dos negócios.

Assim, uma política de empreendedorismo não é uma política modernizada para criar e promover MPEs, como a política de empresa de pequeno porte nos EUA ou parte da política de empreendedorismo no México. Acreditamos que a política de empreendedorismo deve ser muito mais abrangente, tendo este argumento origem nas discussões sobre a mudança da economia gerenciada para a economia empreendedora, tratadas no capítulo 1.

Uma política de empreendedorismo deve ser dividida em duas dimensões (ou subpolíticas) distintas. Parte dessa proposta está consubstanciada na análise dos resultados obtidos em uma pesquisa de campo realizada pelo autor no México, no segundo semestre de 2015, detalhada no Apêndice C.

O México foi selecionado, considerando conceitualmente o caminho do aprendizado e seus consequentes benefícios, e por ter um sistema institucional semelhante ao Brasil. Outro aspecto foi que, segundo literatura utilizada (MORGAN, 2010), a análise de contextos latino-americanos é limitada, apesar do interesse de cientistas políticos norte-americanos.

Até 2012, o empreendedorismo no México era tratado de forma muito parecida com a do Brasil. Em 2013, o novo governo de Enrique Penã Neto (PRI) criou o Instituto Nacional del Emprendedor (Inadem), uma espécie de Sebrae brasileiro, quando foram divididas as responsabilidades: desde aquele ano, o Inadem é a única instituição responsável pela elaboração, direcionamento e aplicação das políticas públicas de empreendedorismo (em que se encaixam os pequenos negócios), privilegiando o desenvolvimento da inovação. Já o Consejo Nacional de Ciencia y Tecnologia (Conacyt), instituição preexistente, define especificamente as políticas públicas de desenvolvimento tecnológico e científico, sendo responsável pelo desenho e operação dos diferentes programas de promoção para o desenvolvimento científico e tecnológico para inovação. O Conacyt apoia e desenvolve empresas de qualquer porte, que apresentem as características previstas em suas operações. Ambas as instituições têm seus programas e ações apoiados financeiramente pela Nacional Financeira Banca de Desarrollo (Nafin), contraparte do BNDES brasileiro. E embora não tenhamos utilizado o modelo teórico-analítico (QCD) em relação a essa pesquisa de campo, verificamos que a mudança da política, em 2013, foi resultado de um choque externo ao subsistema (a mudança de governo), o que vem corroborar a hipótese n. 8 do QCD.

De acordo com a literatura revisitada, apenas alguns tipos de aprendizagem parecem ter lugar dentro do próprio Estado, e a nova ideia, na maioria das vezes, muda em razão das características de seu ambiente, como um modelo racional e experimental de conhecimento e utilização. De acordo com Schön (1973), isso nos leva ao pressuposto de que o conhecimento derivado da experiência observada pode ser utilizado para uma situação comparável. Como consequência, é possível pensar a teoria da elaboração de políticas públicas como uma teoria da aprendizagem, que por sua vez gira em torno da comparação, que pode servir como uma forma de avaliação, buscando caminhos para possíveis melhorias da política observada, tendo em vista as características do local a receber as eventuais transferências. A conclusão é que a análise comparativa como classicamente concebida, embora seja valiosa, não representa uma direção suficiente para a transferência da política. Assim entendida, a maior parte da aprendizagem é baseada em uma ordem de comparação diferente e a percepção de suas implicações é necessariamente um processo interpretativo. Comparar uma coisa com outra coisa implica supor que elas são exatamente comparáveis. E foi a partir dessa base teórica que apoiou-se a proposta. Com os dados produzidos pela observação envolvida na referida pesquisa, procurou-se idealizar um modelo sugestivo, considerando as características dos ambientes institucionais, políticos e de negócios existentes no Brasil.

Então, consoante essa proposta, uma dimensão deve ser uma política para MPEs ('Empreendedorismo para MPEs'), voltada aos programas, ações, incentivos etc., inerentes à criação e desenvolvimento desses pequenos negócios, como sugerido. Como condição fundamental para a habilitação aos programas de incentivo, estaria a comprovada participação de seus gestores em programas de capacitação (curtos, focados) e, entre as providências iniciais básicas, a sua segmentação e a avaliação dos resultados dos programas atualmente em execução. Para uma ideia de grandeza, o volume dessas empresas, divididas em micro e pequenas (dados de 2013), é de 6.629.879.

A segunda dimensão estaria direcionada a empresas em geral, independentemente do seu porte ou tempo de operação, que apresentem alto potencial de desenvolvimento e geração de empregos ('Empreendedorismo de Alto Crescimento'). A condição primeira e básica para a seleção dessas empresas seria o conceito de EACs, já conhecido mundialmente e no Brasil, em especial, pelo IBGE e a Endeavor Brasil. As EACs representam um volume (dados de 2013) de 33.374 empresas e convém registrar a probabilidade de existência de médias empresas ("P" do MPE) nesse conjunto.

Para essa proposta, e em linhas gerais, as políticas deverão contemplar, sempre, a oportunidade e a inovação, entendidos como fortes pilares de produtividade. Com o intuito de validação para a candidatura a um lugar na agenda pública, a regra básica para a construção de qualquer política é não esquecer a importância da análise de viabilidade, cujo objetivo é identificar potenciais problemas (econômicos, tecnológicos, políticos e institucionais) que delimitam o espaço das possíveis escolhas.

Essas duas dimensões de política encontram-se esquematizadas no Quadro 20. A título de observação – já que em algum momento o questionamento poderia ser feito pelo leitor –, nesse contexto, onde estariam as *startups*? A resposta é que a típica *startup*, destarte a sua base tecnológica por definição, não é geradora de empregos, haja vista o número médio de pessoas empregadas nessas empresas. Então, em princípio, estariam no grupo das MPEs ('Empreendedorismo para MPEs'), em um dos segmentos identificados, até que demonstrassem características que as levassem a uma reclassificação.

Quadro 20 – Síntese da proposta para a política de empreendedorismo

Dimensão da política	Foco	Condição básica para habilitação das empresas	Providências básicas iniciais
Empreendedorismo para MPEs	Micro e pequenas empresas em geral	Participação comprovada dos gestores em programa de capacitação	. Segmentação . Avaliação dos resultados dos programas em execução
Empreendedorismo de alto crescimento	Empresas, já existentes ou não, que apresentem alto potencial de desenvolvimento e geração de empregos	Aderência ao conceito de EACs	. Aprofundamento do estudo sobre o conjunto de empresas . Segmentação

Fonte: elaboração do autor.

Neste ponto, retoma-se a questão que direcionou o estudo apresentado neste livro: o que falta para que o Brasil tenha uma efetiva política de empreendedorismo? Para a resposta, seguiu-se o caminho construído pelos seguintes aspectos: (i) a identificação e caracterização dos conceitos de empreendedorismo utilizados e o modelo causal de seu papel no desenvolvimento, ou seja, a percepção dos atores sobre a atividade empreendedora e novos negócios, estabelecendo seus diferentes perfis; (ii) mapeamento das características encontradas nos programas e ações voltados ao empreendedorismo, vinculando-as aos diferentes conceitos e modelos causais analisados; e (iii) identificação e análise dos fatores que influenciaram as múltiplas e fragmentadas políticas públicas de empreendedorismo, explorando, em particular, o papel dos arranjos institucionais vigentes no aprendizado dos atores.

Chega-se à conclusão que, considerando o que foi percebido nas defesas das hipóteses e nas fundamentações para a proposição da política de empreendedorismo, o governo é vítima da dificuldade no direcionamento de políticas. Em se tratando especialmente dessa política, o maior empecilho parece estar no entendimento do que realmente deve significar o empreendedorismo.

Entretanto, também se soma a isso a escolha feita com relação à política de desenvolvimento implementada durante os últimos quinze anos, a qual pode ter representado um forte obstáculo ao atendimento das necessidades da política de empreendedorismo.[127] Essa escolha deve-se à racionalidade econômica, ou pelo menos à sua crença. As ações governamentais ao longo desse período privilegiaram grandes grupos empresariais (como montadoras de veículos, grandes frigoríficos e fabricantes de eletrodomésticos, por exemplo) através da transferência de recursos por meio de redução de impostos e outros subsídios. Esses grandes grupos empresariais, denominados "campeões nacionais", foram escolhidos pelo governo por disporem de grande capacidade de geração de empregos, grande movimentação industrial e, comercial associada e consequentemente, possuírem grande peso nos resultados econômicos, tanto no mercado interno quanto na pauta de exportação. Assim, o foco nesses grandes grupos empresariais com vistas à obtenção de pretensos resultados em curto prazo levou os decisores a deixar de perceber (propositalmente ou não) as possibilidades e o potencial empreendedor.

Considerando então que os resultados da pesquisa apresentam as possíveis validações para a hipótese originalmente formulada, proporcionando a resposta à sua questão estruturante, acredita-se que o objetivo proposto por este livro foi alcançado.

E, finalmente, três recomendações para futuras pesquisas, pelo entendimento de suas urgências, são:

1) com relação às empresas de alto crescimento, percebe-se a necessidade urgente de atualização das informações sobre este segmento, que possam apresentar dados que caracterizem melhor essas empresas, de forma mais segmentada. Essa pesquisa deve considerar a conexão dos potenciais existentes com oportunidades de mercado identificadas, como objetivo fundamental. Esses dados auxiliariam a construção e/ou o aprimoramento da política de 'Empreendedorismo de Alto Crescimento'.

2) a segunda relaciona-se à conclusão sobre o nível de aproveitamento, pelas MPEs, dos programas e ações disponibilizados, consideran-

127. Outro fator que também não contribuiu para a definição de uma política de empreendedorismo foi o permanente conflito entre áreas (por exemplo, indústria x agronegócios), durante esse período.

do a falta de uma avaliação efetiva dos resultados desses programas e ações. Os dados dessa pesquisa vão auxiliar a percepção da necessidade da própria avaliação, na medida em que poderão demonstrar pontualmente o *gap* existente e assessorar o aprimoramento da política de 'Empreendedorismo para MPEs'.

3) e a terceira recomendação diz respeito a uma pesquisa comparativa entre as políticas de empreendedorismo adotadas no México e em outros dois países que as tenham, a fim de confrontar as suas estruturas, meios, recursos utilizados e resultados com a política brasileira. Entretanto, a realização de uma pesquisa deste tipo é totalmente dependente da postura do governo brasileiro, no sentido de entender e conseguir implementar uma verdadeira política de empreendedorismo. E, a partir dos seus resultados, definir os aspectos passíveis de aprendizado, sempre considerando as nossas características nacionais.

Referências

ACS, Zoltan J. et al. *Entrepreneurship, growth, and public policy.* 353 p. New York: Cambridge University Press, 2009.

ADSHEAD, Maura. An advocacy coalition framework approach to the rise and fall of social partnership. *Irish Political Studies*, v. 26, n.1, p. 73-93. Kentucky: Routledge (Taylor & Francis Group), 2011.

AHMAD, Nadim; SEYMOUR, Richard G. *Defining entrepreneurial activity:* definitions supporting frameworks for data collection. Paris: OECD Publishing, 2008.

ALMANZA, Laura. Consejo Nacional de Ciencia y Tecnologia (Conacyt). *Entrevista.* Cidade de México: Conacyt, 2015.

ALVES, Rafael Duton. *Empreendedorismo e o processo de identificação de oportunidades.* Dissertação de Mestrado. Rio de Janeiro: PUC-Rio, 2005.

ARAÚJO, Suely Mara Vaz Guimarães de. *Coalizões de advocacia na formulação da política nacional de biodiversidade e florestas.* 332 p. Dissertação de Mestrado. Instituto de Ciência Política. Universidade de Brasília. Brasília: UnB, 2007.

ARBIX, Glauco. Mecanismos sutis: tecnologia e crescimento econômico. *Novos Estudos Cebrap*, n. 77. 15 p. São Paulo: Centro Brasileiro de Análise e Planejamento, 2007.

ARBIX, Glauco. Estratégias de inovação para o desenvolvimento. *Tempo Social*, v. 22, n. 2, p. 167-185. São Paulo: USP, 2010.

ARNOLD, Erik; THURIAUX, Ben. Future directions of innovation policy in Europe: introduction. In: *Workshop of Innovation Policy.* Proceedings... Brussels: European Commission, 2012.

AUDRETSCH, David B.; THURIK.A. Roy. What's new about the new economy? Sources of growth in the managed and entrepreneurial economies. p. 267-315. In: *Industrial and Corporate Change/ICC.* Oxford: Oxford Journals, 2001.

AUDRETSCH, David B. et al. (Org.) *Handbook of research on entrepreneurship policy.* 241 p. Cheltenham: Edward Elgar, 2007.

BAPTISTA, T. W. F.; REZENDE, M. A ideia de ciclo na análise de políticas públicas. p. 138-172. In: MATTOS, R. A.; BAPTISTA, T. W. F. *Caminhos para análise das políticas de saúde.* Instituto de Medicina Social. Rio de Janeiro: Escola Nacional de Saúde Pública Sergio Arouca/ENSP, 2012.

BAUMGARTNER, Frank R.; JONES, Bryan D. *The politics of attention:* how government priorizes problems. 386 p. Chicago: University of Chicago Press, 2005.

BECK, Martha et al. Afago no setor produtivo. *O Globo*, Caderno Economia, p. 21, 19 jun. 2014.

BENOIT, François. *Public policy models and their usefulness in public health:* the stages model. 11 p. Québec: National Collaborating Centre for Healthy Public Policy, 2013.

BERGER, Daniel et al. Criando condições para competir – GCR 2012-2013. Fundação Dom Cabral. *Caderno de Ideias,* CI 1222. 15 p. Nova Lima: FDC, 2013.

BERNARDO, Nathalia Rana et al. A relevância da atividade empreendedora para o desenvolvimento de um país. 8 p. *Revista Científica On-line Tecnologia*, v. 2, n. 1. Universidade de Taubaté. Guaratinguetá: Faculdade de Tecnologia de Guaratinguetá, 2013.

BORGES, Cândido et al. Perfil das recomendações dos pesquisadores brasileiros às políticas públicas de empreendedorismo. *Administração Pública e Gestão Social*, v. 5, n. 1, p.01-19. Viçosa: Universidade Federal de Viçosa (UFV), 2013.

BOTELHO, Antonio José Junqueira; KASAHARA, Yuri. Brazilian "developmental state" reloaded? Brazilian industrial policy for the oil and gas in the 21st century. 18 p. In: *REPAL 2014 Annual Conference*. Centro de Extensión UC, Santiago, Chile. Santiago: REPAL, 2014.

BRANDÃO, Euler Alves et al. Empreendedorismo e racionalidade. *Revista Pretexto*, v. 12, n. 3, p. 47-66. Universidade FUMEC. Belo Horizonte: Fundação Mineira de Educação e Cultura, 2011.

BRASIL. Ministério da Ciência, Tecnologia e Inovação. *Plano de ação em ciência, tecnología e inovação:* principais resultados e avanços. Brasília: MCTI, 2010.

BRASIL. Ministério de Desenvolvimento, Indústria e Comércio Exterior (MDIC). *Proposta de Teses e Diretrizes para a Política Nacional de Empreendedorismo e Negócios.* 68p. Ednalva Fernandes Costa de Morais (Org.). Brasília: MDIC, 2012.

______. Ministério do Desenvolvimento, Indústria e Comércio Exterior. *Empreendedorismo e competitividade para pequenas e médias empresas:* uma revisão das políticas e práticas no Brasil e a União Europeia à luz da política nacional de empreendedorismo no Brasil. Christoph David Weinmann (Org.). 453 p. Brasília: CNI, 2013.

______. Ministério do Desenvolvimento, Indústria e Comércio Exterior. *Política de desenvolvimento produtivo.* Brasília: MDIC, 2016a. Disponível em: http://www.desen volvimento.gov.br/pdp/index.php/sitio/inicial.

______. Ministério do Desenvolvimento, Indústria e Comércio Exterior. *Plano Brasil maior.* Brasília: MDIC, 2016b. Disponível em: http://www.brasilmaior.mdic.gov.br/.

______. Ministério do Desenvolvimento, Indústria e Comércio Exterior. *Plano Nacional de Cultura Exportadora e Programa Brasil Mais Produtivo.* Brasília: MDIC, 2016c. Disponível em: http://www.mdic.gov.br//noticias/1895-marcos-pereira-comemora-recorde-de-inscricoes-no-brasil-mais-produtivo.

______. Financiadora de Estudos e Projetos – Finep. *Política operacional 2016.* 23 p. Rio de Janeiro: Finep, 2016d.

BRIS, Arturo (Coord.). *Sumário Executivo:* World Competitiveness Yearbook (WCI) do IMD 2016. 12 p. Nova Lima: Fundação Dom Cabral (FDC), 2016.

CALLE, Guillermo Antonio Dávila; SILVA, Edna Lúcia da. Inovação no contexto da sociedade do conhecimento. 20 p. *Revista Textos de la Cibersociedad (España)*, n. 8, 2008. Disponível em: http://www.cibersociedad.net/textos/articulo.php?art=160.

CALMON, Kátia Maria Nasiaseni; GUSSO, Divonzir Arthur. *A experiência de avaliação do plano plurianual (PPA) do governo federal do Brasil.* 37 p. Instituto de Pesquisas Econômicas e Aplicadas. Rio de Janeiro: Ipea, 2009.

CAMARA, P. W. L. Se é tão bom, por que tão pouco? *Revista Augustus*, v. 18, n. 36, p. 31-41. Rio de Janeiro: Unisuam Publicações, 2013.

CAPELARI, Mauro G. Maidana et al. Advocacy coalition framework: um balanço das pesquisas nacionais. *Revista Administração Pública e Gestão Social*, n. 7, p. 91-99. Brasília: Universidade Federal de Brasília, 2015.

CAPELLA et al. O estudo da agenda governamental: reflexões metodológicas e indicativos para pesquisas. 43 p. In: *39º Encontro Anual da Associação Nacional de Pós-Graduação e Pesquisa em Ciências Sociais /ANPOCS.* Caxambu: ANPOCS, 2015.

CASTELAR, Armando (FGV). Por que o Brasil não cresce? Entrevista. *O Globo*, Cad. Economia, p. 19, 28 maio 2014.

CONFEDERAÇÃO Nacional da Indústria. *Competitividade Brasil 2014:* comparação com países selecionados. 108 p. Brasília: CNI, 2015.

CRESPI, Gustavo; TACSIR, Ezequiel. *Effects of innovation on employment in Latin America.* MERIT Working Papers 001, United Nations University – Maastricht Economic and Social Research Institute on Innovation and Technology. St. Louis: MERIT, 2013.

DE JONG, Jeroen; MARSILI, Orietta. *Schumpeterian and kirznerian opportunities:* an empirical investigation of opportunity types. DRUID 2011. Innovation, strategy and structure – organizations, institutions, systems and regions. Copenhagen: Copenhagen Business School, 2011.

DELEON, Peter. The stages approach to the policy process: what has it done? Where is it going? p. 20-31. In: SABATIER, Paul A. *Theories of the policy process.* Colorado: Westview Press, 1999.

______. The historical roots of the field. p. 39-58. In: MORAN, Michel; REIN, Martin et al. *The Oxford Handbook of Public Policy.* New York: Oxford University Press, 2006.

DEPARTAMENTO Intersindical de Estatística e Estudos Socioeconômicos (Dieese); Serviço Brasileiro de Apoio às Micro e Pequenas Empresas (Sebrae). *Anuário do trabalho na micro e pequena empresa 2014.* 7 ed. 288 p. São Paulo: Dieese/Sebrae, 2015.

DOLABELA, Fernando. *Oficina do empreendedor.* Rio de Janeiro: Sextante, 2008.

ESSAYS, UK. *Advocacy coalition framework.* 2013. Disponível em: http://www.ukessays.com/essays/politics/advocacy-coalition-framework.php?cref=1.

DORE, Richard. The entrepreneurial house has many mansions. Industrial *and Corporate Change (ICC)*, v. 15, n. 1. Oxford University Press: Oxford, 2006.

ESCÓSSIA, Carlos. *O que é crescimento e desenvolvimento econômico?* Mossoró, 2009. Disponível em: http://www.carlosescossia.com/2009/09/o-que -e-crescimento-e-desenvolvi mento.html.

EUROPEAN Commission – Eurostat / Organisation For Economic Co-Operation And Development – OECD. *Manual on business demography statistics.* 102 p. Luxembourg: European Communities / OECD, 2007.

EVANS, Peter B. *Embedded autonomy:* states and industrial transformation. 336 p. New Jersey: Princeton University Press, 1995.

FARIA, Carlos Aurélio Pimenta de. Ideias, conhecimento e políticas públicas: um inventário sucinto das principais vertentes analíticas recentes. *Revista Brasileira de Ciências Sociais*, v. 18, n. 51, p. 21-29. São Paulo: ANPOCS, 2003.

FERRAZ, Max Benjoino. Retomando o debate: a nova política industrial do governo Lula. p. 1-38. *Planejamento e Políticas Públicas*, n. 32. Brasília: Instituto de Pesquisa Econômica Aplicada (Ipea), 2009.

FEDERAÇÃO das Indústrias do Estado de São Paulo - Fiesp. *Por que reindustrializar o Brasil?* São Paulo: Fiesp, 2013. Disponível em: <http://www.fiesp.com.br/indices-pesquisas-e-publicacoes/por-que-reindustrializar-o-brasil/>.

FIGUEIREDO, Marcus Faria; FIGUEIREDO, Argelina Maria Cheibub. Avaliação política e avaliação de políticas: um quadro de referência teórica.p. 107-127. Trabalho apresentado ao Seminário sobre Metodologias de Avaliação de Programas Sociais. In: *Análise e Conjuntura*. Belo Horizonte: Cendec/Ipea, 1986.

FINANCIADORA de Estudos e Projetos – Finep. *Manual de Oslo:* diretrizes para coleta e interpretação de dados sobre inovação. 3ed. 184p. Tradução. Rio de Janeiro: Finep, 2005.

FREIRE, María Belén; PARREÑO, Lenin. Latin America and the last economic crisis: did institutional changes guard it from the crisis and were macroeconomic policies influenced by political ideology? In: *2nd International Conference on Public Policy*. Panel 8. Session 3. International Public Policy Association (IPPA): Milan, 2015. Disponível em: http://www. icpublicpolicy.org.

FREEMAN, Richard. Learning in public policy. In: MORAN, Michel. *The Oxford Handbook of Public Policy*. Part IV. Cap. 17. p. 367-389. Oxford: Oxford University Press, 2006.

FREY, Klaus. Políticas públicas: um debate conceitual e reflexões referentes à prática da análise de políticas públicas no Brasil. *Planejamento e Políticas Públicas*, n. 21, p. 211-259. Florianópolis: UFSC / Núcleo Interdisciplinar de Políticas Públicas (NIPP), 2000.

GALA, Paulo. A teoria institucional de Douglass North. *Revista de Economia Política*, v. 3, n. 2 (90). 17 p. São Paulo: Fundação Getúlio Vargas (FGV/SP), 2003.

GALBRAITH, John Kenneth. *The economist as political theorist*. Maryland: Rowman & Littlefield Publishers, Inc, 2006.

GLENN, Whitney. The process of policy implementation. In: *Yahoo Contributor Network*, 2009. Disponível em: www.voices.yahoo.com/the-process-policy-implementation-4970 148.html.

GOIS, Antonio. Problema não está só no médio. *O Globo*, Cad. Sociedade, p. 24, 29 set. 2016.

GOMES, Marcus Vinícius Peinado et al. (Org.). *Políticas públicas de fomento ao empreendedorismo e às micro e pequenas empresas.* 169 p. Programa Gestão Pública e Cidadania. Fundação Getulio Vargas. São Paulo: FGV, 2013.

GONÇALVES, Robson R. A política industrial em uma perspectiva de longo prazo. *Texto para Discussão*, n. 590, 34 p. Brasília: Instituto de Pesquisa Econômica Aplicada (Ipea), 2008.

HAIDAR, Jamal Ibrahim. The impact of business regulatory reforms on economic growth. *Journal of the Japanese and International Economies*, v. 26, n. 3, p. 285-307. Washington: World Bank, 2012.

HALL, Peter A.; TAYLOR, Rosemary C. R. As três versões do neointitucionalismo. *Lua Nova - Revista de Cultura e Política*, n. 58. São Paulo: CEDEC, 2003.

HAYES, Wayne. *The* public policy cycle. *The Public Policy Web, May 22, 2002.* Disponível em*:* http://profwork.org/pp/implement.

HART, David M. The emergence of entrepreneurship policy: governance, startups, and grow in the U.S. knowledge economy. 297p. New York: Cambridge University Press, 2003.

HECLO, Hugh. *Modern social politics in Britain and Sweden:* from relief to income maintenance. 362 p. New Haven, Conn: Yale University Press, 1974.

HENREKSON, Magnus. Entrepreneurship: a weak link in the welfare state? *Industrial and Corporate Change* (ICC), v. 14, n. 3, p. 437-467.Oxford: Oxford University Press, 2005.

______. Entrepreneurship and the welfare state: a reply. *Industrial and Corporate Change (ICC)*, v. 15, n. 3, pp. 579–593. Oxford University Press: Oxford, 2006.

HOFLING, Eloisa de Mattos. Estado e políticas (públicas) sociais. *Cadernos de Educação/CEDES*, v. 21, n. 55, p. 30-41. Campinas: Universidade Estadual de Campinas/Unicamp, 2001.

HOWLETT, Michael; RAMESH, M. *Studying public policy:* policy cycles and policy subsystems. 264 p. Toronto: Oxford University Press, 1995.

INSTITUTO Brasileiro de Geografia e Estatística. Estatísticas de empreendedorismo 2011. *Estudos e Pesquisas*, n. 22, 99 p. Rio de Janeiro: IBGE, 2013.

______. Estatísticas de empreendedorismo 2013. *Estudos e Pesquisas*, n. 26. 89 p. Rio de Janeiro: IBGE, 2015.

INSTITUTO Brasileiro de Qualidade e Produtividade. *Empreendedorismo no Brasil 2013.* 170 p. Simara Maria de Souza Silveira Greco (coord.). Curitiba: IBQP, 2013.

INTERNATIONAL Institute Of Management Development - IMD. The *World Competitiveness Yearbook 2007*. Lausanne. Disponível em: <www.imd.ch>.

KASAHARA, Yuri; BOTELHO, Antonio José Junqueira. Catching up and falling behind: an appraisal of brazilian industrial policy in the twenty-first century. In: *European Review of Latin American and Caribbean Studies*. p. 97-109. Amsterdam: ERLACS, 2016.

KEILBACH, Max. Why entrepreneurship matters for Germany. In: ACS, Zoltan J. et al. *Entrepreneurship, growth, and public policy*. 353 p. New York: Cambridge University Press, 2009.

KELLEY, Donna et al (Org.). *Global Entrepreneurship Monitor - GEM 2015/2016*. Global Report. 81 p. London: Global Entrepreneurship Research Association (GERA) and GEM Global Consortium, 2016.

KINGDON, John W. *Agendas, alternatives and public policies*. 2. ed. 230p. New York: Harper Collins College Publishers, 1995.

______. *Agendas, alternatives and public policies*. 3. ed. New York: Harper Collins College Publishers, (1984) 2003.

KUPFER, David. Dez anos de política industrial. *Valor Econômico*, 8 jul. 2013. Disponível em: http://www.valor.com.br/opiniao/3189592/dez-a-nos-de-politicaindustrial #ixzz2YSOaeqqv.

LAZZARINI, S. G. *Capitalismo de laços*: os donos do Brasil e suas conexões. São Paulo: Campus, 2011.

LINK, Albert N. Public policy and entrepreneurship. p. 130-19. In: AUDRETSCH, David B. et al. (Org.). *Handbook of research on entrepreneurship policy*. 241 p. Cheltenham: Edward Elgar, 2007.

LONDON BUSINESS SCHOOL. *Global Entrepreneurship Monitor 2014* - Global Report (GEM 2014). 116 p. Londres: Global Entrepreneurship Research Association, 2015.

LOWI, Theodore J. American business, public policy, case studies and political theory. *World Politics*, n. 16, p. 677-715. New York: Atherton Press, 1964.

LOURENÇO, Paulo. Seminário do Consulado de Portugal em São Paulo. In: *Brasil/Portugal:* a inovação e o empreendedorismo como ferramentas de transformação. São Paulo: McKinsey & Company, 2016.

MAGALHÃES, Marcos Felipe de Sá. *Excelência competitiva:* a execução das estratégias nas empresas que visam durar. Tese de Doutorado. Rio de Janeiro: Instituto Alberto Luiz Coimbra de Pós-Graduação e Pesquisa de Engenharia (COPPE). Universidade Federal do Rio de Janeiro (UFRJ), 2010.

MAJONE, Giandomenico; WILDAVSKI, Aaron. Implementation as evolution. In: THEODOLOU, Stella Z.; CAHN, Matthew A. *Public policy*: the essential readings. 1. ed. part II. Upper Saddle River, New Jersey: Prentice Hall, 1995.

MAJONE, Giandomenico. Agenda setting. In*:* MORAN, Michel. *The oxford handbook of public policy*. Part IV. p. 228-251. Oxford: Oxford University Press, 2006.

MARTES, Ana Cristina Braga. Weber e Schumpeter: a ação econômica do empreendedor. *Revista de Economia Política,* v. 30, n. 2. São Paulo: REP, 2010.

MASON, Colin; BROWN, Ross. Creating good public policy to support high growth firms. *Small Bus Econ.*, n. 40, p. 211-225. London: Springer Science, 2011.

______. *Entrepreneurial ecosystems and growth oriented entrepreneurship.* 38 p. Netherlands: OECD, 2014.

MATTOS, João Roberto Loureiro de; GUIMARÃES, Leonam dos Santos. *Gestão da tecnologia e inovação*: uma abordagem prática. 2. ed. 433 p. São Paulo: Saraiva, 2013.

MELO, M. A. Estado, governo e políticas públicas. In*:* MICELI, Sergio. (Org.). *O que ler na ciência social brasileira (1970-1995).* 2. ed. São Paulo: Sumaré: ANPOCS; Brasília: Capes, 1999.

MENDES, Marcos. Por que a economia brasileira foi para o buraco? 20 p. In: *Brasil Economia e Governo.* Instituto Fernand Braudel de Economia Mundial. São Paulo: Instituto Braudel, 2015. Disponível em: www.brasil-economia-governo.org.br.

MORGAN, Glenn et al. *The Oxford Handbook of comparative institutional analysis.* 728 p. Oxford: Oxford University Express, 2010.

MOTTA, João Ricardo Santos Torres. *Medidas adotadas pelo governo FHC para o desenvolvimento econômico.* 10 p. Consultoria Legislativa da Câmara dos Deputados. Brasília: Câmara dos Deputados, 2000.

MUJIONE, Fiorina. *Falta ao Brasil uma política pública de empreendedorismo.* Entrevista à Revista Veja. Rio de Janeiro: 30 mar. 2013. Disponível em: http://veja.abril.com.br/noticia/economia/falta-ao-brasil-uma-politica-publica-o-empreen dedorismo.

NOGUEIRA, Mauro Oddo; OLIVEIRA, João Maria. Da baleia ao ornitorrinco: contribuições para a compreensão do universo das micro e pequenas empresas brasileiras. In: Tecnologia, Produção e Comércio Exterior. *Radar* n. 25. Brasília: Instituto de Pesquisa Econômica Aplicada (Ipea), 2013.

NOHRSTEDT, Daniel. Shifting resources and venues producing policy change in contested subsystems: a case study of swedish signals intelligence policy. *Policy Studies Journal*, v. 39, n. 3, p. 461-484. New Jersey: John Wiley & Sons, Inc., 2011.
ORGANISATION FOR ECONOMIC CO-OPERATION AND DEVELOPMENT - OECD. *Oslo Manual:* guidelines for collecting and interpreting innovation data. 3 ed. 166 p. Paris: OECD Publishing / Statistical Office of the European Communities - Eurostat, 2005.
ORTEGA, Juan Manuel Romero. Universidad Nacional Autónoma de México (Unam). *Entrevista*. Cidade de México: Unam, 2015.
OSTROM, Elinor. Institutional rational choice an assessment of the institutional analysis and development framework. p. 21-64. In: SABATIER, Paul A. *Theories of the policy process*. Cambridge: Westview Press, 2007.
PARTIDO do Pequeno e Microempresário Brasileiro - Inova Brasil. *Criação do partido*. Disponível em: www.partidoinovabrasil.org.br.
PAUDEL, Narendra Raj. A critical account of policy implementation theories: status and reconsideration. In: *Nepalese Journal of Public Policy and Governance*, v. 25, n. 2. Kirtipur: Central Department of Public Administration, Tribhuvan Univerity, 2009.
PETRIDOU, Evangelia. *Theories of the policy process:* contemporary scholarship and future directions. PSJ Yearbook. Center for Risk & Crisis Management, UO. 22 p. Oklahoma: University of Oklahoma, 2013.
PORTER, Michael E. *On competition = Competição:* estratégias competitivas essenciais. 515 p. Tradução de Afonso Celso da Cunha Serra. Rio de Janeiro: Campus, 1999.
RADAELLI, Vanderléia; GALETTI, Jefferson R. Além da crise global: desafios de uma política industrial para a "reindustrialização". p. 37-48. In: *Radar: produção, tecnologia e comércio exterior*, n. 31, 68 p. Brasília: Instituto de Pesquisa Econômica Aplicada - Ipea, fev. 2014.
REIS, Leonardo Silva. *Políticas públicas sob a ótica do novo gestor:* o public policy-cycle de Howlett e Ramesh como estratégia para ação do Estado. Portal Jurídico Investidura. Florianópolis: Universidade do Estado de Santa Catarina. 21 set. 2010. Disponível em: www.investidura.com.br/biblioteca-juridica/artigos/politica/169814.
ROCHA, Leonardo Leta da Costa. *Análise econômica dos últimos 20 anos, com foco na gestão da presidenta Dilma Roussef.* 30 p. Monografia. Pontifícia Universidade Católica do Rio de Janeiro. Rio de Janeiro: PUC-RJ, 2014.
ROSE, Richard. *Learning from comparative public policy:* a practical guide. 160 p. New York: Routledge, 2005.

RUA, Maria das Graças. *Políticas públicas.* Curso de Especialização em Gestão em Saúde. Departamento de Ciências da Administração. Universidade Federal de Santa Catarina. 137 p. Florianópolis e Brasília: UFSC, Coord. de Aperfeiçoamento de Pessoal de Nível Superior (Capes) e Universidade Aberta do Brasil (UAB), 2009.

SABATIER, Paul A. Policy change over a decade or more. In: SABATIER, Paul A.; JENKINS-SMITH, Hank C. (Ed.). *Policy change and learning:* an Advocacy Coalition Approach. p. 13-39. Boulder: Westview Press, 1993.

SABATIER, Paul A.; JENKINS-SMITH, Hank C. The advocacy coalition framework: an assessment. In: SABATIER, Paul A. (Ed.). *Theories of the policy process.* p. 117-166. Boulder: Westview Press, 1999.

SABATIER, Paul A. The need for better theories. In: SABATIER, Paul. *Theories of the policy process.* Part 1. p. 3-17. Boulder: Westview Press, 2007.

SABATIER, Paul A.; WEIBLE, Christopher M. The advocacy coalition framework: innovations and clarifications. In: SABATIER, Paul A. *Theories of the policy process.* Part III. p. 189-220. Boulder: Westview Press, 2007.

SARFATI, Gilberto. Políticas públicas de empreendedorismo e de MPMEs: o Brasil em perspectiva comparada. p. 18-43. In: GOMES, Marcus Vinicius P. et al. (Org.). *Políticas públicas de fomento ao empreendedorismo e às MPEs.* EAESP/FGV. São Paulo: Fundação Getulio Vargas, 2013.

SECCHI, Leonardo. *Políticas Públicas:* conceitos, esquemas de análise, casos práticos. 2. ed. cap. 1; 2. São Paulo: Cengage Learning, 2013.

SHANE, Scott; VENKATARAMAN, Sankaran. Dialogue. Epistemology, op-portunities, and entrepreneurship: comments on Venkataraman et al. (2012) and Shane (2012). *Academy of Management Review*, v. 38, n. 1. p. 154-166. Dallas: AMR, 2013.

SCHUMPETER, Joseph. O fenômeno fundamental do desenvolvimento econômico. In: *A Teoria do Desenvolvimento Econômico.* Rio de Janeiro: Nova Cultural, 1985.

SERVIÇO Brasileiro de Apoio à Micro e Pequena Empresa (Sebrae). *As micro e pequenas empresas na exportação brasileira.* Brasil: 1998-2014. 114p. Brasília: SEBRAE, 2015.

______. *DataSebrae.* Brasília: Sebrae, 2016a. Disponível em: http://www.datasebrae.com.br/.

______. *GEM – Empreendedorismo no Brasil 2015* – Relatório Executivo. Brasília: Sebrae, 2016b.

SIDNEY, Mara S. Policy formulation: design and tools. In: FISCHER, Frank et al. *Handbook of public policy analysis*: theory, politics and methods. p. 79-88. Boca Raton: Taylor & Francis Group/LLC, 2007.

SILVA, Pedro Luiz Barros; MELO, Marcus André Barreto de. O processo de implementação de políticas públicas no Brasil: características determinantes da avaliação de programas e projetos. *Núcleo de Estudos de Políticas Públicas* (NEPP/Unicamp). Cad. n. 48. Campinas: Universidade Estadual de Campinas/Unicamp, 2000.

SCHMIDT, Serje; BOHNENBERGER, Maria Cristina. *Perfil empreendedor e desempenho organizacional.* 18p. *Revista de Administração Contemporânea/ RA,* v. 13, n. 3, art. 6, p. 450-467. Curitiba: Associação Nacional de Pós-Graduação e Pesquisa em Administração/ANPAD, 2009.

SCHON, Donald. A. *Beyond the stable state:* public and private learning in a changing society. 235 p. Harmondsworth: Penguin Books, 1973.

SCHUMPETER, Joseph Alois. *Teoria do desenvolvimento econômico.* 228 p. Original: Theorie der Wirtschaftlichen Entwicklung. Berlim: Dunker & Humblot, 1964. Tradução de Maria Sílvia Possas. São Paulo: Nova Cultural, 1997.

SYLVERSON, Chad. What determines productivity? *Journal of Economic Literature.* v. 49. p. 326-365. Chicago: American Economic Association, 2011.

SOCIEDADE Brasileira de Varejo e Consumo (SBVC). *O papel do varejo na economia brasileira (estudo).* 177 p. São Paulo: SBVC, 2015.

SOUZA, Celina. Estado do campo da pesquisa em políticas públicas no Brasil. *Revista Brasileira de Ciências Sociais,* v. 18, n. 51, p. 15-21. São Paulo: Anpocs, 2003.

SOUZA, Celina. Políticas Públicas: uma revisão da literatura. *Sociologias,* n. 16, p. 20-45. Porto Alegre: RS Brasil, 2006.

SOUZA, Celina. Apresentação: Estado e políticas públicas: de que estamos falando? *Revista Eletrônica de Ciência Política,* v. 4, n. 1-2. Curitiba: Universidade Federal do Paraná, 2013.

STEINBACH, Rebecca. Equality, equity and policy: problems of policy implementation. Theoretical framework. 5 p. *Health Knowledge Education, CPD and Revalidation from Phast.* London: Public Health Action Support Team CIC, 2009.

STEVENSON, Lois; LUNDSTRÖM, Anders. *Dressing the emperor:* the fabric of entrepreneurship policy. p. 94-129. In: AUDRETSCH, David B. et al. (Org.). *Handbook of research on entrepreneurship policy.* 241 p. Cheltenham: Edward Elgar, 2007.

STONE, Deborah. *Policy paradox:* the art of political decision making. Part 1. p. 1-23. New York; London: W. W. Norton & Company, 1997.

STUMM, Michelli Gonçalves. *Poder político de ideias econômicas:* desenvolvimentismo e política industrial nos governos Lula e Dilma. 30 p. X Encontro da Associação Brasileira de Ciência Política (ABCP). Belo Horizonte: ABCP, 2016.

SUZIGAN, Wilson; FURTADO, João. Política industrial e desenvolvimento. *Revista de Economia Política (Brazilian Journal of Political Economy)*, v. 26, n. 2, p. 163-185. São Paulo: Centro de Economia Política, 2006.

THEODOULOU, Stella Z. The contemporary language of public policy: a starting point. In: CAHN, Matthew A.; THEODOULOU, Stella Z. *Public policy*: the essential readings. New Jersey: Prentice Hall, 1995.

UNIVERSIDADE ESTADUAL PAULISTA / UNESP. *Laboratório de Pesquisa sobre Agenda Governamental.* 2015. Disponível em: http://www.fclar.unesp.br/#!/departamentos/administracao-publica/projetos-de-pesquisa/ana-claudia-niedhardt-capella/.

VENKATARAMAN, Sankaran et al. Reflections on the 2010 AMR decade award: whither the promise? Moving forward with entrepreneurship as a science of the artificial. In: *Academy of Management Review*, v. 37, n. 1, p. 21–33. Londres: AMR, 2012.

VICENTE, Victor Manuel Barbosa; CALMON, Paulo Carlos Du Pin. *A análise de políticas públicas na perspectiva do modelo de coalizões de defesa.* 15 p. XXXV Encontro Anpad. Rio de Janeiro: Associação Nacional de Pós-Graduação e Pesquisa em Administração, 2011.

VILLA, Itzel Salinas. Instituto Nacional del Emprendedor (Inadem). *Entrevista.* Cidade de México: Inadem, 2015.

VIVONI, Sandra Mara Nunes. *Empreendedorismo e protagonismo juvenil:* o trabalho pedagógico e os desafios em área de vulnerabilidade social. Tese (Doutorado). 133 p. Rio de Janeiro: Instituto Universitário de Pesquisas do Rio de Janeiro, 2015.

WEIBLE, Christopher M.; SABATIER, Paul. A guide to the advocacy coalition framework. In: FISCHER, Frank et al. *Handbook of public policy analysis*: theory, politics and methods. Cap. 9. p.123-136. Boca Raton: Taylor & Francis Group/LLC, 2007.

WEIBLE, Christopher M. et al. A quarter century of the advocacy coalition framework: an introduction to the special issue. *The Policy Studies Journal*, v. 39, n. 3, p. 349-360. Hoboken: John Wiley & Sons, 2011.

WERNER, Alejandro. *América Latina e Caribe em 2016:* ajuste a uma realidade mais dura. Diálogo a fondo. International Monetary Fund (IMF). Washington, D.C.: IMF, 2016.

WOLLMANN, Hellmut. Policy evaluation and evaluation research. In: FISCHER, Frank et al. *Handbook of Public Policy Analysis*: theory, politics and methods. p. 393-402. Boca Raton: Taylor & Francis Group/LLC, 2007.
WORLD BANK. *World Development Indicators - 2016.* 184 p. Washington, DC: World Bank Group, 2016.
WORD ECONOMIC FORUM – WEF. *The Global Competitiveness Report 2014-2015.* 565 p. Genebra: WEF, 2014.
ZAHARIADIS, Nikolaos. *Ambiguity & choice in public policy:* political decision making in modern democracies. 208 p. Washington, D.C.: Georgetown University Press, 2003.

Apêndice A

PILARES DE COMPETITIVIDADE

Este apêndice apresenta os sete pilares que possuem uma relação mais forte e direta com o empreendedorismo, através da sua posição no *ranking* (144 países), respectivo *score*[128] e a média apresentada na tabela da pesquisa.

Infraestrutura - Pilar 2 (*ranking* = 76; *score* = 3,98)

Quadro 1 – Infraestrutura

Indicadores	Abordagem	*Ranking* (144)	Score	Média
Qualidade da infraestrutura geral	Avaliação da infraestrutura geral (p.ex., transporte, telefonia e energia)	120	1 = extremamente subdesenvolvido; 7 = extensa e eficiente **3,1**	4,2
Qualidade das estradas	Avaliação da qualidade das estradas	122	1 = extremamente subdesenvolvido; 7 = extensa e eficiente **2,8**	4,0
Qualidade da infraestrutura ferroviária	Avaliação da qualidade da infraestrutura ferroviária	95	1 = extremamente subdesenvolvido; 7 = extensa e eficiente **1,7**	3,3

128. O *score* apresentado para cada pilar vai de 1 a 7, de acordo com a metodologia do WEF (2015). A variância evidencia o resultado péssimo (1) e o resultado ótimo (7). Para os indicadores, o *score* é explicado individualmente.

Continuação

Qualidade da infraestrutura portuária	Avaliação da qualidade dos portos marítimos (para os países sem litoral, acessibilidade às instalações portuárias)	122	1 = extremamente subdesenvolvido; 7 = extensa e eficiente **2,7**	4,1
Qualidade da estrutura do transporte aéreo	Avaliação da qualidade da estrutura do transporte aéreo	113	1 = extremamente subdesenvolvido; 7 = extensa e eficiente **3,4**	4,4
Assentos/ quilômetro disponíveis nas companhias aéreas	Avaliação dos assentos /quilômetro disponíveis em todos os voos (serviços nacionais e internacionais), originários do país por semana (média mensal 2014 – em milhões)	9	3.827,3 (valor absoluto)	Sem indicação
Qualidade do fornecimento de eletricidade	Avaliação da confiabilidade do fornecimento de eletricidade 2013-14 (falta de interrupções e falta de flutuações de tensão)	89	1 = não é confiável em tudo; 7 = extremamente confiável **4,1**	4,5
Assinaturas de telefonia móvel	Número de assinaturas de telefones móveis por 100 habitantes - 2013	37	135,3 (valor absoluto)	Sem indicação
Linhas de telefone fixo	Número de linhas de telefone fixo ativos por 100 habitantes - 2013	51	22,3 (valor absoluto)	Sem indicação

Fonte: elaboração do autor, a partir de WEF (2015).

Ambiente macroeconômico - Pilar 3 (*ranking* = 85; *score* = 4,49)

Quadro 2 – Ambiente macroeconômico

Indicadores	Abordagem	*Ranking* (144)	Score	Média
Saldo orçamentário do governo	Saldo orçamentário do governo em % do PIB – 2013	81	- 3,3	Sem indicação
Poupança nacional bruta	Poupança nacional bruta em % do PIB - 2013 ou ano mais recente disponível	110	14,7 (%)	Sem indicação
Inflação	Variação % anual do índice de preços ao consumidor (média anual) - 2013	110	6,2 (%)	Taxas entre 0,5 e 2,9 % = 7. Pontuação diminui de forma linear, à medida que se afastam destes valores.
Dívida pública	Dívida bruta geral do governo em % do PIB - 2013 ou ano mais recente disponível	109	66,3 (%)	Sem indicação
Classificação de crédito do país	Avaliação da *Institutional Investor's Country Credit Ratings* sobre o crédito sob a probabilidade de não cumprimento da dívida soberana - março 2014	38	67,7 Em uma escala de 0-100 (menor probabilidade)	Sem indicação.

Fonte: elaboração do autor, a partir de WEF (2015).

Desenvolvimento do mercado financeiro - Pilar 8 (*ranking* = 53; *score* = 4,30)

Quadro 3 – Desenvolvimento do mercado financeiro

Indicadores	Abordagem	*Ranking* (144)	Score	Média
Disponibilidade de serviços financeiros	Em que medida o setor financeiro fornece uma ampla gama de produtos e serviços financeiros para empresas – 2013 – 14 (média ponderada)	33	1 = nada; 7 = grande variedade **5,2**	4,5
Acessibilidade aos serviços financeiros	Em que medida são os serviços financeiros acessíveis para as empresas – 2013-14 (média ponderada)	36	1 = não acessível a todos; 7 = acessível **5,0**	4,2
Financiamento através dos mercados de ações locais	Facilidade para as empresas em arrecadar R$ através da emissão de ações no mercado – 2013 – 14 (média ponderada)	55	1 = extremamente difícil; 7 = extremamente fácil **3,6**	3,4
Facilidade de acesso a empréstimos	Facilidade de obter empréstimo bancário apenas com um bom plano de negócios e nenhuma garantia – 2013-14 (média ponderada)	85	1 = extremamente difícil; 7 = extremamente fácil **2,7**	2,9
Disponibilidade de capital de risco	Facilidade para os empresários com projetos inovadores, mas arriscados, encontrar capital de risco – 2013-14 (média ponderada)	85	1 = extremamente difícil; 7 = extremamente fácil **2,7**	2,8
Solidez dos bancos	Avaliação da solidez dos bancos – 2013-14 (média ponderada)	13	1 = extremamente baixa (bancos podem exigir recapitalização); 7 = extremamente alta (bancos são geralmente saudáveis, com balanços sólidos) **6,1**	4,8

Continuação

Regulação das bolsas de valores	Eficácia da regulação e supervisão das bolsas de valores – 2013-14 (média ponderada)	17	1 = nada eficaz; 7 = extremamente eficazes **5,4**	4,1
Índice de direitos legais	Grau de proteção jurídica dos direitos dos mutuários e credores – 2013	113	Em uma escala de 0-10 (melhor) **3**	Sem indicação

Fonte: elaboração do autor, a partir de WEF (2015).

Disponibilidade tecnológica – Pilar 9 (*ranking* = 58; *score* = 4,21)

Quadro 4 – Disponibilidade tecnológica

Indicadores	Abordagem	*Ranking* (144)	Score	Média
Disponibilidade de tecnologias mais recentes	Até que ponto estão disponíveis as mais recentes tecnologias – 2013-14 (média ponderada)	77	1 = nem todas disponíveis; 7 = amplamente disponíveis **4,7**	4,8
Absorção de tecnologia ao nível da empresa	Até que ponto as empresas adotam novas tecnologias – 2013-14 (média ponderada)	59	1 = nada; 7 = adotam amplamente **4,8**	4,7
Investimento externo e transferência de tecnologia	Até que ponto o investimento direto estrangeiro traz nova tecnologia para o país – 2013-14 (média ponderada)	39	1 = nada; 7 = em grande medida, é uma importante fonte de novas tecnologias **4,9**	4,5
Utilização de internet	Percentagem de indivíduos que utilizam a Internet – 2013	64	51,6 (%)	Sem indicação

Continuação

Assinaturas fixas de internet de banda larga	Assinaturas fixas de internet de banda larga por 100 habitantes – 2013 ou ano mais recente disponível	63	10,1 (valor)	Sem indicação
Largura da banda de internet	Largura de banda de internet (kb/s) por usuário – 2013 ou ano mais recente disponível	60	42,9 (valor)	Sem indicação
Assinaturas de banda larga móvel	Assinaturas de banda larga móvel por 100 habitantes – 2013 ou ano mais recente disponível	39	51,5 (valor)	Sem indicação

Fonte: elaboração do autor, a partir de WEF (2015).

Tamanho do mercado - Pilar 10 (*ranking* = 9; *score* = 5,66)

Quadro 5 – Tamanho do mercado

Indicadores	Abordagem	*Ranking* (144)	Score	Média
Tamanho do mercado interno (índice)	Soma do PIB mais o valor das importações de bens e serviços, menos o valor das exportações de bens e serviços – 2013	6	Normalizados em uma escala de 1-7 (melhor) **5,7**	Sem indicação
Tamanho do mercado estrangeiro (índice)	Valor das exportações de bens e serviços – 2013	24	Normalizados em um (melhor) escala de 1-7 (melhor) **5,6**	Sem indicação
PIB (PPC)	O PIB no valor de paridade de poder de compra[3] em US$ bilhões – 2013	7	2.423,3 (valor)	Sem indicação

Continuação

As exportações como porcentagem do PIB	As exportações de bens e serviços em % do PIB - 2013 ou ano mais recente disponível	140	12,5 (%)	Sem indicação

Fonte: elaboração do autor, a partir de WEF (2015).

Sofisticação dos negócios - Pilar 11 (*ranking* = 47; *score* = 4,32)

Quadro 6 – Sofisticação dos negócios

Indicadores	**Abordagem**	***Ranking* (144)**	**Score**	**Média**
Quantidade de fornecedores locais	Quantidade de fornecedores locais – 2013	21	1 = em grande parte inexistentes; 7 = extremamente numerosos **5,1**	4,5
Qualidade dos fornecedores locais	Avaliação da qualidade dos fornecedores locais – 2013-14 (média ponderada)	54	1 = qualidade extremamente baixa 7 = qualidade extremamente elevada **4,6**	4,4
Estado de desenvolvimento do cluster	Avaliação do desenvolvimento e aglomeração (concentrações geográficas de empresas, fornecedores, produtores de produtos e serviços relacionados e instituições especializadas em um determinado campo – 2013-14 (média ponderada)	24	1 = inexistente; 7 = generalizado em muitos campos **4,6**	3,8

Continuação

Natureza da vantagem competitiva	Avaliação da vantagem competitiva das empresas nos mercados internacionais - 2013-14 (média ponderada)	99	1 = trabalho de baixo custo ou recursos naturais; 7 = produtos originais e processos **3,2**	3,7
Amplitude da cadeia de valor	Avaliação da presença das empresas (estreita ou larga) na cadeia de valor de valor - 2013-14 (média ponderada)	69	1 = estreita, principalmente envolvidos em passos individuais da cadeia de valor (por exemplo, de recursos de extração ou de produção); 7 = largo, presente em toda a cadeia de valor (por exemplo, incluindo produção e comercialização, distribuição, design etc.) **3,8**	3,9
Controle da distribuição internacional	Até que ponto a distribuição e comercialização internacional é possuída e controlada por empresas nacionais - 2013-14 (média ponderada)	55	1 = nada, é realizado por companhias estrangeiras; 7 = em grande medida, eles são de propriedade primária e controlados por empresas nacionais **4,2**	4,0
Sofisticação do processo de produção	Avaliação da sofisticação dos processos de produção - 2013-14 (média ponderada)	48	1 = nada (utiliza processos intensivos em trabalho ou com tecnologia antiga); 7 = alto (utiliza processos sofisticados e de conhecimento intensivo **4,2**	4,0

Continuação

Extensão do *marketing*	Avaliação da medida em que as empresas usam ferramentas e técnicas sofisticadas de *marketing* – 2013-14 (média ponderada)	30	1 = nada; 7 = em grande medida **4,9**	4,2
Vontade de delegar autoridade	Avaliação de disposição de delegar autoridade a subordinados – 2013-14 (média ponderada)	40	1 = não está disposto e toma todas as decisões importantes; 7 = muito disposto (autoridade é principalmente delegada aos chefes das unidades de negócios e outros gerentes de nível mais baixo) **4,1**	3,8

Fonte: elaboração do autor, a partir de WEF (2015).

Inovação - Pilar 12 (*ranking* = 62; *score* = 3,31)

Quadro 7 – Inovação

Indicadores	Abordagem	*Ranking* (144)	Score	Média
Capacidade de inovação	Avaliação da capacidade de inovação das empresas – 2013-14 (média ponderada)	44	1 = nada; 7 = em grande medida **4,1**	3,9
Qualidade das instituições de pesquisa científica	Avaliação da qualidade das instituições de pesquisa científica – 2013-14 (média ponderada)	50	1 = extremamente pobre - entre os piores do mundo; 7 = extremamente boa entre os melhores do mundo **4,0**	3,8

Continuação

Gastos das empresas com P&D	Avaliação do volume de gastos em P&D pelas empresas – 2013-14 (média ponderada)	43	1 = nenhum gasto em P&D; 7 = pesados gastos em P&D **3,5**	3,3
Colaboração universidade -empresa em P&D	Avaliação da colaboração entre empresas e universidades em P&D – 2013-14 (média ponderada)	54	1 = não colaboram em tudo; 7 = colaboram amplamente **3,8**	3,7
Compras governamentais de produtos de tecnologia avançada	Avaliação sobre até que ponto as decisões de compra do governo promovem a inovação – 2013-14 (média ponderada)	77	1 = nada; 7 = em grande medida **3,4**	3,5
Disponibilidade de cientistas e engenheiros	Avaliação da disponibilidade de cientistas e engenheiros – 2013-14 (média ponderada)	114	1 = nada; 7 = ampla disponibilidade **3,3**	4,0
Pedidos de patente PCT	Número de pedidos apresentados sob o Tratado de Cooperação de Patentes (PCT) por milhão de habitantes – 2010-11 (média)	50	3,2 (valor)	Sem indicação

Fonte: elaboração do autor, a partir de WEF (2015).

Apêndice B

PESQUISA ACADÊMICA SOBRE EMPRESAS DE ALTO CRESCIMENTO

Com objetivo específico de identificar a participação das HGFs na amostra de MPEs, considerando empresas com o mínimo de 10 empregados (localização geográfica aleatória), foram extraídos dados de uma pesquisa coordenada pelo autor e realizada no início de 2015, por alunos da disciplina de Gestão Estratégica de Negócios do curso de Administração do Centro Universitário Augusto Motta (Unisuam). Foram entrevistadas 236 empresas no Rio de Janeiro. Esses dados são apresentados nos Quadros 1 e 2.

Quadro 1 – Empresas por setor de atividade

Tipo de empresa	Número	%
Serviços	160	67,8
Comércio	46	19,5
Indústria	30	12,7
Total	236	100,0

Fonte: elaborado pelo autor.

Quadro 2 – Número de HGFs identificadas na amostra

Tipo de empresa	Número HGFs	% (do total de empresas do setor)
Serviços	21	13,1
Comércio	9	19,6
Indústria	6	20,0
Total	36	-

Fonte: elaborado pelo autor.

Observando-se os dois quadros, verifica-se que o setor de serviços participou com mais de 2/3 das empresas entrevistadas. Na amostra, as HGFs, são 36 empresas (15,2%), com a indústria representando a maior proporcionalidade dentro do tipo de empresa (20,0%). O número de HGFs, por tipo de empresa, não é proporcional ao número total de empresas pesquisadas em cada setor, criando a seguinte pergunta: está na indústria o maior potencial de existência de HGFs?

Um dos objetivos da pesquisa foi identificar o conhecimento e a existência de inovação nas HGFs. Verificou-se que apenas quatro empresas (duas no comércio e duas na indústria) criaram algum tipo de inovação nos últimos dois anos. Este item apresentou grande dificuldade de análise, em razão da falta de conhecimento conceitual por parte dos entrevistados. Observando a motivação para a criação das HGFs, verificou-se que, das 36 empresas, 26 (72,2%) foram criadas em razão de oportunidades identificadas. O setor de serviços representou 44,4%, o comércio, 22,2% e a indústria, 5,5%. E isto leva à segunda pergunta: qual o peso da oportunidade para a existência de HGFs? Por outro lado, temos uma outra informação interessante: de acordo com o GEM 2015, os empreendimentos criados por oportunidade representam 56,5%; os dados da pesquisa ora discutida mostram que este percentual é de 72,2%, quando nos referimos a HGFs, o que nos leva à terceira pergunta, como complemento da anterior: negócios criados por oportunidade têm mais chance de se tornarem HGFs? É óbvio que as questões formuladas podem e precisam ser respondidas por pesquisas mais amplas.

Apêndice C

PESQUISA DE CAMPO NO MÉXICO

A pesquisa foi realizada pelo autor no período de 13 a 31 de julho de 2015, basicamente através de entrevistas pessoais e visitas de observação às diversas instituições identificadas como fontes mais adequadas, considerando o objetivo da pesquisa. Assim, ela foi iniciada no dia 13 de julho de 2015, com a entrevista do Mtro. José Trinidad García Cervantes, conselheiro para Assuntos Econômicos da Embaixada do México no Brasil (Brasília).

1 Roteiro das entrevistas

As entrevistas, parcialmente estruturadas, seguiram o caminho da percepção e conhecimento dos seguintes aspectos:

a) Diferenças de posicionamento entre os partidos PAN (Partido da Ação Nacional) e PRI (Partido Revolucionário Institucional), em relação ao direcionamento econômico, considerando suas diferenças ideológicas.

b) Idem, com relação ao entendimento do empreendedorismo nesse contexto.

c) Conceito de empreendedorismo praticado pelo governo e como o tema se situa, em termos de importância, na política de desenvolvimento econômico do México.

d) Articulação entre as diversas instituições envolvidas e quais os níveis de autonomia dessas instituições, relativamente às políticas públicas de empreendedorismo.

e) Estado da arte em relação às pesquisas sobre políticas públicas no México.

f) Políticas de regulação e de fomento existentes e percepção sobre a efetividade dessas políticas.

g) Maiores dificuldades para a sua implementação, na visão do governo e do público-alvo.

h) Evidências sobre efetivos resultados com relação ao empreendedorismo, em relação aos compromissos, direcionamentos, estratégias e ações preconizadas pelo Pacto do México e o PND 2013-2018.

i) Funcionamento do triângulo governo, mercado e universidade, em termos de efetivo apoio ao empreendedorismo e onde se encontram as maiores dificuldades.

Os resultados da pesquisa ofereceram dados que compuseram parte da proposta de política de empreendedorismo apresentada.

2 Justificativa

Considerando como direcionamento teórico-conceitual o caminho do aprendizado previsto no Quadro de Coalizões de Defesa (QCD) e entendidos seus consequentes benefícios, o México foi escolhido como foco da referida pesquisa. Para esta decisão, apresentaram-se duas opções: a observação das políticas de empreendedorismo onde a predominância recaísse em sistemas mais diferentes ou em que predominassem sistemas mais semelhantes. A opção da pesquisa em um país dotado de sistemas institucionais mais semelhantes foi a escolhida, em razão de que grandes diferenças estruturais institucionais e econômicas poderiam levar naturalmente a entendimentos muito fora do contexto brasileiro, dificultando o resultado da observação. Outro aspecto influenciador da escolha foi que, segundo literatura utilizada, a análise de contextos latino-americanos é limitada, apesar do interesse de cientistas políticos norte-americanos.

3 Dados gerais do país

O México é a república constitucional federal denominada Estados Unidos Mexicanos, com 31 estados e um Distrito Federal; possui uma população de 118 milhões de habitantes e geograficamente ocupa 2 milhões de km^2, sendo o segundo país mais populoso e rico da América Latina e o primeiro da hispanofonia. É o primeiro país latino-americano membro da OCDE (desde 1994), pertencendo ao grupo 2 da América Latina, juntamente com o Brasil, Colômbia e Venezuela.

3.1 Economia e política

3.1.1 Governos e partidos (considerando o mesmo período da pesquisa utilizado)

O quadro apresenta os governos, partidos aos quais pertencem e as características ideológicas de cada um.

Quadro 1 – Governos e partidos

Período	Governo	Partido	Ideologia
01/12/1994 a 30/11/2000	Ernesto Zedillo	Partido Revolucionário Institucional (PRI)	Nacionalismo Tecnocracia Corporativismo Conservadorismo social Terceira via Espectro político: Centro
01/12/1994 a 30/11/2006	Vicente Fox	Partido da Ação Nacional (PAN)	Democracia cristã Conservadorismo Nacionalismo
01/12/2006 a 30/11/2006	Felipe Calderón	Partido da Ação Nacional (PAN)	Democracia cristã Conservadorismo Nacionalismo
01/12/2012	Enrique Peña Neto	Partido Revolucionário Institucional (PRI)	Nacionalismo Tecnocracia Corporativismo Conservadorismo social Terceira via Espectro político: Centro

Fonte: elaboração do autor.

3.1.2 Economia

A economia do México (PIB nominal de US$ 1.144 trilhão, com uma taxa de crescimento de 2,5% - 2015) tem se tornado cada vez mais orientada para a indústria nos 20 anos desde que o Acordo de Livre Comércio da América do Norte (Nafta) entrou em vigor. Ocupa a 15ª posição no ranking econômico mundial (em volume de PIB 2015, o qual tem a seguinte composição por setor da economia: serviços: 62,4%, indústria: 34,1% e agricultura: 3,5%). A renda *per capita* é cerca de um terço da dos EUA, cuja distribuição continua a ser altamente desigual.

Em março de 2016, apresentava uma taxa de inflação de 2,6%. O México se tornou o segundo maior mercado de exportação dos Estados Unidos e a terceira maior fonte de importações. Em 2015, sua balança comercial apresentou déficit de US$ 3,9 bilhões, com exportações de US$ 430,9 bilhões (principalmente para Estados Unidos, Canadá e Alemanha) e importações de US$ 434,8 bilhões (principalmente dos Estados Unidos, Japão, China e Coreia do Sul).

O México tem acordos de livre comércio com mais de 50 países, incluindo Guatemala, Honduras, El Salvador, Associação Europeia de Comércio Livre, e Japão - colocando mais de 90% do comércio no âmbito de acordos de livre comércio. Em 2012, aderiu formalmente às negociações de parceria do Trans-Pacífico, formando a Aliança do Pacífico com Peru, Colômbia e Chile. O atual governo do México, liderado pelo presidente Enrique Peña Nieto, enfatizou reformas econômicas durante o seu primeiro ano de mandato, passando a educação, a energia, a legislação de reforma fiscal e financeira das telecomunicações. Parte dessas reformas vem sendo facilitadas pelo “Pacto para o México”, que representa a agenda dos três maiores partidos para uma ampla reforma, visando melhorar a competitividade e o crescimento econômico de toda a economia mexicana.

3.1.2.1 *Produção agrícola*

Milho, trigo, soja, arroz, feijão, algodão, café, frutas, tomates, carne, aves, produtos lácteos e produtos de madeira.

3.1.2.2 *Indústria*

Alimentos e bebidas, tabaco, produtos químicos, ferro e aço, petróleo, mineração, têxteis, vestuário, veículos motorizados, bens de consumo duráveis e turismo.

4 Conclusão sobre as políticas públicas de empreendedorismo no México

Até 2012, o empreendedorismo no México era tratado de forma muito parecida com a do Brasil. Em 2013, o novo governo de Enrique Penã Neto (PRI) criou o Instituto Nacional del Emprendedor (Inadem), uma espécie de Sebrae brasileiro, quando foram divididas as responsabilidades: desde aquele ano, o Inadem é a única instituição responsável pela elaboração, direcionamento e aplicação das políticas públicas de empreendedorismo (onde se encaixam os pequenos negócios), privilegiando o desenvolvimento da inovação. Já o *Consejo Nacional de Ciencia y Tecnologia* (Conacyt), instituição já existente, define especificamente as políticas públicas de desenvolvimento tecnológico e científico, sendo responsável pelo desenho e operação dos diferentes programas de promoção para o desenvolvimento científico e tecnológico para inovação. O Conacyt apoia e desenvolve empresas de qualquer porte, que apresentem as características previstas em suas operações. Ambas as instituições têm seus programas e ações apoiados financeiramente pela Nacional Financiera - Banca de Desarrollo (Nafin), que poderia ser comparado ao BNDES brasileiro. E embora não tenhamos utilizado o modelo teórico-analítico (QCD) em relação a essa pesquisa de campo, verificamos que a mudança da política, em 2013, foi resultado de um choque externo ao subsistema (a mudança de governo), o que vem corroborar a hipótese número oito do QCD.

5 Entrevistas realizadas

5.1 Instituições (públicas e privadas)

Mtro. José Trinidad García Cervantes
Conselheiro para Assuntos Econômicos
Secretaria de Relações Exteriores
Embaixada do México no Brasil
SES Av. das Nações, Qd. 805, Lt. 18 – Asa Sul – Brasília – DF
Tel. 61 3204-5245
E-mail: josegc@sre.gob.mx

Lic. Itzel Villa Salinas
Diretora de Empreendedorismo de Alto Impacto
Secretaria de Economia
Instituto Nacional do Empreendedor – Inadem
Direção Geral de Programas de Empreendedores e Financiamento
Av. Insurgentes Sur 1940 Piso 3 – Col. Florida. Delegación: Álvaro Obregón, México, D.F.
Tel. +52 55 5229-6100, Ext. 32061 (Cel. 55 1395-3237)
E-mail: itzel.villa@inadem.gob.mx

Ing. Luis Alfredo Hernández López
Coordenador da Aceleradora de Negócios, Empreendedorismo e Inovação – CIEF
Instituto Tecnológico de Monterrey – Escola de Negócios / Campus Cidade do México
Calle del Puente 222, Col. Ejidos de Huipulco – Tlalpan, México, D.F.
Tel. +52 55 5483-2020, Ext. 2364
E-mail: luis.alfredo.hernandez@itesm.mx

Mtro. Juan Manuel Romero Ortega
Vice-presidente para Inovação e Transferência de Tecnologia
Universidade Nacional Autônoma do México – Unam
Coordenação de Inovação e Desenvolvimento
Torre da Reitoria Piso 10, Cidade Universitária – Coyoacán, México, D.F.
Tel. +52 55 5622-1599, Ext. 40588 (Direto: 5622-1160 / Cel: 6066-7881
E-mail: jmromero@unam.mx

Mtra. Melva Yvonne Flores Dueñas
Diretora de Incubadoras e Parques Tecnológicos
Universidade Nacional Autônoma do México – Unam
Coordenação de Inovação e Desenvolvimento
Cerro del Agua 120, Col. Romero de Terreros, Coyoacán, México, D.F.
Tel. 5658-5650, Ext. 233
E-mail: melvyf@unam.mx

Mtra. Rocío Pérez Martínez
Diretora Operativa do EPIC LAB
Instituto Tecnológico Autônomo do México – ITAM
Centro ITAM de Criatividade, Inovação e Empreendedorismo
Rio Hondo, 1 – Col. Progreso Tizapán, México, D.F.
Tel. +52 55 5628-4000, Ext. 3445
E-mail: rocio.perez@itam.mx

M. en C. Juan Alberto González Piñon
Diretor do Centro de Incubação de Empresas de Base Tecnológica
Secretaria de Extensão e Integração Nacional
Instituto Politécnico Nacional – IPN
Av. Wilfrido Massieu, s/n, Esq. Luis Enrique Erro
Unidade Profissional Adolfo López Mateos – Zacatenco, Cidade do México, D.F.
Tel. +52 55 5729-6000, Ext. 57684 e 57610 (Cel. 04455 2737-5103)
E-mail: jgonzalesp@ipn.mx

Hernán Fernández Lamadrid
Presidente da Angel Ventures Mexico
Av. Horacio, 1501, Esq, Sofocles. Col. Polanco, Cidade do México, D.F.
Tel. 5255-3891 (Cel. 55 1474-3350)
E-mail: hfernandez@angelventures.vc

Mtra. Laura Almanza
Direção Adjunta de Desenvolvimento Tecnológico e Inovação
Secretaria de Economia
Conselho Nacional de Ciência e Tecnologia – CONACYT
Av. Insurgentes Sur 1582, Benito Juárez, Crédito Constructor, Ala Sur, 5º piso
Tel. 5322-7700 ext. 5910

Lic. Tania Zozaya Segura
Representante Estatal Cidade do México
Secretaria de Fazenda e Crédito Público
Nacional Financeira – Banco de Desenvolvimento - NAFIN
Direção Regional Centro
Av. Insurgentes Sur, 1971, Col. Guadalupe Inn, Deleg. Alvaro Obregón, México, D.F.
Tel. +52 55 5325-6000, Ext. 6112 (Cel. 044 55 6786-4618)
E-mail: tzozaya@nafin.gob.mx

5.2 Empreendedores

Arq. Jorge Ham Tamayo
Desenho 3D
Diretor do Centro Morelense de Inovação e Transferência de Tecnologia
Governo do Estado de Morelos
Carretera Av. Temixco 160, Cidade de la Confección, Col. Palo Escrito, Emiliano Zapata, Morelos, México
Tel. +52 777 368-0091 / 368-3998. Ext. 104 (Nextel 1137185)
E-mail: jorge.ham@morelos.gob.mx

Ing. Roberto Ríos Ramírez

Três Rios Serviços Tecnológicos (fabricação de circuitos eletrônicos)

Rancho San Lorenzo 24, Depto. 203-B – Col. Los Girasoles III, Del. Coyoacán, México, D.F.

Tel. +52 55 5684-9739

E-mail: roberto.rios@pcb-mexico.com

Mariana Arzate

Rituales Contemporaneos - Fábrica de móveis customizados

E-mail: marianarzate@hotmail.com

Irving Minero

Tlatec Modelos Anatômicos (modelos de órgãos humanos, próteses etc.)

E-mail: solowillow@hotmail.com

Eduardo Vargas

Ecovoraz (laboratório de reprodução de espécies vegetais)

E-mail: evargas@ecovoraz.com / eduardo.vargas25@gmail.com

Referência auxiliar

THE WORLD FACTBOOK. Central Intelligence Agency. Disponível em: www.worldfactbook.com.

Anexo

Proposta de Teses e Diretrizes para a Política Nacional de Empreendedorismo e Negócios: Consulta Pública

Brasília, julho de 2012

Proposta de Teses e Diretrizes para a Política Nacional de Empreendedorismo e Negócios: Consulta Pública / Coordenação Ednalva Fernandes Costa de Morais. – Brasília : MDIC, 2012.
68 p. : il.

1. Política Nacional de Empreendedorismo e Negócios - PNEN. 2. Empreendedorismo. 3. Políticas Públicas. I. Ministério do Desenvolvimento, Indústria e Comércio Exterior. II. Centro de Apoio ao Desenvolvimento Tecnológico da Universidade de Brasília.

CDU 338.26

Este trabalho é fruto de cooperação entre o MDIC – Ministério do Desenvolvimento, Indústria e Comércio Exterior, por intermédio da Secretaria de Comércio e Serviços – Departamento de Micro, Pequenas e Médias Empresas, e o CDT/UnB – Centro de Apoio ao Desenvolvimento Tecnológico da Universidade de Brasília.

MDIC – Ministério do Desenvolvimento, Indústria e Comércio Exterior
www.mdic.gov.br
Ministro: Fernando Damata Pimentel
Secretário Executivo: Alessandro G. Teixeira
Secretário de Comércio e Serviços: Humberto Luiz Ribeiro da Silva
Diretor do Departamento de Micro, Pequenas e Médias Empresas: Sergio Nunes de Souza

UnB – Universidade de Brasília
www.unb.br
Reitor: José Geraldo de Souza Júnior
Vice-Reitor: João Batista de Souza
Decana de Pesquisa e Pós-Graduação: Denise Bomtempo Birche de Carvalho

CDT/UnB – Centro de Apoio ao Desenvolvimento Tecnológico da Universidade de Brasília
www.cdt.unb.br
Diretor: Luís Afonso Bermúdez
Vice-Diretora: Ednalva Fernandes Costa de Morais

Equipe Técnica do CDT/UnB

Pesquisadoras
Ana Cartaxo Bandeira de Melo
Arij Mohamad Radwan Omar Chabrawi
Ednalva F. C. de Morais
Jocelita Palhano
Rosangela Maria Ribeiro Muniz

Apoio técnico
Anísio Lopes de Castro
Bruno Vieira
Cauan Braga
Georgeanne Pinho
João Orlando Rodrigues Neto
Michele Alves Marques
Rosangela Medeiros Cavalcante Felix de Oliveira
Tiago Machado de Alencar

Coordenação Técnica
Rosangela Maria Ribeiro Muniz

Coordenação Geral
Ednalva Fernandes Costa de Morais

Equipe do MDIC

Carlos Veloso de Melo Júnior
Fabio de Medeiros Souza
Fábio Santos Pereira Silva
Sergio Nunes de Souza

Elaboração, distribuição e informações:
Centro de Apoio ao Desenvolvimento Tecnológico - CDT/UnB
Coordenadoria de Projetos Especiais
Universidade de Brasília - Edifício CDT
Campus Universitário Darcy Ribeiro
Brasília - Distrito Federal Caixa Postal: 04397
Tel.: (61) 3107-4100
E-mail: atendimento@cdt.unb.br
www.cdt.unb.br

Ministério do Desenvolvimento, Indústria e Comércio Exterior
Secretaria de Comércio e Serviços
Departamento de Micro e Pequenas e Médias Empresas
Esplanada dos Ministérios Bloco J Sala 304, Brasília-DF
CEP:70053-900
Tel: (61)2027-7095
E-mail: depme@mdic.gov.br
www.mdic.gov.br

Sumário

CONTATO	INSTITUIÇÃO
PATRICK WALLACE	CENTRO DE APOIO AO DESENVOLVIMENTO TECNOLÓGICO
PAULO JOSE WANDERLEY BRAGA	BANCO DO NORDESTE DO BRASIL
PAULO DE ROCHA FERREIRA BORBA	BANCO CENTRAL DO BRASIL
PEDRO EUGÊNIO DE CASTRO TOLETO CABRAL	COMISSÃO PERMANENTE DE MICRO E PEQUENA EMPRESA
POLIANNA BUGARIN	SECRETARIA DO PLANEJAMENTO DESENV. ECONÔMICO DE ALAGOAS
PRISCILA DOS SANTOS	MINISTERIO DESENVOLVIMENTO, INDÚSTRIA E COMÉRCIO EXTERIOR
RAAD MASSOUH	SECRETARIA DE ESTADO DA MICRO EMPRESA E ECONOMIA SOLIDÁRIA - DF
RAEL MAIRESSE	CONFEDERAÇÃO BRASILEIRA DE EMPRESAS JUNIORES
RAUL CURRO	MINISTERIO DO DESENVOLVIMENTO, INDÚSTRIA E DO COMÉRCIO EXTERIOR
RAUL PORTUGAL	COMISSÃO DE VALORES MOBILIÁRIAS
RENATO CASTELO	SERVIÇO BRASILEIRO DE APOIO À MICRO E PEQUENAS EMPRESAS
RENATO DE LIMA DIAS	EMATER
RENATO ROSSI	CONFEDERAÇÃO DAS ASSOCIAÇÕES COMERCIAIS E EMPRESÁRIAIS DO BRASIL
RICARDO LIMONGI FRANÇA COELHO	UNIVERSIDADE FEDERAL DE GOIÁS
ROBERT PARKINSON	ANDE POLO BRASIL
RODOLFO RAJA GABAGLIA ARTIAGA	SECRETARIA DE INDÚSTRIA E COMÉRCIO
ROQUE ALVES	MINISTÉRIO DO PLANEJAMENTO, ORÇAMENTO E GESTÃO
ROSANGELA MEDEIROS	CENTRO DE APOIO AO DESENVOLVIMENTO TECNOLÓGICO
ROSANGELA RIBEIRO	CENTRO DE APOIO AO DESENVOLVIMENTO TECNOLÓGICO
RUI DIAS DA COSTA	FEDERAÇÃO DAS INDÚSTRIAS DO ESTADO DE GOIÁS
SANDRA MARIA SILVA UNGAR	MINISTÉRIO DA EDUCAÇÃO
SHEILA O. PIRES	ASSOC. NAC. DE ENTIDADES PROMOTORAS DE EMPREEND. INOVADORES
SILMAR P. RODRIGUES	SERVIÇO BRASILEIRO DE APOIO À MICRO E PEQUENAS EMPRESAS
SILVIO R. SAKATO	SECRETARIA DE ESTADO DA MICRO EMPRESA E ECONOMIA SOLIDÁRIA - DF
SOILA BRILHANTE	UNIVERSIDADE FEDERAL DO PARÁ
SULAMITA A. PORTO	FEDERAÇÃO DAS INDÚSTRIAS DO ESTADO DE GOIÁS
TAIS PEREIRA VILELA	CAIXA ECONÔMICA FEDERAL
TATIANA DORIA	CAIXA ECONÔMICA FEDERAL
TELEZAIDA A. SILVA	Z.A.EMPREENDIMENTOS
THIAGO CUNHA SOARES	SERVIÇO BRASILEIRO DE APOIO À MICRO E PEQUENAS EMPRESAS
THIAGO DE SOUZA PEIXOTO	SECRETARIA DE INDUSTRIA E COMÉRCIO - GO
TIAGO MENEZES MACHADO	RECEITA FEDERAL DO BRASIL
UBAJARA BEROCAN LEITE	MINISTÉRIO DA INTEGRAÇÃO NACIONAL
VALTER CESAR PAGANI	PAGANI & ATIQUE REPRESENTAÇÕES.
VINICIUS O. RIBEIRO	MINISTERIO DO PLANEJAMENTO
VIVIANE ANDRESSA PINTO	SERVIÇO DE APOIO À MICRO E PEQUENA EMPRESA - RS
VIVIANE FERRAN	SERVIÇO DE APOIO À MICRO E PEQUENA EMPRESA - RS
WANDERLEY SILVA JUNIOR	TOTVS
WANY LEITE PASQUARELLI	CONFEDERAÇÃO NACIONAL DO COMÉRCIO
SUBTOTAL = 156	
TOTAL GERAL DE PARTICIPANTES NAS OFICINAS E SEMINÁRIO INTERNACIONAL = 483	

empresas emergentes; e por fim, mas não menos importante, a mobilização dos entes públicos em direção à simplificação do ambiente de negócios e do fomento ao empreendedorismo, conforme prevê a Lei Geral da Micro e Pequena Empresa (Lei 123/2006).

Durante seis meses, a equipe de pesquisadores realizou amplo levantamento de estudos e fontes de referência nacionais e internacionais e buscou criar ambientes de construção coletiva de ideias e proposições. O processo envolveu, em diferentes momentos e em todo o País, atores relevantes na discussão do tema, incluindo governo, empresas, universidades, instituições especializadas e outras entidades representativas da sociedade civil. Dentre as instituições especializadas de atuação nacional estão a Frente Parlamentar Mista da Micro e Pequena Empresa do Congresso Nacional, o Serviço Brasileiro de Apoio às Micro e Pequenas Empresas (SEBRAE), a Confederação Nacional dos Jovens Empreendedores (CONAJE), a Confederação Nacional da Micro e Pequena Empresa (COMICRO) e outras mencionadas no item 2.7 e na lista anexa, as quais trouxeram grandes contribuições e propostas.

As propostas aqui formuladas passam agora por consulta pública a ser conduzida pelo MDIC. Espera-se, assim, imprimir às diretrizes não apenas consistência técnica, mas também validação e legitimação pela sociedade brasileira, fatores essenciais à qualidade e à eficiência das políticas públicas.

8

1. Introdução e Contextualização

BRASIL MAIOR
Inovar para competir. Competir para crescer.

As teses e diretrizes para a formulação de uma Política Nacional de Empreendedorismo e Negócios foram construídas em alinhamento com as políticas federais, em especial aquelas configuradas nas diretrizes centrais do governo e do Plano Brasil Maior. Na última década, o Brasil vem orientando o seu processo de desenvolvimento a partir de políticas que buscam conciliar o crescimento econômico com a crescente redução das desigualdades sociais, ao tempo em que procura avançar no desenvolvimento científico e tecnológico, de modo a alcançar maior competitividade. Tudo isso sem perder de vista a sustentabilidade ambiental, que diferencia o País pela extraordinária riqueza de sua biodiversidade.

Essa mesma tendência permeia o Plano Brasil Maior, política industrial, tecnológica, de serviços e de comércio exterior para o período de 2011 a 2015. O Plano pretende mobilizar as forças produtivas para inovar, competir e crescer, dinamizando as competências presentes nas empresas, na academia e na sociedade. Ele integra instrumentos de vários ministérios e órgãos do Governo Federal, somando iniciativas e programas num esforço integrado e abrangente de geração de emprego e renda, de promoção da competitividade econômica do País, com equidade e sustentabilidade ambiental.

Destacam-se, no âmbito do Plano Brasil Maior, algumas medidas com maior impacto nas políticas voltadas ao incremento do empreendedorismo de negócios no Brasil, como, por exemplo, a desoneração dos investimentos e das exportações; o aumento de recursos e aperfeiçoamento no marco regulatório para inovação; a criação de regimes especiais para agregação de valor e de tecnologia nas cadeias produtivas; a regulamentação da lei de compras governamentais para estimular a produção e a inovação no País e, de forma mais direta, estímulos ao crescimento de pequenos e micronegócios. A Política Nacional de Empreendedorismo e Negócios estará alinhada ao Plano Brasil Maior também no sentido de alcançar resultados na redução das desigualdades regionais.

Assim, o empreendedorismo constitui implicitamente uma condicionante ou um resultado, ou ambos, de cada uma das dez metas do Plano Brasil Maior, as quais, direta ou indiretamente, traduzem ações de amplo impacto no estímulo e apoio ao empreendedorismo empresarial ou potencializando essa atividade no País.

Relação do Empreendedorismo com as Metas do Plano Brasil Maior

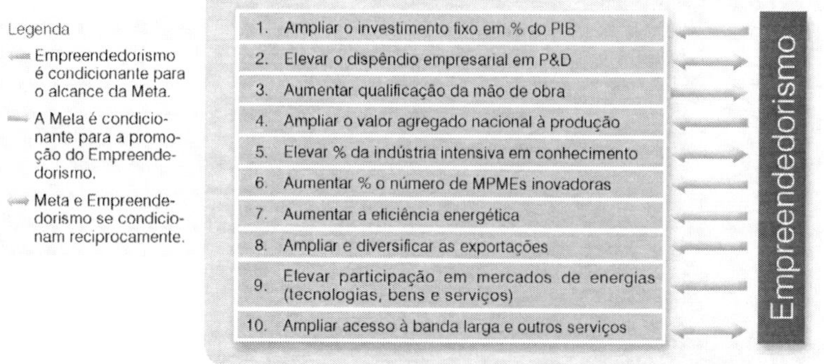

Nesse contexto, deve-se entender uma política nacional de empreendedorismo como a coordenação dos esforços governamentais para promover o empreendedorismo empresarial em suas diversas facetas, no âmbito de uma política pública mais abrangente, definida pelo Plano Brasil Maior. Essa política não se confunde, mas complementa e interage de forma sinérgica com outras políticas específicas que têm interface com o tema, e que estão a cargo de outros agentes governamentais, como, por exemplo, a política voltada para os micro e pequenos negócios, de um lado, e, de outro, a política de estímulo ao empreendedorismo inovador. A PNEN atuará na coordenação e harmonização dos instrumentos previstos para o alcance das diretrizes e dos objetivos da Política, bem como na elaboração de novos instrumentos de ação que possam preencher possíveis lacunas identificadas. A figura a seguir ilustra a inserção da PNEN no Plano Brasil Maior e a relação com as iniciativas governamentais já existentes. A pertinência de uma política nacional de empreendedorismo fica ainda mais visível quando se depreende a necessidade de que todas essas iniciativas sejam articuladas e se tornem mais acessíveis ao empreendedor.

Os conceitos de base da PNEN, portanto, estão alinhados à agenda de desenvolvimento econômico do País, tendo como foco o estímulo à alavancagem da competitividade e o incremento de produtividade da economia brasileira, pautas constituintes do Plano Brasil Maior. Os temas de desenvolvimento social também fazem parte da agenda da PNEN, porém devem ser observados como efeito decorrente de mudanças no ambiente econômico induzidas pela Política.

Figura 1 – Organograma da PNEN

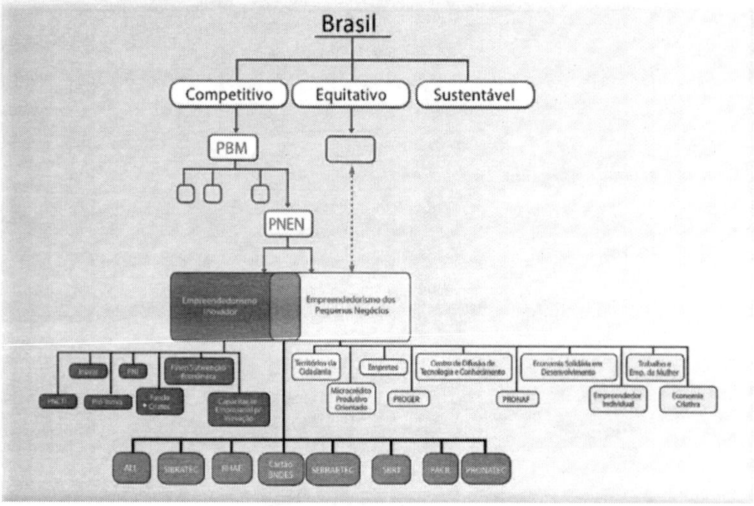

1.1 Conceito de política pública, teses e diretrizes utilizadas no projeto

Para Peters (1986), política pública é a soma das atividades dos governos, que agem diretamente ou por intermédio de delegação e que influenciam a vida dos cidadãos. Dye (1984) sintetiza a definição de política pública como "o que o governo escolhe fazer ou não fazer".

Conceitos-chave

Do ponto de vista teórico-conceitual, pode-se resumir política pública como o campo do conhecimento que busca, ao mesmo tempo, "colocar o governo em ação" e/ou analisar essa ação (variável independente) e, quando necessário, propor mudanças no rumo ou curso dessas ações (variável dependente). A formulação de políticas públicas constitui-se no estágio em que os governos traduzem seus propósitos em programas e ações que produzirão resultados ou mudanças no mundo real.

Elementos de políticas públicas

Das diversas definições e modelos sobre políticas públicas, podemos extrair e sintetizar seus principais elementos:

1. A política pública permite estabelecer o que o governo pretende fazer;
2. A política pública envolve vários atores e níveis de decisão, embora seja implementada por meio dos governos e não se restrinja necessariamente a participantes formais, já que os informais são também importantes;
3. A política pública é abrangente e não se limita a leis e regras;
4. A política pública é uma ação intencional, com objetivos a serem alcançados;
5. A política pública, embora tenha impactos no curto prazo, é de longo prazo.

De acordo com Cassiolato (2000), as novas políticas para o desenvolvimento vêm sendo formuladas em resposta às importantes transformações vividas nas últimas décadas. Dentre as principais tendências adotadas por países mais avançados encontra-se a crescente convergência entre as diversas políticas, particularmente as de desenvolvimento industrial e tecnológico e de comércio internacional. Observa-se com igual ênfase o crescente fortalecimento de processos de aprendizagem, de geração e difusão de conhecimento para o aumento da competitividade de organizações e países.

De acordo com Oliveira (2001), as teses são argumentações resultantes de investigação aprofundada sobre um tema. As teses apresentadas no presente trabalho são o resultado de pesquisa extensa, tendo como fonte diversos estudos e pesquisas sobre o tema realizadas no Brasil e no exterior e apresentando conclusões acerca do empreendedorismo no País.

A partir das teses, foram elaboradas as diretrizes para a Política Nacional do Empreendedorismo. Essas diretrizes são a identificação de temas fundamentais para comporem a Política Nacional de Empreendedorismo e Negócios. Constituem, portanto, um conjunto de instruções, indicações ou uma trilha orientadora das prioridades para cada ambiente empreendedor (macro, intermediário e micro) que modelam programas e ações estratégicas, bem como a determinação de indicadores e metas.

1.2 Conceitos de empreendedorismo utilizados no projeto

Nas últimas décadas, o termo empreendedorismo vem sendo amplamente utilizado, principalmente nos estudos de economia. Podemos encontrar inúmeros estudos disponíveis ao público, além de revistas e journals acadêmicos sobre o tema. Entretanto, a disseminação da palavra empreendedorismo ocorreu juntamente com a relativa frouxidão do conceito. Num sentido mais amplo, empreender vai além de uma atividade intrínseca à iniciativa privada, pois passou a englobar o terceiro setor e a administração pública; não mais circunscreve apenas o espaço da inovação, mas também o das mudanças organizacionais adaptativas (MARTES, 2010).

Foi Schumpeter quem consolidou o conceito de empreendedorismo, ao relacioná-lo à inovação (FILION, 1999). De acordo com Schumpeter (1985), o empreendedor não se detém à maximização do lucro de processos já existentes: ele vai além, busca desenvolver novos processos modificando um determinado setor ou ramo de atividade em que atua, criando assim um novo ciclo de crescimento que pode promover uma ruptura no fluxo econômico contínuo. Mas, atualmente, o empreendedor de Schumpeter representa apenas um entre vários perfis de empreendedores que são estudados. Nesse sentido, o empreendedor aparece também como um ator cujo papel é atuar dentro de uma organização – são os chamados "intraempreendedores", sem os quais as ações e projetos tendem ao insucesso.

Conceitos-chave

O conceito de empreendedorismo utilizado neste trabalho possui um escopo amplo que é capaz de captar toda e qualquer característica de esforço autônomo que envolva a criação de uma base de recursos. Esse esforço pode ser individual ou coletivo, considerando indivíduos e empresas (GEM, 2010). Desse modo, no âmbito deste projeto considera-se empreendedorismo o conjunto de esforços direcionados à criação de um novo negócio, como as atividades autônomas, criação de uma nova empresa ou expansão de uma já existente, com o foco no entendimento do empreendedorismo sob o conceito de quinto fator de produção.

Em economia, Recursos ou Fatores de Produção são os elementos básicos utilizados na produção de bens e serviços, conforme definido pela Escola Clássica dos Economistas dos séculos XVIII e XIX. Os três recursos fundamentais são terra, trabalho e capital. Com a Segunda Revolução Industrial, a tecnologia passou a ser considerada como o quarto fator de produção. Atualmente, a economia moderna classifica o empreendedorismo como o quinto fator de produção e canal indutor de relações de mercado sustentáveis e duradouras.

Nesse sentido, também será abarcado o conceito de empreendedorismo como um driver para o crescimento econômico, geração de emprego, inovação e produtividade. Ele se relaciona com a inovação e ambos estão associados com o "fazer algo novo" (OECD, 2011). Para um país como o Brasil, que tem seu desenvolvimento impulsionado pela eficiência (GEM 2010), é importante adotar políticas que impactam positivamente o macroambiente econômico, gerando, assim, condições propícias para a disseminação em grande escala de atividades produtivas que promovam desenvolvimento, tais como as atividades empreendedoras.

É importante ressaltar que as taxas de empreendedorismo não estão relacionadas apenas aos níveis de desenvolvimento econômico dos países. Enquanto o desenvolvimento tende a estar associado aos níveis de sofisticação e à atenção às várias condições que interferem diretamente na atividade empreendedora, as economias também têm suas próprias culturas e políticas, entre outras características que tornam único cada país. Por isso é essencial que esses elementos estejam presentes na análise e proposição de políticas que possam favorecer o ecossistema empreendedor.

A construção da PNEN se dá num momento altamente propício, em que o ambiente econômico e social – mercado interno pujante, estabilidade macroeconômica, bônus demográfico, mudança do ambiente corporativo, dentre outros aspectos – constitui uma ocasião ímpar de transformação da estrutura empresarial brasileira para o alcance de níveis mais elevados de competitividade e produtividade, bem como de reposicionamento do Brasil frente aos principais atores internacionais.

1.3 Teses e Diretrizes da Política Nacional de Empreendedorismo e Negócios

O Brasil vem registrando, nos últimos anos, um desempenho econômico que destaca o País entre as maiores economias do mundo e o levou a ocupar a sexta posição entre as maiores economias. Embora a taxa de 2,7% de crescimento do PIB em 2011 tenha ficado abaixo das expectativas anunciadas pelo governo, foi suficiente para manter um ritmo mais acelerado que o da grande maioria dos países. Outro indicador positivo, especialmente frente a um contexto de crise econômica nos Estados Unidos e União Europeia, é a taxa de desemprego, que em dezembro de 2011 chegou a 4,7%. Entre os países do G-20, o Brasil tem sido um dos poucos a conseguir uma expressiva expansão dos postos de trabalho.

Dados

Outro aspecto relevante que caracteriza esse contexto de dinamismo da economia brasileira é a inclusão de segmentos da população que viviam à margem do desenvolvimento econômico. A Pesquisa Nacional por Amostra de Domicílio – PNAD de 2009 aponta que continua a tendência de redução da desigualdade de renda. Considerando uma linha de pobreza de ½ salário mínimo de 2009, o percentual de famílias na pobreza caiu de 46,5%, em 1995, para 29,2%, em 2009, tendo alcançado 32,0% em 2008. Não apenas há menos pobres, como as pessoas que ainda o são, são menos pobres (IPEA/PNAD 2009).

Esse contexto apresenta diversos aspectos que favorecem o chamado ecossistema empreendedor. Os estudos mais recentes apontam para uma tendência de crescimento do empreendedorismo no Brasil. Fatores como a expansão do consumo das famílias e a redução das desigualdades sociais favorecem o incremento da Taxa de Empreendedores Inicial – TEA, medida pela Global Entrepreneurship Monitor – GEM, que registrou em 2010 o maior índice desde que a pesquisa começou no Brasil, há 11 anos: 17,5%, da população adulta, índice acima da média geral dos países, especialmente se comparado aos que possuem o mesmo driver de desenvolvimento.

Compõe ainda esse quadro que favorece o ecossistema empreendedor no Brasil a expansão das fontes de crédito e investimento para novos negócios. Na última década, o Brasil foi um dos emergentes que mais atraíram capital de risco, ocupando o quarto lugar na relação desses fundos para o PIB: 0,23%.

As baixas taxas de desemprego criam um contexto em que risco inerente à atividade empreendedora é diminuído pela perspectiva de voltar ao mercado de trabalho, caso o negócio não alcance sucesso. Além disso, nesse cenário as pessoas tendem a passar por vários empregos e a participar de treinamentos oferecidos pelas empresas. A elevação do padrão de qualificação técnica destes profissionais está relacionada a uma maior propensão à atividade empreendedora.

Dados

O Brasil abre 316.000 novas empresas por ano – é o terceiro colocado no mundo, acima de países como Alemanha e Índia. Esse indicador se torna ainda mais relevante quando relacionado ao fato de que a taxa de sobrevida (mais de dois anos) dos novos negócios cresceu de 50% para 73% nos últimos dez anos no Brasil, um índice maior do que o registrado nos Estados Unidos.

O empreendedorismo por oportunidade vem avançando a cada ano sobre o empreendedorismo por necessidade: o índice cresceu de 45%, em 2002, para 69% em 2011. O Brasil apresenta um índice maior do que a média dos países da OCDE quando se trata da percentagem de "gazelas", que são empresas jovens com crescimento maior do que 20% nos últimos três anos: 3,3% do universo das empresas analisadas, para uma média de 1% na OCDE.

Entretanto, diversos estudos alertam para alguns desafios que o País precisa enfrentar. Eles são citados quando se discute a competitividade sistêmica da economia brasileira, mas afetam também o ecossistema empreendedor. O Índice FIESP de Competitividade das Nações 2011 compara a evolução da competitividade de 43 países que detêm 91% do PIB mundial, a partir de 83 variáveis abrangendo fatores sistêmicos relacionados ao ambiente macroeconômico, político-institucional, regulatório, infraestrutural, social e internacional.

No IC-FIESP 2011, que tem como base os dados de 2010, o Brasil aumentou sua nota, mas manteve a posição no ranking – de 37° colocado entre as 43 nações analisadas. Os países desenvolvidos, como Japão, Suécia e Estados Unidos, têm perdido competitividade, apesar de ainda permanecerem entre os mais competitivos. Por outro lado, os países asiáticos, como Cingapura, Coreia do Sul e China, são destaque em ganho de competitividade.

Também no ranking anual de competitividade elaborado pela International Institute for Management Development – IMD, escola suíça de negócios, o Brasil caiu seis posições em 2011 entre os 59 países analisados e ficou em 44° lugar. O estudo mede quatro grupos de fatores – performance econômica, infraestrutura, eficiência do governo e ambiente de negócios. Os subfatores que mostraram pior desempenho foram produtividade, eficiência e preços. Entre os maiores desafios a serem enfrentados, o estudo aponta o controle dos gastos do governo e a implementação do Plano de Aceleração do Crescimento – PAC para sustentar investimentos em infraestrutura física e tecnológica, além de ajustar as taxas de juros para reduzir o spread, mantendo a inflação sob controle.

O quadro burocrático e fiscal continua muito pouco favorável aos negócios: distorções tributárias e altos custos de atendimento às exigências regulatórias são exemplos de políticas amplamente discutidas com os participantes deste projeto.

Outro aspecto relevante, nesse sentido, está relacionado às assimetrias no desenvolvimento das diferentes regiões e municípios do País. De acordo com o IBGE, 70% dos municípios brasileiros têm menos de 20 mil habitantes, onde vive 18% da população. De um universo de mais de cinco mil municípios, 253 concentram 50% da população e em apenas 14 deles vivem 20% dos habitantes. O mesmo estudo mostra que 80% da população brasileira vive em área urbana.

Os especialistas concordam, entretanto, que o governo tem um importante papel a desempenhar nesse contexto, no sentido de realizar reformas que destravem os obstáculos para o desenvolvimento dos negócios e, ao mesmo tempo, estimulem a tendência ao empreendedorismo, que tem tudo para se tornar um vetor decisivo para impulsionar de vez o desenvolvimento sustentável brasileiro.

1.4 Público-alvo da Política

Para efeito do presente estudo, considerando os conceitos de empreendedorismo utilizados neste projeto, a Política Nacional de Empreendedorismo e Negócios estará focada na geração e fortalecimento de negócios, nas vertentes do empreendedorismo dos pequenos negócios e do empreendedorismo inovador. As características de empreendedorismo inovador incluem aqueles de alto impacto, que desenvolvem atividades intensivas em conhecimento, os inovadores disruptivos e os corporativos e intracorporativos em médias e grandes empresas, ou intraempreendedores. O empreendedorismo de pequenos negócios está relacionado a segmentos populacionais específicos, tais como mulheres, jovens e idosos, e inclui ainda empreendimentos familiares em setores tradicionais.

Segmentos de empreendedores-alvo da PNEN

Estas duas vertentes principais da política são entendidas como não excludentes. Pelo contrário, há uma sobreposição parcial entre os dois segmentos já que parte dos empreendedores de pequeno porte, inclusive empreendedores sociais, são empreendedores inovadores, e vice e versa. Dentre estes segmentos de empreendedores, a PNEN estará orientada prioritariamente a negócios e à economia de mercado, contemplando os seguintes segmentos do público alvo:

- Jovens empreendedores;
- Pessoas com ideias de mercado viáveis;
- Empreendedores de setores tradicionais;
- Empreendedor Individual;
- Empreendedores dos setores de tecnologia de ponta e da economia criativa; e
- Empreendedores organizados coletivamente.

2. Metodologia e Principais Produtos

2.1 Referências de elaboração de políticas públicas

De acordo com o estudo da OCDE intitulado "A prática de formulação de políticas na OCDE: Ideias para a América Latina", os principais desafios para a melhoria da qualidade das políticas públicas na região são, dentre outras, a baixa coordenação entre as políticas dos diferentes setores, levando a políticas inconsistentes e incoerentes; e a desconexão entre a formulação e a implementação das políticas. Estes dois desafios, de fato, estão presentes no contexto das políticas públicas brasileiras, segundo discussões recorrentes nas oficinas regionais realizadas no âmbito deste projeto.

O estudo apresenta práticas de formulação de políticas em seis países da OCDE, com a finalidade de fornecer ideias que melhorem a qualidade das políticas públicas na América Latina. De acordo com o documento, a América Latina parece atravessar um período de inflexão no sentido de um processo de formulação de políticas menos político e mais técnico, baseado não mais em políticas clientelística, mas em resultados com foco no cidadão. Isso acontece em função da pressão da sociedade civil e de uma comunidade internacional cada vez mais engajada.

Apesar das diferenças entre os países, existem aspectos comuns que podem ser identificados e que são relacionados como práticas a serem observadas:

- Existência de uma autoridade política forte que coordena as políticas e assegura que cooperem e sejam articuladas entre si;
- Um corpo técnico qualificado que dê suporte à autoridade politica;
- As estruturas hierárquicas tradicionais são complementadas ou parcialmente substituídas por instâncias desconcentradas e agências autônomas ou semiautônomas, com mecanismos de informação e auditoria;
- Quadros fortes de servidores públicos de carreira provendo uma "ponte" entre os políticos e a expertise técnica, e entre a formulação e a implementação das políticas;
- Órgãos governamentais com capacidade alta de análise, gestão da informação e coordenação;
- Legislativo com capacidade técnica de desenvolver ideias e desenhar e avaliar propostas de políticas;
- Existência de canais alternativos de assessoria política que possam reforçar as análises técnicas, abrindo o processo de formulação de políticas à participação da academia e de setores não governamentais interessados no tema.

O estudo emprega o conceito de política pública como um "plano para alcançar um objetivo de interesse público". O processo de formulação de políticas públicas é um ciclo de atividades que envolve desde planejar e desenhar a política até implementar e avaliar.

De acordo com estudo do Banco Interamericano de Desenvolvimento – BID, de 2006, uma característica importante das políticas públicas, reconhecida amplamente em estudos recentes, é sua credibilidade. Os efeitos das políticas sobre os resultados econômicos e sociais dependem das ações e reações dos agentes econômicos e sociais, que, antes de decidir suas respostas, levam em consideração suas expectativas sobre o futuro das políticas em questão.

Por esses motivos, do ponto de vista de avaliação da qualidade da política pública, é menos pertinente o conteúdo ou o tipo de política (por exemplo, se determinados impostos são altos ou baixos), e mais relevantes certas características ou aspectos-chave que afetam a qualidade das políticas.

Características das políticas públicas

O estudo do BID propôs um conjunto dessas características das políticas públicas, a partir das quais é possível avaliar sua qualidade. São elas:

- Estabilidade - o que significa que as políticas públicas deverão manter-se estáveis ao longo do tempo (sem grandes mudanças de rumo).
- Adaptabilidade - o que significa que as políticas públicas poderão sofrer modificações, se necessário, para atingirem seus objetivos.
- Coordenação e coerência - representando que as políticas públicas são resultados de ações bem coordenadas entre os atores que participam de sua elaboração.
- Qualidade da elaboração e efetiva implementação.
- Orientada aos interesses do grande público - o que representa que as políticas públicas devem promover o bem-estar geral.
- Eficiência – significa buscar altos rendimentos com recursos econômicos escassos.

Para efeito do presente projeto, destacam-se os aspectos da coordenação e da coerência das políticas públicas, no sentido da articulação de uma "Rede de Políticas Públicas" para a integração de agentes públicos e privados com um objetivo comum: maximizar a utilidade das ações governamentais junto à sociedade. De acordo com o estudo do BID, essas redes somente conseguirão atingir suas metas se houver coordenação, complementação e controle recíproco.

2.2 Identificação e seleção de fontes

Estudos realizados por instituições especializadas, que utilizam indicadores e metodologias específicas para avaliar o quadro do empreendedorismo em vários países, tendo como resultado a classificação dos países analisados.

Outros estudos específicos e documentos de referência:

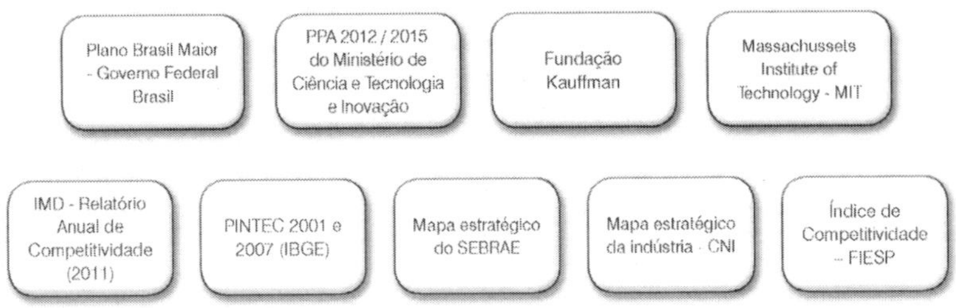

Os principais estudos de referência do projeto, acima identificados, têm em comum a utilização de metodologias específicas e um conjunto de indicadores padronizados, de modo a permitir quadros comparativos entre países. A maioria deles oferece como subproduto um ranking que classifica os países como mais ou menos favoráveis ao desenvolvimento do empreendedorismo, de acordo com as metodologias e os indicadores utilizados.

Além disso, tomou-se como referencial a estrutura conceitual da OCDE – *The OCDE/Eurostat framework for entrepreneurship indicators*, que considera como aspectos determinantes do empreendedorismo: quadro regulatório, condições de mercado, acesso a financiamento, P&D e Tecnologia, Capacidades Empreendedoras e Cultura. Foram adicionados outros eixos de análise, considerando sua relevância junto ao Fórum Permanente da Micro e Pequena Empresa – instância de governança técnica e política, vinculada ao MDIC.

2.3 Formação da matriz de análise

A análise dos estudos mencionados no tópico anterior embasou a formulação de uma matriz de eixos estruturantes, agrupados de acordo com os níveis de macroambiente, ambiente intermediário e microambiente, e as relações entre suas interseções, dentro da perspectiva metodológica de estudos e análises sobre empreendedorismo no mundo.

Essa matriz orientou todas as etapas do projeto, começando pela análise da realidade do empreendedorismo em seis países selecionados e passando pelas consultas direcionadas aos atores relevantes, conforme se verá nos próximos tópicos.

O modelo guarda algumas similaridades com aquele proposto por Stamer (1999), da Universidade Gerhard Mercator de Duisburg, Alemanha, no âmbito do conceito de competitividade sistêmica para o desenvolvimento socioeconômico, nas esferas municipal, regional, estadual ou nacional. Entretanto, no modelo aplicado neste projeto, definiram-se eixos estruturantes tendo em vista os fatores mais especificamente relacionados ao empreendedorismo, a partir de um filtro que considera, no contexto ambiental favorável à competitividade, aqueles aspectos que impactam mais diretamente o ecossistema empreendedor.A matriz de análise do projeto é composta conforme a figura 3.

Figura 3 - Matriz de Análise das políticas nacionais de apoio ao empreendedorismo

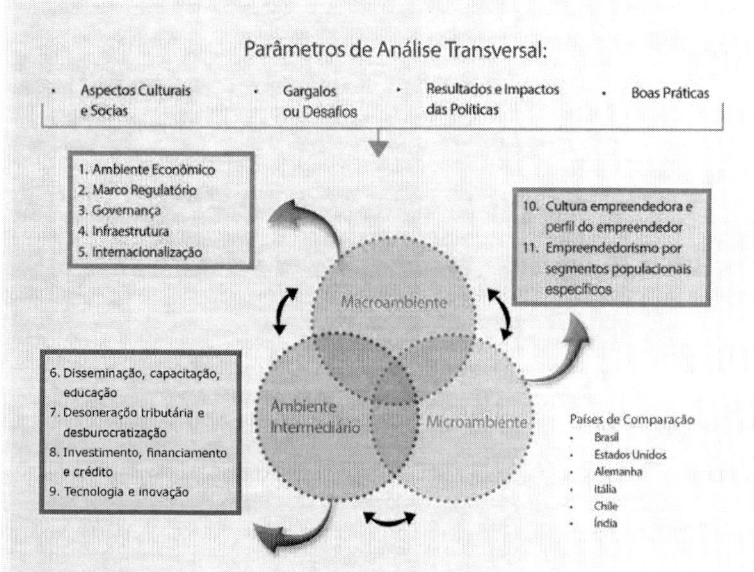

Fonte: Elaboração pela equipe do projeto.

A partir dos eixos de análise da matriz, foi possível configurar a estrutura que irá compor a elaboração da política, nas vertentes empresarial – com foco na geração de capital e riqueza – e social, cujo foco é a geração de emprego e renda (conforme figura 4). Os resultados e impactos esperados com a implantação da PNEN estão explicitados na mesma figura e convergem com os do Plano Brasil Maior.

Figura 4 - Estrutura da PNEN

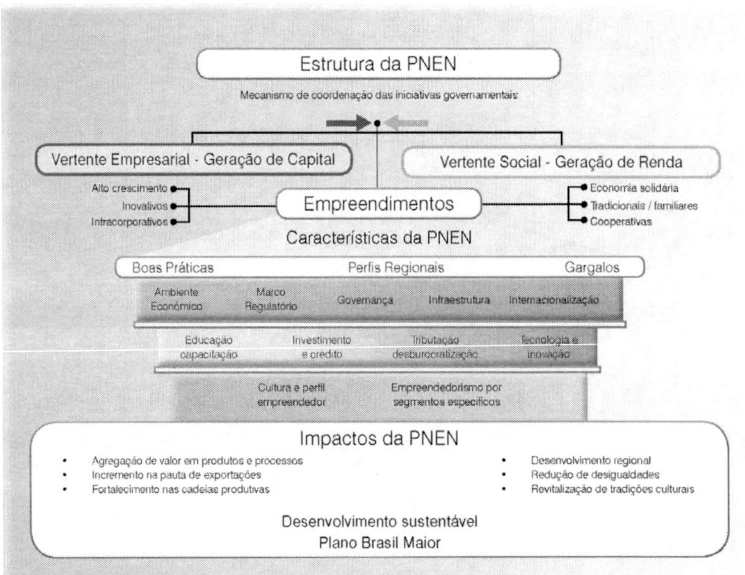

Fonte: Elaboração pela equipe do projeto.

2.4 Matrizes de estudos de cenários nacionais de empreendedorismo

Tomaram-se seis diferentes países por referência, com base nos critérios de estágio econômico, nível de internacionalização, educação e/ou capacitação empreendedora, inovação e características continentais.

Foram compiladas informações sobre os diferentes países de acordo com os eixos e parâmetros de análise propostos, procedendo a um estudo comparativo de forma a denotar os aspectos positivos e negativos, convergentes e divergentes à realidade brasileira.

Países selecionados para comparação

Além do Brasil, os países escolhidos são:

- **Alemanha** – referência em economia voltada para a inovação e com forte base na educação tecnológica e profissional;
- **Chile** – nível de competitividade e empreendedorismo ancorado na educação e em Arranjos Produtivos Locais; classificação pela GEM igual à do Brasil;
- **Estados Unidos** – referência de capitalismo e economia voltada à inovação, com uso intensivo de tecnologia;
- **Índia** – integrante do grupo de países emergentes – BRICS (Brasil, Rússia, Índia, China e África do Sul), é país destaque no desenvolvimento de tecnologias de informação e comunicação, com um número expressivo de mulheres empreendedoras, e referência em microcrédito.
- **Itália** – exemplo de várias empresas de pequenos negócios com tradição familiar que se unem em torno de sistemas de associações, cooperativas, distritos industriais e clusters, fortalecendo o desenvolvimento, inovação e competitividade das MPEs.

Estágio geral do ambiente

- Limitado
- Emergente
- Consolidado

Para a graduação do estágio geral do ambiente empreendedor em cada país analisado, foram utilizadas as cores vermelha, amarela e verde, representando, respectivamente, os estágios Limitado, Emergente ou Consolidado. As colunas Situação Atual, Desafios e Boas Práticas trazem informações relevantes concernentes a cada eixo de análise, extraídas de estudos nacionais e internacionais e de outras fontes de pesquisa. São três blocos de cores em cada eixo.

A principal referência de análise é a Situação Atual, que está expressa no primeiro bloco de cor. A definição de verde, amarelo ou vermelho foi baseada em classificações de estudos internacionais ou, na ausência destes, na aplicação de análise similar. O segundo bloco de cor está relacionado aos Desafios, que podem variar de muito complexos (vermelho) a relativamente simples (verde) em relação à Situação Atual. O terceiro bloco de cor relaciona-se com as Boas Práticas, que podem ser muito relevantes (verde) ou relativamente frágeis (vermelho) no sentido de potencial para superar desafios e favorecer a situação atual.

Matrizes dos cenários nacionais de empreendedorismo:

Brasil

	Eixos de análise	Situação atual	Desafios	Boas práticas
Macroambiente	Ambiente econômico	• Crescimento do PIB de 2,7% em 2011. • Mercado interno robusto. • Taxa de desemprego em baixa – chegou a 5,5% em janeiro de 2012. • Estabilidade relativa frente à crise internacional. • 316 mil novas empresas por ano: o terceiro no mundo.	• Disponibilidade de capital a taxas de juros acessíveis, dificultando acesso ao crédito. • Ineficiência dos gastos públicos. • MPEs representam 99% das pessoas jurídicas registradas, mas contribuem com apenas 25% do PIB.	• Esforço do governo em reduzir a taxa básica de juros e manter a política monetária ancorada no regime de metas de inflação e câmbio flutuante. • Crescimento econômico sustentado e pouco afetado pela crise internacional.
	Marco regulatório	• Legislações tributárias complexas. • Legislação trabalhista desatualisada.	• Simplificação do sistema tributário. • Alteração da legislação das MPEs de modo a não tolher o crescimento. • Reforma trabalhista que favoreça a contratação.	• Avanços no marco regulatório relacionados à inovação e a micro e pequenas empresas. • Compras do governo com MPEs cresceram de R$ 2 bi para R$ 16 bi com o Simples Nacional.
	Governança	• Necessidade de coordenar e harmonizar os esforços governamentais com um modelo de governança efetivo. • Identificação das lacunas e adoção de políticas com foco no empreendedorismo como quinto fator de produção.	• Muitas iniciativas governamentais, mas pulverizadas e sem coordenação • Mecanismos de governança insuficientes e inadequados.	• O MDIC mantém o Fórum Permanente das MPEs, que reúne governo e iniciativa privada. • O País mantém dezenas de programas que favorecem o empreendedorismo inovador e os pequenos negócios.
	Infraestrutura	• Alto custo de acesso à internet e à comunicação. • Dificuldade de acesso a TICs nos centros urbanos menores. • Portos e aeroportos deficientes. • Logística de transporte onerosa. • Estruturas de apoio insuficientes: jurídico, incubadoras, parques tecnológicos etc.	• Ampliação do acesso às tecnologias de informação e comunicação. • Integração das agências governamentais que oferecem apoio, para tornar mais fácil ao empreendedor encontrar o que procura.	• O Governo Federal vem fazendo fortes investimentos por meio do Programa de Aceleração do Crescimento nas áreas de energia, transportes, logística, habitação e saneamento urbano. Nos últimos cinco anos, foram investidos mais de R$ 600 bilhões.
	Internacionalização	• Alto custo para exportação. • Dificuldade de acesso à informação. • Perfil do empreendedor brasileiro, que tem baixa expectativa de inserção no mercado internacional. • MPEs representam apenas 2% do volume comercializado com outros países.	• Disseminação dos mecanismos de apoio à exportação e favorecimento de produtos com potencial para o mercado internacional. • Simplificação dos procedimentos de liberação alfandegária. • Reversão da tendência a negócios voltados para o mercado interno.	• Criação da APEX Brasil e previsão de incentivos de internacionalização para MPEs.

Ambiente Intermediário

Eixos de análise	Situação atual	Desafios	Boas práticas
Educação, capacitação e disseminação	• Baixo tempo médio de escolaridade do brasileiro (7,2 anos), quando comparado aos países desenvolvidos. • Insuficiência de cursos de engenharia. • Baixa inserção do empreendedorismo nos conteúdos curriculares nos níveis de ensino.	• Ampliação dos níveis de escolaridade da população com educação de qualidade. • Ampliação crescente das vagas nos cursos de engenharia. • Realização de reforma curricular com inserção de conteúdos voltados ao mercado e ao desenvolvimento do empreendedor.	• Programa Ciência Sem Fronteiras, que prevê 75 mil bolsas em quatro anos para alunos brasileiros estudarem no exterior. • A Rede Federal de Educação Profissional e Tecnológica tinha 140 instituições em 2002, nos últimos anos, estão sendo criadas 214 novas unidades.
Desoneração tributária e desburocratização	• Distorções tributárias. Mecanismo de desoneração de MPEs tende a restringir o crescimento. • Muito tempo gasto no entendimento das legislações e regulações e no atendimento de exigências burocráticas.	• Simplificação nos procedimentos para abrir e fechar negócios – hoje, são gastos em média 120 dias para abrir uma empresa. • Unificação de cadastros públicos. • Desoneração tributária.	• Novo Estatuto da Micro e Pequena Empresa. - Criação do Empreendedor Individual. • Criação da Redesim – Rede Nacional para a Simplificação do Registro e da Legalização de Empresas e Negócios. • Governos estaduais, como MG, conseguiram desburocratizar o processo de abertura de empresas.
Investimento, financiamento e crédito	• Taxas de juros altas. • Mecanismos de crédito vinculados a faturamento. • Bancos públicos com programas insuficientes para MPEs. • Falta de informação sobre os mecanismos existentes. • Baixa tradição de fundos de capital semente e capital de risco.	• Criação e manutenção de canais de informação sobre mecanismos de crédito disponíveis. • Redução das taxas de juros. • Incremento dos fundos de capital semente e de risco. • Ampliação e maior acessibilidade dos recursos dos bancos públicos para gerar novos negócios.	• Governo vem baixando a taxa Selic e estimulando os bancos públicos a reduzir taxas de juros. • A FINEP ampliou recursos para financiar negócios inovativos. • Recursos de private equity e capital de risco cresceram de US$ 261 mi em 2002 para US$ 4,6 bi em 2010.
Tecnologia e inovação	• Recursos para P&D&I muito direcionados às universidades e pouco direcionados para empresas. • Insuficiência de gastos em C&T&I. • Marco regulatório insuficiente para aproximar ICTs das empresas e das MPEs. • \dificuldade de acesso e tempo para proteger direitos de ativos intangíveis.	• Ampliação dos gastos públicos em C&T&I e promoção da desconcentração regional dos investimentos. • Reversão da tendência dos universitários em permanecer na Academia ou ingressar no serviço público, favorecendo sua inserção no mercado e na criação de negócios. • Agilização e maior acessibilidade dos procedimentos de proteção intelectual. • Incentivo à geração de negócios de alto crescimento.	• Novo marco regulatório da inovação promoveu avanços. • Segundo dados da Anprotec, o Brasil tem 377 incubadoras em operação e 44 parques tecnológicos.

	Eixos de análise	Situação atual	Desafios	Boas práticas
Microambiente	Cultura e perfil empreendedor	• Altas taxas de empreendedorismo em estágio inicial. • Tendência a empreender em negócios de baixo valor agregado e baixo potencial para empregar. • Baixa valorização social do empreendedor como opção de carreira. • Resistência a incorporar tecnologias inovadoras nos processos e produtos. • Tendência a valorizar o mercado interno, em detrimento do mercado internacional. • Crescimento do empreendedorismo por oportunidade. • Taxa de sobrevida (mais de dois anos) dos novos negócios cresceu de 50% para 73% nos últimos dez anos: 6º lugar no mundo.	• Redução do alto índice de mortalidade nos cinco primeiros anos: 75%. • Criação de premiações e outros mecanismos de reconhecimento social do empreendedor. • Facilitação do acesso dos empreendedores às novas tecnologias. • Estímulo aos empreendedores com potencial para acessar o mercado internacional.	• As políticas econômicas recentes levaram a um incremento da geração de emprego, e com isso favoreceram as taxas de empreendedorismo inicial e o empreendedorismo por oportunidade.
	Empreendedorismo por segmento	• Mulheres brasileiras estão entre as mais empreendedoras do mundo. • Faixa etária mais empreendedora é a de 24-35 anos. • Grande potencial para o empreendedorismo na terceira idade, que acumula experiência profissional.	• Dificuldade de acesso a crédito pelas mulheres. • Taxas altas de desemprego entre população mais jovem (até 24 anos).	• Melhoria na tendência dos universitários a empreender: 65% deles dizem querer abrir negócio próprio no futuro.

25

Estados Unidos

	Eixos de análise	Situação atual	Desafios	Boas práticas
Macroambiente	Ambiente econômico	• Economia estável e madura, taxas baixas de juros e de inflação, apesar da crise recente. • PIB cresceu 1,7% em 2011. • Taxa de desemprego de 8,1%, com tendência de queda. • Gastos dos consumidores e exportações em alta. • MPEs representam cerca de 50% do PIB.	• Recuperação do emprego e do sistema financeiro após a crise.	• Recuperação do emprego e do sistema financeiro após a crise.
	Marco regulatório	• Quinto melhor ambiente regulatório para negócios, segundo o Banco Mundial. • Não existe legislação específica que favoreça MPEs. Um dos melhores sistemas de regulação da concorrência por meio de leis (Acts) e órgãos que controlam as fusões e aquisições, garantindo que os mercados não se transformem em grandes oligopólios e que haja espaço para a atuação de pequenas empresas. • Sistema robusto de direitos legais.	• Abrandamento das práticas protecionistas sofisticadas, que acarretam sobretaxas para alguns produtos importados, especialmente agrícolas.	• Legislação trabalhista que favorece pequenos negócios. • Forte sistema de regulação da concorrência, como o conjunto de diretrizes para uma prática justa. • 23% do que o governo compra provém de MPEs. • Sistema de avaliação de impacto de novas regulações pela população interessada.
	Governança	• Um departamento e uma agência federal centralizam o apoio do governo federal: *Small Business Administration* e *America's Small Business Development Center Network*. • As universidades, institutos especializados e governos estaduais mantêm também centros de empreendedorismo.	• Não foram encontrados dados relevantes.	• Unificação em uma só agência e acesso amplo a informações, principalmente via internet.
	Infraestrutura	• Um dos melhores sistemas de transportes do mundo, incluindo hidrovias para escoamento de produtos agrícolas. • Acesso à internet e telefonia de baixo custo.	• A economia aberta exige alto nível de inovação e competitividade das empresas. • Concorrência dos asiáticos.	• Baixo custo de logística na área de transportes. • Criação de políticas públicas para abrigar maior quantidade de centros e empresas de P&D&I de referência mundial (incubadoras, parques tecnológicos, business centers).
	Internacionalização	• Grandes oportunidades para atuação no mercado internacional. • 70% dos exportadores têm menos de 20 empregados. • 38 mil empreendimentos de porte pequeno exportam.	• A economia aberta exige alto nível de inovação e competitividade das empresas. - Concorrência dos asiáticos.	• Programa de Exportação Express, que oferece crédito em até 36 horas para empresas que querem exportar.

	Eixos de análise	Situação atual	Desafios	Boas práticas
Ambiente Intermediário	Educação, capacitação e disseminação	• Forte inserção do empreendedorismo nas universidades. • Mais de 30% dos estudantes participam de programas de empreendedorismo.	• Não foram encontrados dados relevantes.	• Forte investimento governamental em educação de base e pesquisa. • Centenas de centros fomentam a iniciativa empreendedora. • Amplo acesso a cursos *online*.
	Desoneração tributária e desburocratização	• Um dos países de menor burocracia para abrir e fechar negócios: apenas quatro dias para abrir uma empresa. • Tributos relativamente altos: 46,7% dos lucros.	• O governo tem sinalizado com tributos para os milionários, mas a questão é polêmica.	• Facilidade para abrir e fechar negócios. • Informações disponíveis e de fácil acesso para a população sobre os procedimentos para abrir e fechar negócios. • Destaque para as facilidades nos casos de falência. • O governo sinaliza com cortes de impostos sobre os ganhos das empresas.
	Investimento, financiamento e crédito	• Facilidade de acesso a crédito. • Taxas baixas de juros. • Lei que protege credores e tomadores de empréstimos.	• Crise de confiança no sistema de crédito bancário.	• Cultura robusta de venture capital e capital semente (público e privado).
	Tecnologia e inovação	• Um dos países que mais investem em P&D. • Marco regulatório avançado de propriedade intelectual. • Cultura forte de inovação no meio empresarial.	• Não foram encontrados dados relevantes.	• Programa de premiação para pequenos negócios inovativos. • Formação de mão de obra altamente qualificada para diferentes setores.
Microambiente	Cultura e perfil empreendedor	• Cultura empreendedora forte. Maior vocação para o empreendedorismo de alto impacto.	• Não foram encontrados dados relevantes	• Políticas e culturas que promovem a valorização social do empreendedor.
	Empreendedorismo por segmento	• Tradição de empreendedorismo para imigrantes e minorias.	• Não foram encontrados dados relevantes.	• Programa de apoio ao empreendedorismo de minorias ou étnico.

Alemanha

	Eixos de análise	Situação atual	Desafios	Boas práticas
Macroambiente	Ambiente econômico	• Crescimento do PIB de 3% em 2011. • Mercado interno robusto. • Taxa de desemprego baixa. • As MPEs representam 60% do PIB. • Economia voltada para a inovação. • Rápida recuperação da crise da Zona do Euro.	• Reforma na seguridade social para reduzir seu peso sobre a economia. • Fortalecimento de todos os países membros da Zona do Euro.	• Forte ênfase das políticas públicas no desenvolvimento local, na inovação e nas exportações.
	Marco regulatório	• Legislação trabalhista pouco flexível.	• Reforma trabalhista para que não se torne tão onerosa para o empregador, estimulando a contratação.	• Adoção de políticas públicas de compras favoráveis a novas empresas inovadoras.
	Governança	• Abordagem descentralizada, favorecendo a priorização do desenvolvimento local.	• Implementação de medidas direcionadas ao empreendedorismo.	• Tarefas conjuntas dos governos federal e estadual. • Integração estratégica de políticas regionais sobre articulação e financiamento.
	Infraestrutura	• Boa infraestrutura física e tecnológica, com taxas de penetração de internet e telefonia acima da média mundial.	• Adequação dos serviços de apoio tecnológico e aconselhamento direcionado à população mais vulnerável.	• Serviços de aconselhamento local. • Forte sistema de parques tecnológicos e incubadoras de empresas.
	Internacionalização	• Empresas voltadas ao comércio internacional. • Exportações das MPEs representando 45% do PIB.	• Reversão do quadro de crise da UE.	• Apoio do governo para favorecer as empresas na participação em rede de negócios internacionais.
Ambiente intermediário	Educação, capacitação e disseminação	• Alto tempo médio de escolaridade (22,2 anos) • Baixa inserção do empreendedorismo nos conteúdos curriculares nos níveis de ensino. Não considera o empreendedorismo como uma cadeira que mereça maior atenção. • Ciclo de capacitação composto por quatro fases, com ênfase na prática em empresas	• Criação de agência responsável por assegurar a entrega de informações de qualidade e serviço de orientação a todos os alunos e criação da cultura empreendedora no país.	• Grande número de spin-offs de base acadêmica. • Figura dos seniores, que atuam no aconselhamento técnico e estratégico para as spin-offs.
	Desoneração tributária e desburocratização	• Carga tributária alta. • Facilitação de abertura de empresas por meio do aumento da eficiência das comunicações, com um tempo médio de 15 dias para a abertura de empresas.	• Desoneração tributária associada à produção e à geração de emprego.	• Não foram encontrados dados relevantes.
	Investimento, financiamento e crédito	• Burocracia e muitos regulamentos a serem cumpridos. • Lacuna de crédito para pequena empresa. - Mercado de capitais bem desenvolvido, que privilegia o capital de risco, principalmente para as MPEs (que são foco de políticas públicas de inovação).	• Melhoria no acesso ao crédito e microcrédito para jovens empreendedores.	• Sistema robusto de capital de risco.

	Eixos de análise	Situação atual	Desafios	Boas práticas
Ambiente Intermediário	Tecnologia e inovação	• Grande número de departamentos de transferência de tecnologia dentro de organizações científicas e universidades. • Existência de agências de fomento, com diversos fundos de capital semente para promover spin-offs de base universitária.	• Não foram encontrados dados relevantes.	• Programa de premiação para pequenos negócios inovativos. • Formação de mão de obra altamente qualificada para diferentes setores.
Microambiente	Cultura e perfil empreendedor	• Caracterizada por propriedades privadas de pequeno e médio porte (85%), altamente especializadas no mercado mundial, em que se destaca o setor de serviços. • Baixo índice de aspirações empreendedoras, avesso a riscos. • TEA estagnada em 4,2%. • 72,6% das empresas nascentes são criadas por oportunidade.	• Disseminação da cultura empreendedora para reduzir a aversão ao risco.	• Criação do Clube Europeu de Empresas inovadoras de alto crescimento.
	Empreendedorismo por segmento	• O empreendedorismo por segmento é baixo. • 2,9% das novas empresas são de mulheres e apenas 1,1% de empresas nascentes são de jovens de 18 a 24 anos.	• Adequação dos serviços existentes a jovens e mulheres.	• Não foram encontrados dados relevantes.

Itália

Macroambiente

Eixos de análise	Situação atual	Desafios	Boas práticas
Ambiente econômico	• Economia diversificada, com forte participação das indústrias criativas. • Cortes nos gastos públicos e promoção de reforma do sistema de pensões. Programa de austeridade visando afastar a Itália da ameaça de insolvência. Promessa de equilíbrio orçamentário em 2013. • As MPEs representam 60% do PIB. • Taxa de desemprego de 9,3% em 2011. • Os gastos públicos representam cerca de 50% do PIB.	• Implementação da revitalização da economia, com medidas de mais crédito a pequenas e médias empresas, estímulos à inovação e à redução no consumo de energia. • Redução dos gastos públicos.	• "Pacote" de recuperação da economia instituído, com programas e medidas fiscais.
Marco regulatório	• Legislação que favorece PMEs, em especial empresas localizadas nos distritos industriais, cooperativas e associações. • Legislação trabalhista rígida, que dificulta a criação de emprego.	• Implantação de reforma trabalhista	• Não foram encontrados dados relevantes
Governança	• A União Europeia adota políticas para promover o empreendedorismo e a competitividade das PMEs. • Abordagem descentralizada. As Confederações e Câmaras de Comércio atuam nas regiões e províncias em prol das MPEs.	• Não foram encontrados dados relevantes.	• -Longa tradição de trabalho em rede de micro, pequenas e médias empresas, formando distritos industriais, associações e cooperativas. • Observatório das micro, pequenas e médias empresas, criado com a finalidade principal de monitorar o desempenho e atuação das PMEs.
Eixos de análise	**Situação atual**	**Desafios**	**Boas práticas**
Infraestrutura	• Deficiências estruturais, devido à sua conformação geográfica e à falta de matérias-primas, bem como escassos recursos energéticos. • Burocracia estatal ineficiente, baixa proteção aos direitos de propriedade e altos níveis de corrupção política. • Boa infraestrutura física e tecnológica.	• Investimento para revitalizar a infraestrutura.	• Não foram encontrados dados relevantes.
Internacionalização	• Participação expressiva das MPEs nas exportações, representando 45% do PIB. • Exportação de produtos com alto valor agregado.	• Reversão do quadro de crise na UE • Queda nas exportações com a crise na Zona do Euro.	• Modelo baseado em parceria entre estado e empresas, baseado em redes, Câmara Italiana, agências e escritórios de representação na maioria dos países.

	Eixos de análise	Situação atual	Desafios	Boas práticas
Ambiente Intermediário	Educação, capacitação e disseminação	• 17% da população recebe treinamentopara iniciar um negócio. • Insuficiente educação/ capacitação para o empreendedorismo.	• Melhoria do acesso à educação e capacitação ao empreendedor em estágio inicial. • Criação e ampliação de programas de estimulo à criação de empresas iniciais de base tecnológica.	• Medidas de melhoria de acesso ao ensino superior implantadas.
	Desoneração tributária e desburocratização	• Taxas de mortalidade relativamente baixas: 1,8%. • Facilidade para criar negócios: são necessários apenas seis dias e cumprimento de seis exigências.	• Tributação pesada. • Reforma trabalhista para favorecer a contratação e a geração de emprego. • Mais eficiência no uso dos recursos públicos.	• Modelo desburocratizado de criação de empresas. • Melhoria na eficiência da estrutura tributária para novas empresas.
	Investimento, financiamento e crédito	• Recursos escassos para empreendimentos em estágio inicial. • A legislação prevê a figura do consórcio de micro e pequenas empresas, que estímula a união e favorece o acesso ao crédito e financiamento. • Baixa confiança dos investidores.	• Melhoria do acesso ao crédito para empresas em estágio inicial e para jovens empreendedores e empresas consolidadas. • Aumento da confiança dos investidores e a restrição do crédito decorrente da crise na UE.	• Modelo de consórcio que favorece o acesso ao crédito com mais rapidez e segurança no âmbito das MPEs nos distritos industriais, cooperativas, associações e clusters.
	Tecnologia e inovação	• Existência dos clusters, dos agrupamentos industriais, que promove a cooperação e incentiva a união para fortalecer marca ou investir em P&D&I. • Baixo índice de abertura de empresas de base tecnológica em estágio inicial.	• Estímulo à criação de empresas de base tecnológica.	• Modelo de *clusters* e distritos industriais, nos quais as empresas produzem bens de alto valor com modernos processos de produção e conteúdos de alta tecnologia.
Microambiente	Cultura e perfil empreendedor	• A região Norte exibe maior vitalidade ao empreendedor empresarial. • O domínio de empresas consolidadas leva à redução no número de novas empresas.	• Fortalecimento da cultura empreendedora entre os mais jovens.	• Cultura e tradição de empreendedorismo e pequenos negócios.
	Empreendedorismo por segmento	• - Os homens se envolvem duas vezes mais que as mulheres com atividades empreendedoras. • Reduzida presença dos jovens entre os empreendedores em estágio inicial. • 84% de empreendedorismo por oportunidade e 16% por necessidade (2008).	• Melhoria na disseminação da cultura do empreendedorismo entre mulheres e jovens. • Criação de programas de formação técnica e estratégica	• Legislação específica direcionada ao financiamento de empresas de mulheres. • Medidas de estímulo para empresas que contratem jovens e mulheres adotadas.

Chile

	Eixos de análise	Situação atual	Desafios	Boas práticas
Macroambiente	Ambiente econômico	• Estabilidade política. • Crescimento do PIB de 6,3% em 2011. • Recursos energéticos escassos. • Taxa de desemprego em 2011 de 7,1%. • Desigualdade e pobreza ainda acentuadas. Baixa mobilidade social.	• Melhoria na distribuição de riqueza e de renda. • Melhoria na produtividade entre os países membros da OCDE.	• Criação de programa de transparência na administração pública e política fiscal anticíclica, criando base sólida para um crescimento constante desde 1990.
Macroambiente	Marco regulatório	• Marco regulatório estável	• Implementação do Estatuto das MPEs	• Implantação do Estatuto da Micro, Pequena e Média Empresa, Lei nº 20.494/11, que agiliza os trâmites para a abertura de novas empresas (tributários e depósito de patentes). Com a nova legislação, o governo prevê a geração de 25 mil novas empresas por ano.
Macroambiente	Governança	• Centralização das políticas para o empreendedorismo e inovação na CORFO – Corporación de Fomento de la Producción e SERCOTEC, que atuam na promoção e apoio à competitividade das MPEs.	• Não foram encontrados dados relevantes.	• Não foram encontrados dados relevantes.
Macroambiente	Infraestrutura	• Os preços dos serviços básicos de tecnologia, como internet e telefone móvel, têm custo razoável. O tempo para a instalação desses serviços é inferior a uma semana. • Bons serviços bancários. • Sistema integrado de rodovias e portos.	• Modificação dos parques tecnológicos e incubadoras (fenômenos relativamente recentes no país) nas suas atuais práticas e estímulo à melhoria na qualidade de seus serviços.	• *Chilemprende.cl* - portal *web portal*, onde o empreendedor encontra informações claras e acessíveis sobre mais de 1.800 serviços oferecidos pelo governo.
Macroambiente	Internacionalização	• Desde a década de 70, vem conservando uma política de redução de tarifas e de eliminação de barreiras comerciais. • País com maior número de tratados de livre comércio assinados em áreas econômicas.	• Maior produtor de cobre, necessitando diversificar a pauta de exportação. • As MPEs têm pouca participação nas exportações, apenas 1,3% do total.	• Medidas para a redução de tarifas e eliminação de barreiras comerciais. • Liberação alfandegária em 1,32 dias.
Ambiente Intermediário	Educação, capacitação e disseminação	• Apresenta limitado acesso à educação no âmbito das universidades e ensino técnico.	• Embora existam iniciativas tanto governamentais como privadas, que oferecem ensino e ferramentas para empreender, seu nível de impacto é limitado sobre a população.	• SENCE, instituição que oferece cursos de capacitação orientados para o desenvolvimento de competências para o empreendedorismo. • SERCOTEC, instituição que atua na promoção da competitividade das MPEs.
Ambiente Intermediário	Desoneração tributária e desburocratização	• Procedimentos para abertura de empresas simplificados e com baixo custo (sete dias). • No âmbito do Estatuto das MPEs, foi contemplada a desoneração tributária para esse segmento.	• Não foram encontrados dados relevantes.	• Implantação do Estatuto das MPEs, que trata da simplificação do processo de abertura de empresas.

	Eixos de análise	Situação atual	Desafios	Boas práticas
Ambiente Intermediário	Investimento, financiamento e crédito	• O apoio financeiro para o empreendedorismo é insuficiente. • O mercado de capitais de risco cresceu na última década.	• Necessidade de elevar e facilitar o acesso ao crédito às MPEs.	• Criação recente do Sello-Propyme, com o intuito de contornar a falta de liquidez nas pequenas e médias empresas.
	Tecnologia e inovação	• A maioria das empresas está longe da fronteira tecnológica. • Apenas 5% das empresas têm programas de pesquisa em conjunto com universidades e 2,2% fazem parcerias com as instituições públicas de pesquisa.	• Aumento da eficácia da lei de incentivo fiscal para elevar os gastos das empresas com P&D&I. • Necessidade de melhorar o nível de inovação. • Melhoria nos resultados efetivos pelo programa Start Up Chile .	• O gasto público com P&D&I aumentou de 0,34% do PIB em 2004 para 0,45% em 2010. A meta é ampliar a 0,8% até 2018. • O programa Inova Chile dispõe de capital inicial para novos negócios. • O programa "Start Up Chile" prevê atrair 110 projetos de todo o mundo, de empreendedores de alto potencial.
Microambiente	Cultura e perfil empreendedor	• 74% são empreendedores por oportunidade e 26% por necessidade. • 16,8% da população adulta são empreendedores em etapa inicial. • Alta valorização social do empreendedor como opção de carreira.	• Diminuição do número de empresas que estão na informalidade. Existem em torno de 700 mil empresas na informalidade.	• Não foram encontrados dados relevantes.
	Empreendedorismo por segmento	• A incorporação das mulheres no mundo dos negócios está ocorrendo com mais força nas últimas décadas. • 55,2% dos empreendedores iniciais são homens e 44% restantes são mulheres. • 66% dos empreendedores estabelecidos são homens e 33,9% são mulheres.	• Estímulo e capacitação do jovem e da mulher para o empreendedorismo.	• - O SERCOTEC - Serviço de Cooperação Técnica, que é instituição similar ao Sebrae no Brasil, desenvolve programa especial para mulheres empresárias, com serviços descentralizados em todos os municípios.

Índia

	Eixos de análise	Situação atual	Desafios	Boas práticas
Macroambiente	Ambiente econômico	• Crescimento do PIB de 10,4% em 2010. • Setor de serviços responsável por aproximadamente 53% do PIB. • Ineficiência dos gastos públicos. • Inflação de dois digitos, porém com notável crescimento econômico. • 90% da força de trabalho concentra-se na economia informal. • Vigor no mercado interno. • Maior concentração de pobreza no mundo.	• Combate à pobreza extrema e à forte concentração de renda que gera desigualdades sociais e econômicas. • Rompimento com o sistema de castas.	• Decisão estratégica em privilegiar alguns setores intensivos em conhecimento, a exemplo de TIC. • Posição entre as 30 economias que mais fizeram progressos no ambiente de negócios
Macroambiente	Marco regulatório	• Existência de Ministério para tratar de assuntos ligados a MPEs e médias empresas. • O trabalho infantil é comum em quase todos os setores da economia.	• Reforma trabalhista para favorecer a contratação e as condições de trabalho • Eliminação do trabalho infantil.	• Reserva de mercado para a fabricação de componentes exclusivamente por MPEs e médias empresas. • Redução de tributação sobre insumos produzidos no país, ou importados, para quase todos os segmentos manufatureiros (exceto derivados de petróleo, têxteis e fumo), reduzindo expressivamente o custo de produção industrial.
Macroambiente	Governança	• Forte centralização do Estado nos processos de controle e regulamentação das empresas, assegurando práticas empresariais éticas.	• Redução da corrupção generalizada nas diferentes dimensões.	• Não foram encontrados dados relevantes.
Macroambiente	Infraestrutura	• Insuficiência de infraestrutura (falhas de energia, congestionamento dos portos, inadequação das estradas e ferrovias). • Escassez de alimentos e precárias condições básicas de higiene, transporte urbano e moradia.	• Modernização do conjunto de infraestrutura física e social.	• Não foram encontrados dados relevantes.
Macroambiente	Internacionalização	• Um dos principais polos exportadores de serviços de tecnologia da informação. • Barreiras a exportações. • Controle na importação de bens de consumo. • A exportação do setor de TI corresponde a 35% do PIB.	• Desoneração e facilitação à importação de bens de consumo.	• Foco e especialização em TIC e atuação da *National Association of Software and Service Companies*(NASSCOM) para ampliar a base de exportação.
Ambiente Intermediário	Educação, capacitação e disseminação	• Acesso à educação formal limitado. • Universidades mundialmente respeitadas.	• Reversão do quadro de baixo acesso à educação básica e ensino superior - 44% da mão de obra é analfabeta e 23% tem nível primário.	• Segundo maior exportador de softwares. • Maior número absoluto de PhDs do mundo. • Enormes progressos científicos, principalmente em tecnologia de ponta (espacial, nuclear e biológica). • Terceira maior comunidade científica do mundo, depois de Rússia e EUA.

Ambiente Intermediário	Desoneração tributária e desburocratização	• Alta dificuldade para abrir um novo negócio. Para a obtenção de alvará é necessário atender 14 procedimentos e aguardar 29 dias em média.	• Desoneração tributária associada à produção e à geração de emprego.	• Nos últimos cinco anos, a Índia implementou 18 reformas de regulamentação de negócios em 7 áreas, diminuindo os procedimentos, tempo e custo de abertura de empresa. Muitas dessas reformas estão focadas em tecnologia.
Ambiente Intermediário	Investimento, financiamento e crédito	• Crédito restrito às grandes e médias empresas. • Médio desenvolvimento de venture capital, com foco em produtos e serviços de T.I., produtos de alto valor agregado e de elevado crescimento.	• Facilitação de acesso ao crédito aos empreendedores em geral.	• Importante experiência em microcrédito.
Ambiente Intermediário	Tecnologia e inovação	• Predominância das instituições governamentais nos depósitos de patentes. • Sistema Nacional de Inovação robusto e focado em áreas estratégicas. • Existência, desde a década de 80, de uma política científica e tecnológica, voltada ao estímulo de pessoal qualificado na área de ciência e tecnologia.	• Leis de direitos autorais em geral adequadas, mas sua implementação é ineficiente e a pirataria de material protegido é generalizada. • -Redução da emigração de pessoas qualificadas para o exterior. • Necessidade de maior proteção ao meio ambiente.	• Existência de incentivo à P&D&I: subsídios e empréstimos à pesquisa, incentivos tributários e capital de risco.
Microambiente	Cultura e perfil empreendedor	• A taxa de empreendedores em estágio inicial (TEA) foi de 11,8% (2008). • Alto grau de informalidade.	• Educação e desenvolvimento de competências empreendedoras para todos os indianos, independentemente de sua casta. • Mudança de cultura.	• Não foram encontrados dados relevantes.
Microambiente	Empreendedorismo por segmento	• Empreendedorismo por segmento baixo, não sendo percebido qualquer movimento no sentido de reversão do quadro. • Jovens tendem a trabalhar no mercado informal e o movimento de mulheres empreendedoras ainda é bastante tímido. Isso é ancorado em fatores históricos e culturais – as mulheres de boa casta são ensinadas na "arte de ser uma boa esposa" e preparadas para o casamento. • Existência de políticas de apoio e/ou formação empreendedora voltadas apenas para pessoas de casta e setores priorizados.	• Priorização por parte do governo indiano de políticas de incentivo para o empreendedorismo de grupos específicos.	• Não foram encontrados dados relevantes.

2.5 Consulta com questionário eletrônico

Após a fase de estudos e coleta de dados secundários e informações por meio das referências bibliográficas citadas, iniciou-se a fase de consultas aos principais atores interessados e envolvidos no tema do empreendedorismo, por meio da elaboração de um questionário composto por um conjunto de questões formuladas com base em estudos de instituições especializadas em empreendedorismo e competitividade.

Procurou-se validar e priorizar teses preliminares à política, organizadas em torno de perguntas de priorização e perguntas de validação. Nas perguntas de validação foram descritos os entraves e medidas avaliadas quanto ao seu grau de relevância para o desenvolvimento do empreendedorismo no Brasil. Dentre as perguntas de validação, foram apresentadas afirmativas relacionadas aos fatores que influenciam o empreendedorismo no país e possíveis teses para a construção da política.

O questionário foi composto por 6 perguntas de priorização e 19 questões que foram amplamente validadas, em até 70% de concordância e importância, por todos os respondentes em âmbito nacional. O instrumento foi disponibilizado para mais de 3.500 pessoas de todos os estados da Federação e obtiveram-se 186 respostas, as quais subsidiaram a elaboração das teses e diretrizes da PNEN, tendo sido analisadas conjuntamente com as informações geradas nas oficinas regionais.

2.6 Oficinas regionais

Nessa etapa do projeto, foram realizadas seis oficinas regionais, nas cidades de São Paulo, Belém, Goiânia, Belo Horizonte, Porto Alegre e Salvador, usando a metodologia *The World Café*. O evento teve o objetivo de proporcionar a oportunidade de formulação e apresentação, de forma intensamente participativa, de contribuições e propostas para as diretrizes da Política Nacional de Empreendedorismo e Negócios.

No total, as oficinas tiveram a participação de 286 pessoas, entre instituições especializadas, empresários e representantes do setor empresarial, universidades e centros de pesquisa, governo e profissionais ligados a instituições de crédito e capital de risco. O menor índice de participação foi o das instituições de crédito e capital de risco. No caso dos representantes dos governos estaduais, vale destacar a presença de diferentes secretarias, como as de Indústria, Comércio e Turismo, Ciência, Tecnologia e Inovação, Educação e Fazenda, que foram importantes para a validação das barreiras e das possibilidades de mudanças e dos investimentos necessários.

A seguir, a título de ilustração, apresentam-se algumas propostas formuladas nas oficinas, dentre os 11 eixos de análise nos níveis macroambiente, ambiente intermediário e microambiente.

Macroambiente	Reduzir as taxas de juros a parâmetros internacionais e definir a tributação de acordo com a segmentação de mercado.
	Promover conferências nacionais, que têm se mostrado um mecanismo interessante e eficaz para articulações e debates, bem como de integração entre o poder público, iniciativa privada e entidades.
	Ter locais físicos e virtuais para orientações ao empreendedor, como centros integrados de apoio e informação, assistência jurídica e esclarecimento de procedimentos burocráticos

Ambiente intermediário	Criar o Simples trabalhista.
	Ampliar a desburocratização da Lei nº 123/2006 e usar como único critério de enquadramento o faturamento.
	Criar lei específica de "cédula de crédito" – garantia bancária.
	Criar marco regulatório para a economia solidária.
	Desburocratizar a criação de cooperativas.
	Atrair e incentivar fundos de capital de risco e capital semente.
	Oferecer isenção tributária para o empreendedor nos dois primeiros anos.
	Instituir programa de transição tributária, com redução significativa para empresas nascentes (Simples Zero).

Microambiente
Fazer divulgação em massa de casos de sucesso de empreendedores brasileiros, para que inspirem outros e para que a sociedade dê mais valor ao empreendedorismo como opção de carreira.
Incorporar a cultura empreendedora no ambiente universitário, em todos os cursos, incluindo mestrados e doutorados com perfil específico.
Criar bolsas de iniciação empreendedora.
Valorizar os programas de extensão, usando casos reais e experiências práticas, com validação da carga horária complementar.

2.7 Oficinas com agentes governamentais

Outro processo de consulta e alinhamento ocorreu com a realização de duas oficinas com representantes das instituições governamentais federais, com a finalidade de mapear os programas com interface aos temas de empreendedorismo, inovação e competitividade. O evento permitiu identificar mais de cem iniciativas que têm forte interação com o empreendedorismo, bem como as possíveis lacunas, tendo em vista a melhoria no ecossistema empreendedor no Brasil. Como resultado, as oficinas contribuíram também para a formulação de diretrizes relacionadas à governança da Política.

Participaram das duas oficinas governamentais as seguintes instituições:

- Agência Brasileira de Desenvolvimento Industrial (ABDI)
- Ministério das Cidades (MCIDADES)
- Ministério da Cultura (SEC/MINC)
- Instituto Brasileiro de informação em Ciência e Tecnologia (IBICT)
- Agência Nacional de Vigilância Sanitária (Anvisa)
- Instituto de Pesquisa Econômica Aplicada (IPEA)
- Fundo Nacional de Desenvolvimento da Educação (FNDE)
- Comissão de Valores Mobiliários (CVM)
- Instituto Nacional da Propriedade Industrial (INPI)
- Secretaria de Educação Profissional e Tecnológica do Ministério da Educação (MEC/SETEC)
- Ministério da Ciência, Tecnologia e Inovação (MCTi)
- Ministério da Pesca e Aquicultura (MPA)
- Financiadora de Estudos e Projetos (FINEP)
- Serviço Brasileiro de Apoio às Micro e Pequenas Empresas (SEBRAE)
- Secretaria do Ministério da Cultura (SEC/MINC)
- Ministério do Desenvolvimento, Indústria e Comércio Exterior (MDIC)
- Ministério do Trabalho e Emprego (MTE)
- Secretaria do Trabalho e Desenvolvimento Social do Estado do Ceará (STDS-CE)
- Secretaria de Segurança Alimentar e Nutricional do Ministério do Desenvolvimento Social e Combate à Fome (SESAN/MDS)
- Secretaria de Comércio e Serviços do Ministério do Desenvolvimento, Indústria e Comércio Exterior (SCS/MDIC)
- Departamento de Fomento Ministério da Pesca e Aquicultura (MPA)
- Banco do Brasil (BB)
- Banco do Nordeste do Brasil (BNB)
- Rede de Tecnologia e Inovação do Rio de Janeiro (REDETEC)
- Federação Nacional das Escolas Particulares (FENEP)
- Ministério do Turismo (MTur)
- Governo do Distrito Federal (GDF)
- Departamento de Cooperativismo e Associativismo da Secretaria de Desenvolvimento Agropecuário e Cooperativismo (DENACOOP/SDC)

Foi solicitado aos participantes que apresentassem até cinco programas, projetos ou ações desenvolvidas por suas instituições, cujo objetivo se enquadrasse como estímulo e apoio ao empreendedorismo. O resultado está apresentado a seguir.

Programas e Projetos Governamentais de Apoio e Estímulo ao Empreendedorismo

Macroambiente

Ambiente Econômico	Marco Regulatório	Governança	Infraestrutura	Internacionalização
Feira do Empreendedor Presencial e a Distância (SEBRAE)	Fiscalização dos diversos participantes do mercado de capitais (CVM)	Fomento atividades pesqueiras e aquícolas sob formas associativas (MPA)	PNI - Programa Nacional de Incubadoras, Parques Tecnológicos e Rede de Incubadoras (MCTI)	PROSul - Projeto de Cooperação para Integração Produtiva entre Cooperativas do Mercosul. (MDA)
Ações de apoio à comercialização de produtos turísticos (MTUR)	Abertura de capital (CVM)	Fórum Permanente das MPEs - 25 Fóruns Regionais implantados (MDIC)	CADASTUR - Cadastro dos Prestadores de Serviços Turísticos (MTUR)	PEIEX – Projeto de Extensão Industrial Exportadora (MCTI)
Minha Empresa, Minha Vida (GDF)	Lei do Bem (Finep Inova Brasil MCTI)	Acordos de cooperação entre estados, municípios, universidades e associações de classe (INPI)	PRODETUR - Programas Regionais de Desenvolvimento do Turismo (MTUR)	COOPER Export - Projeto de Internacionalização de Cooperativismo para o Mercado Externo (MDA)
PRONATEC Turismo (MTUR)	LC 123/2006 (MFAZENDA)	ROTACOOP - Projeto Rotas do Cooperativismo (MDA)	15 pólos de atendimento ao empreendedor individual (formalização, capacitação e consultoria social). (SECRETARIA DE EMPREENDEDORISMO DO ESTADO DO CEARÁ)	Ações de apoio à comercialização de produtos turísticos (MTur e Embratur) (MTUR)
	Negociação de títulos e contratos (CVM)		Projeto de Lei: Alvará de negócio desvinculado do habite-se, vara exclusiva da justiça do DF para MPE. (GDF)	Projeto de Lei: Alvará de negócio desvinculado do habite-se, vara exclusiva da justiça do DF para MPE. (GDF)
	Implementação da Lei Geral das MPEs (SEBRAE)			
	Lei Geral - MPE no DF (4.611/2011) (GDF)			
	Regulação de fundos de investimento e investimentos coletivos (CVM)			
	Lei de Informática (MCTI)			

Ambiente Intermediário

Educação e Capacitação	
Feira do Empreendedor Presencial e a Distância (SEBRAE)	Rede de Propriedade Intelectual (MCTI)
Saber Empreender (SEBRAE)	Sebrae Mais (SEBRAE)
Projeto Educanvisa - Educação para ensino em vigilância sanitária. (ANVISA)	Palestras institucionais sobre o Mercado de Valores Mobiliários. (CVM)
INTRAEMPREENDEDORISMO: SEPUC - Escola de Gestão Pública (curso de capacitação para os colaboradores e ciclo de palestras nos Municípios) Núcleo de Empreendedorismo Intersetorial. (SECRETARIA DE EMPREENDEDORISMO DO ESTADO DO CEARÁ)	
MID - Mapa de Inclusão Digital. (IBICT)	Aprender a Empreender (SEBRAE)
COOPER Acadêmico - Programa de Estímulo ao Ensino e à Produção Acadêmica na Área de Cooperativas (MDA)	PROFICOOP - Projeto de Profissionalização da Gestão de Cooperativas e Formação de Redes de Cooperação. (MDA)
SEI – Sebrae Empreendedor Individual (SEBRAE)	Programa de Educação Financeira em Escolas (CVM)
Educação Empreendedora para internet (SEBRAE)	PRODIN -Programa de Orientação e Defesa dos Investidores (CVM)
Palestras e stands em feiras congressos, e eventos específicos. (MTUR)	Assessoria de crédito ao empreendedor informal (Banco do Nordeste do Brasil)
Programa Empreendedores Primeiros Passos (Sebrae SP e ES) (SEBRAE)	Agroamigo: capacitação para (Banco do Nordeste do Brasil)
Rede Agentes (MDIC)	Capacitação – EaD – básico, intermediário e avançado (MTUR)

Financiamento, Investimento e Crédito	
PROGER (MPEs)	Microcrédito BRB (GDF)
Subvenção Econômica (FINEP)	Fundos de Apoio e Fomento (GDF)
SGC - Sociedades de Garantia de Crédito (SEBRAE)	Financiamentos internacionais - PNUD (GDF)
PROFROTA - Programa Nacional de Fortalecimento da Ampliação e Modernização da Frota Pesqueira Nacional (Lei 10.849/2004). (MPA)	
MPO – Microcrédito Produtivo e Orientado (BB,CEF,BNB, BRB, Sudeco, BNDES) (GDF)	Editais de chamamento público para o financiamento da pesquisa e inovação (MPA)
MPO – Microcrédito Produtivo e Orientado. (Banco do Brasil)	FAMPE – Fundo de Aval às Micro e Pequenas Empresas (SEBRAE)
PAPPE – Integração (Programa de Apoio à Pesquisa em Empresas) (FINEP MCTI)	

Desoneração Tributária e Desburocratização
Simples Nacional (inclusive SIMEI - Sistema de Recolhimento em Valores Fixos) (MFAZENDA)
Empreendedor individual (MDIC/MFAZENDA)
Seminário Nacional e Seminários Regionais do Simples Nacional (MFAZENDA)

Financiamento, Investimento e Crédito	
ALIs - Agentes Locais de Inovação (SE-BRAE)	Rede ISSN - International Standard Serial Number (IBICT)
Sebraetec – Serviço de Inovação Tecnológica (SEBRAE)	Co-Working, Incubação Empresarial e Startups (GDF)
SIBRATEC - Extensão Tecnológica (MCTI)	Venture Forum (FINEP)
ACV - Avaliação do Ciclo de Vida (IBICT)	Repositórios digitais. (IBICT)
Seed Forum (FINEP)	Redes Temáticas: Metrologia, Química, Têxtil. (REDETEC/ ESTADO DO RJ)
RHAE - Programa de Formação de Recursos Humanos em Áreas Estratégicas (MCTI)	NIT – Núcleos de Inovação Tecnológica (MCTI)

Microambiente

Empreendedorismo por Segmento		
Eixo da Inclusão Produtiva do Plano Brasil sem Miséria (MDS)	ENCOMEX – Encontros de Comércio Exterior (MDIC)	Empreendedor Individual no Cadastro Único do MDS (MDS)
Prêmio Mulher de Negócios (SEBRAE)	PNAE – Programa Nacional de Alimentação Escolar (Prioriza alimentos orgânicos e agroecológicos – quilombolas, indígenas) (MTUR)	
Programa Nacional Sebrae Territórios da Cidadania (SEBRAE)	Programa Organização Produtiva de Mulheres Rurais (MDIC)	Empreendimentos Econômicos Solidários (GDF)
Fomenta Sebrae - Compras públicas do DF (GDF)	de Microcrédito Orientado – bancos comunitários (mulheres em atividades produtivas) (SECRETARIA DE EMPREENDEDORISMO DO ESTADO DO CEARÁ)	
Júnior Achievement (SEBRAE)	Saber Empreender (SEBRAE)	Programa Feira do Peixe (MPA)
Desafio Sebrae (SEBRAE)	Turismo de Base Comunitária (GDF)	INTERAgro - Programa Nacional Permanente do Desenvolvimento da Agroindustrialização de Cooperativas (MDIC)
Programa Nacional do Trabalho e Empreendedorismo da Mulher (SECRETARIA DE POLÍTICA PARA MULHER)	PRONAF MULHER – Programa Nacional de Fortalecimento da Agricultura Familiar para Mulheres (MDIC)	PROCOOP Jovem - Projeto de Estímulo e Promoção do Cooperativismo para a Juventude (MDIC)
Programa Inclusão Produtiva com Segurança Sanitária (Foco na Erradicação da Pobreza) (ANVISA)	Programa Nacional Documentação Trabalhadores Rurais (MDIC)	Projeto VisaMobiliza (capacitação com movimentos sociais) (ANVISA)

Cultura e Perfil Empreendedor
Pesquisa: avaliação de efetividade de políticas públicas para incentivar a ação empreendedora (MCIDADES)
EI - Prêmio Empreendedor Individual (GDF)
Prêmio MPE Brasil (SEBRAE)
Empretec (SEBRAE)
Desafio Sebrae (SEBRAE)
Prêmio Prefeito Empreendedor (SEBRAE)
Pesquisa: avaliação de efetividade de políticas públicas para incentivar a ação empreendedora (MCIDADES)

2.8 Consolidação dos resultados

A etapa de consolidação demandou um esforço de sistematização e interpretação do grande volume de dados e informações coletadas em todas as fases do projeto.

Participaram de todas as fases de coleta de dados do projeto 624 pessoas, com diferentes perfis, conforme a figura abaixo.

Figura 4 - Perfil de participantes da construção de teses e diretrizes da PNEN

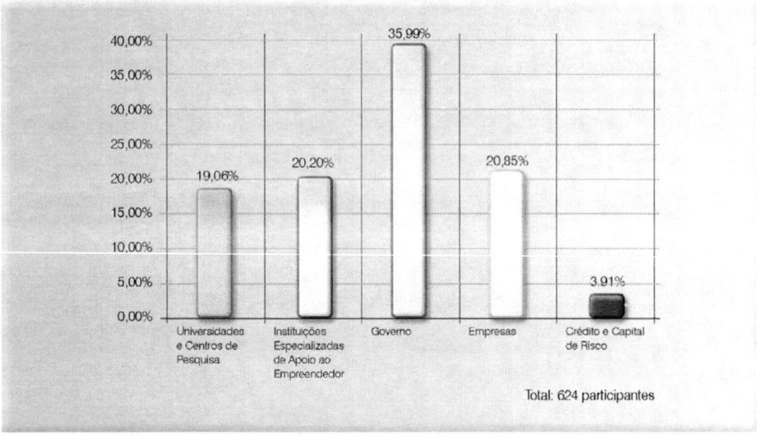

A estrutura conceitual utilizada para a consolidação das informações está representada na figura a seguir. Procurou-se identificar:

- Entraves e desafios mais relevantes para o desenvolvimento do empreendedorismo no Brasil, utilizando-se como fonte de dados a matriz Brasil, os entraves amplamente validados pelo questionário e aqueles apontados durante as oficinas regionais.
- Propostas e contribuições para a PNEN, utilizando-se como fonte as boas práticas conhecidas por meio do estudo comparativo dos cinco países selecionados, as propostas extraídas e validadas pelo questionário, e propostas e soluções levantadas nas oficinas regionais.
- Mapeamento das atuais iniciativas governamentais de apoio e estímulo ao empreendedorismo.

Figura 5 - Teses e Diretrizes para a Política Nacional de Empreendedorismo - Metodologia de Consolidação

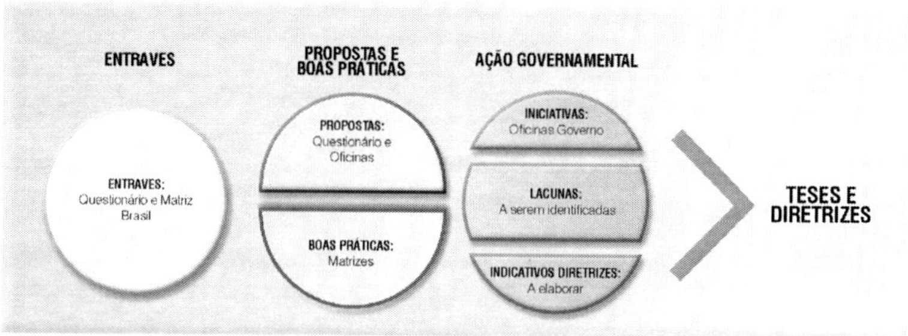

2.9 Seminário Internacional e Consulta Pública

Após a consolidação das informações coletadas nas fases anteriores e das contribuições colhidas nas oficinas e por meio do questionário, as teses e diretrizes foram apresentadas durante o Seminário Internacional Política Nacional de Empreendedorismo – Transformando ideias em negócios.

O evento ocorreu no dia 26 de junho de 2012, em Brasília, na sede da Confederação Nacional do Comércio, e contou com a participação de especialistas, empresários e representantes do governo. Convidados internacionais apresentaram as políticas e programas relacionados ao empreendedorismo na União Europeia, Colômbia e em vários outros países.

O Seminário também incluiu um debate com a participação dos convidados, estimulado por perguntas e comentários da plateia, com o objetivo de validar e agregar contribuições às teses e diretrizes apresentadas.

Palestrantes e Debatedores do Seminário Internacional

- **Luís Afonso Bermúdez** – Diretor do Centro de Apoio ao Desenvolvimento Tecnológico da Universidade de Brasília.
- **Fiorina Mugione** – Chefe do Departamento de Políticas Empresariais e de Programas de Capacitação Empresarial da UNCTAD/ONU.
- **Andrés Felipe Otero** – Diretor de StartUp Café do Centro de Desenvolvimento do Espírito Empreendedor.
- **Carl James** – Consultor do projeto Diálogos Setoriais Brasil – União Europeia.
- **Fábio Fowler** – Diretor de Empreendedorismo e professor da Universidade Federal de Itajubá.
- **Ednalva F. C. Morais** – Vice-Diretora do Centro de Apoio ao Desenvolvimento Tecnológico da Universidade de Brasília e Coordenadora Geral do projeto PNEN.

O encerramento dessa primeira etapa do projeto, prevista para meados de julho de 2012, será o lançamento de consulta pública pelo Ministério de Desenvolvimento, Indústria e Comércio Exterior, como mecanismo institucional de legitimação das teses e diretrizes da Política Nacional de Empreendedorismo e Negócios.

A etapa seguinte será composta pela organização e análise das sugestões apresentadas na consulta pública, planejamento e formulação de objetivos, metas e indicadores, além de programas, projetos e resultados esperados da PNEN. Como na primeira etapa, a estratégia será de construção coletiva e participativa dos principais agentes de inovação e empreendedorismo do País.

3. Teses e Diretrizes da Política Nacional de Empreendedorismo e Negócios

Eixos prioritários

A título de consolidação geral dos desafios e das iniciativas de maior abrangência e impacto para a PNEN, e como recomendação geral, sintetizamos em cinco eixos prioritários e ordem de importância:

1. Elaboração e implantação de uma estrutura de governança que promova maior sinergia dos programas, projetos e ações já existentes.
2. Desenvolvimento e reformulação do sistema educacional em todos os níveis com abordagem transversal da pedagogia para o empreendedorismo e intraempreendedorismo.
3. Desenvolvimento de um sistema único de informações relevantes e estratégicas ao empreendedor, simplificadas e organizadas a partir dos eixos estruturantes deste PNEN.
4. Consolidação dos mecanismos de integração entre governo, empresa e universidade, tais como núcleos de inovação tecnológica, incubadoras, parques tecnológicos e programas de extensão, de forma a oferecer infraestrutura física e serviços estratégicos de base para o empreendedorismo, a inovação e a competitividade das empresas nascentes e das já existentes.
5. Desenvolvimento de um sistema eficiente de gestão, acompanhamento e avaliação de políticas públicas, de forma a otimizar recursos e potencializar os resultados.

Apresentam-se, a seguir, as teses e diretrizes da PNEN, enquadradas por eixo da matriz de macroambiente, ambiente intermediário e microambiente.

Legenda:

- Geração de Capital
- Ambos
- Geração de Renda

Macroambiente

1- Ambiente Econômico

Tese 1: Segundo pesquisas, no ambiente econômico os principais entraves para o desenvolvimento do ecossistema empreendedor no Brasil estão relacionadas a taxa de juros e legislações pertinentes. Neste sentido, faz-se necessária a implementação de ações de fortalecimento, facilitaçã e promoção do ambiente empreendedor.

Diretrizes

- Ampliar reformas macroeconômicas no sentido de fortalecer o mercado doméstico e elevar a competitividade e a produtividade da economia brasileira a padrões internacionais.
- Induzir a correção das falhas de mercado, de modo a favorecer o ecossistema empreendedor.

2- Marco Regulatório

Tese 2: Mesmo com o marco regulatório que favorece as micro e pequenas empresas, é necessário ajustar a legislação para estimular o crescimento e a competitividade dos novos negócios, principalmente desonerando as atividades produtivas.

Diretrizes

- Aprimorar os mecanismos de tratamento favorecido e diferenciado aos empreendedores de micro e pequeno porte e o empreendedor individual, especialmente por parte dos estados e municípios.
- Criar política e legislação específicas de apoio e incentivo à criação e desenvolvimento de empresas virtuais.
- Aprimorar o sistema normativo de inovação, a fim de reduzir as restrições e estender os mecanismos de incentivo para favorecer o empreendedorismo inovador.
- Rever a legislação trabalhista para flexibilizar as modalidades de contratação e demissão, com tratamento diferenciado para a MPE.
- Estimular a adoção por estados e municípios de mecanismos de tratamento favorecido e diferenciado para as MPES.
- Promover modificações relevantes no marco regulatório existente de modo a reduzir as taxas de informalidade da economia.
- Adequar a legislação para atendimento a setores econômicos, sociais e tecnológicos estratégicos.

3- Governança

Tese 3: O Governo Federal e as instituições especializadas no apoio ao empreendedor, mantém hoje um conjunto expressivo de iniciativas, programas e projetos voltados ao apoio de novos negócios, especialmente nas vertentes do empreendedorismo inovador e de micro e pequenos negócios, bem como na geração de renda. Mas são necessários mecanismos de coordenação e harmonização, de modo a tornar as políticas públicas mais eficientes e acessíveis ao empreendedor.

Diretrizes

- Promover, articular e coordenar as ações do governo de estímulo ao empreendedorismo, com a geração de oportunidades de negócio de acordo com as vocações regionais.
- Aprimorar a articulação interministerial e com instituições estaduais para promover, de forma integrada, os programas voltados ao empreendedorismo inovador e de alto impacto.
- Melhorar os canais de informação e de integração entre as agências governamentais para tornar mais eficaz a comunicação intragovernamental e multinstitucional com o empreendedor

4- Infraestrutura

Tese 4: Pesquisas apontam que para criar um ambiente favorável ao empreendedorismo, o Brasil precisa superar entraves de infraestrutura, especialmente aqueles relacionados ao acesso às tecnologias da informação e comunicação, além de tornar mais visíveis e acessíveis em um mesmo lugar as informações sobre programas, projetos e formas de apoio ao empreendedor.

Tese 5: Embora existam centenas de mecanismos e instrumentos de apoio ao empreendedorismo no Brasil, é preciso comunicar com mais eficiência as informações sobre como acessá-los, de modo a alcançar o público interessado de forma rápida e eficaz.

Diretrizes

- Desenvolver um padrão de comunicação que atenda com efetividade os diferentes perfis de empreendedores, contemplando a capilaridade dos agentes de empreendedorismo e inovação existentes no País, em especial nos micro e pequenos municípios.
- Incentivar a disseminação e a interiorização de espaços físicos e virtuais de apoio ao empreendedorismo.
- Promover e interiorizar o acesso às tecnologias de informação e comunicação para os empreendedores alvo da Política.

4- Infraestrutura (cont.)

Diretrizes

- Fortalecer os programas e infraestruturas existentes em incubadoras de empresas, parques tecnológicos e núcleos de inovação tecnológica, como mecanismos de apoio ao empreendedorismo inovador e dos setores tradicionais.
- Criar uma estrutura única de serviços para orientar o empreendedor no cumprimento das legislações pertinentes, especialmente em pequenos municípios.

5- Internacionalização

Apenas 6,8% dos empreendedores brasileiros afirmam que seus consumidores estão no exterior. É um dos mais baixos índices de intenção de inserção no mercado internacional em relação aos 54 países estudados pela pesquisa GEM 2010. Embora o mercado nacional seja de grandes dimensões, há espaço para ganho de escala e para visibilidade de marcas brasileiras na conquista do mercado internacional.

Tese 6: As políticas públicas, por meio do acesso à informação sobre mercados, legislação e crédito, devem estimular e apoiar o empreendedor nos processos de internacionalização das empresas brasileiras, cujos bens, serviços e marcas apresentam valor agregado e potencial de ganhos de escala compatíveis com o processo exportador.

Diretrizes

- Promover a inserção do empreendedor brasileiro em cadeias produtivas globais.
- Aprimorar os mecanismos de atração de investimentos estrangeiros diretos.
- Incentivar a instalação no País de centros transnacionais de Pesquisa, Desenvolvimento e Inovação.

Legenda:

- Geração de Capital
- Ambos
- Geração de Renda

Ambiente Intermediário

6- Educação, Capacitação e Disseminação

Os brasileiros ficam, em média, 7,2 anos em uma sala de aula, enquanto em países mais competitivos este tempo é de 11,1 anos.

Tese 7: Os empreendedores que têm mais tempo de escolaridade e foram estimulados desde cedo a empreender têm maior potencial para criar empresas de alto impacto e inovação, geram mais emprego e têm menor taxa de mortalidade de seus negócios.

Tese 8: Uma das principais estratégias do governo para fortalecer o empreendedorismo deve avançar na ampliação do acesso ao ensino superior ou técnico de qualidade pelo jovem brasileiro, com inserção de conteúdos voltados ao mercado e ao desenvolvimento do potencial empreendedor.

Tese 9: As políticas públicas para o empreendedorismo devem atuar fortemente na inserção do empreendedorismo de forma transversal em todos os níveis de ensino.

Diretrizes

Adequar os conteúdos dos cursos técnicos para as vocações regionais, na formação dos alunos como potenciais empreendedores.

Trabalhar a cultura empreendedora na educação desde o ensino básico até a pós-graduação, para formar professores e alunos com atitude empreendedora.

Promover a visão de negócio no ambiente universitário, em todos os cursos, por meio de mecanismos orientados à valorização das atitudes empreendedoras de alunos e professores.

Desenvolver um padrão de educação baseado na pedagogia do empreendedorismo, favorecendo metodologias criativas, linguagem adequada e inserção nas realidades locais.

Criar um bônus creditício e de incentivos fiscais à capacitação técnica e estratégica realizada pelo empreendedor.

Ampliar os investimentos governamentais no desenvolvimento de políticas e metodologias inovadoras para a educação.

Desenvolver competências empreendedoras de acordo com o perfil do negócio.

7- Tecnologia e Inovação

Apenas 16,8% dos empreendedores em estágio inicial no Brasil consideram que o produto que estão oferecendo é novo para todos ou alguns consumidores (7,5% para todos). Contudo, 95% deles não utilizam tecnologias mais recentes (lançadas há menos de um ano).

As médias empresas brasileiras inovam pouco, desconhecem incentivos fiscais à inovação e fazem poucas parcerias com universidades e com institutos de pesquisas. Segundo pesquisa realizada com médias empresas (faturamento de R$ 16 milhões a R$ 300 milhões), 80% delas não usam incentivos fiscais para inovar – metade por desconhecer esses incentivos e 69,4% por afirmar que a inovação não está na ideologia da empresa.

Tese 10: O empreendedor brasileiro possui baixa cultura de inovação. Por isso, não basta incentivar a criação de novos negócios, é preciso adotar políticas para melhorar a visão estratégica, qualificação e capacitação técnica do empreendedor, de modo a gerar empresas mais competitivas, com diferencial de mercado e incorporação de tecnologias apropriadas e propiciadoras de inovação.

Tese 11: Embora tenha havido avanços no que se refere ao marco regulatório de apoio à inovação, ainda é preciso ampliar os investimentos em ciência, tecnologia e inovação e direcioná-los mais à geração de negócios inovativos, além de induzir a aproximação das universidades com o mercado e ajustar os mecanismos de proteção da propriedade intelectual, agilizando e tornando mais acessíveis os procedimentos para os empreendedores brasileiros.

Tese 12: É preciso adotar políticas voltadas para o aumento da competitividade das empresas brasileiras, principalmente por meio da cultura da inovação.

Diretrizes

- Apoiar e valorizar, nas universidades, os programas de extensão e pós-graduação voltados para a criação de negócios e agregação de valor em produtos e processos nos empreendimentos foco da Política.
- Estimular o empreendedorismo intracorporativo como mecanismo de apoio à inovação nas cadeias produtivas, ancorado em grandes empresas, como vetor de desenvolvimento local.
- Estimular e valorizar o intraempreendedorismo como gerador de inovação em ambientes públicos e privados
- Promover a cultura da propriedade intelectual e o acesso dos empreendedores aos mecanismos de proteção, com foco em marca, patentes, denominação de origem e design.

7- Tecnologia e Inovação

Diretrizes

- Apoiar a implementação no mercado de projetos inovadores de alunos de universidades e institutos tecnológicos.
- Promover maior interação entre iniciativa privada, academia e governo a fim de favorecer o ambiente de negócios.
- Promover a agregação de valor e a valorização pelo mercado das culturas e saberes tradicionais.
- Favorecer a geração de negócios relacionados ao uso sustentável da biodiversidade brasileira.

8- Investimento, Financiamento e Crédito

O estímulo à oferta de crédito para o setor privado e a diminuição dos spreads bancários, bem como a manutenção de canais de informação sobre os mecanismos disponíveis de crédito para os empreendedores, são medidas citadas por vários estudos como de grande impacto na configuração de um ecossistema empreendedor saudável. No Brasil, ainda é necessário avançar nesse sentido, como forma inclusive de reduzir a aversão ao risco de empreender.

Tese 13: Para estimular o empreendedorismo inovador é preciso incrementar os fundos de capital semente e de risco, ainda incipientes no Brasil. O governo pode atuar atraindo e estimulando esses investimentos e incentivando os empreendedores com potencial de gerar negócios intensivos em conhecimento.

Tese 14: Para estimular o crescimento saudável dos empreendimentos de micro, pequeno, médio e grande porte dos setores tradicionais, é preciso redefinir os incentivos creditícios e as linhas de crédito existentes, bem como simplificar e agilizar os processos de solicitação, análise e liberação do crédito.

Diretrizes

- Incentivar a criação de linhas de crédito específicas para cada perfil de empreendedor e adequadas ao estágio de desenvolvimento da empresa.
- Criar e divulgar amplamente os programas de garantias e de qualificação do empreendedor para acesso ao crédito.
- Favorecer a ampliação do acesso dos empreendedores a capital semente e de risco e estimular a formação de "angels".
- Consolidar e criar escala no uso dos programas de bolsas de extensão tecnológica e pesquisador na empresa, adequando os valores e ações à realidade das empresas.
- Criar incentivos fiscais e creditícios para empreendimentos virtuais.

9- Desoneração Tributária E Desburocratização

– De acordo com estudos, o empresário brasileiro despende 27,9% do seu faturamento em tributos e gasta 2.600 horas por ano com obrigações tributárias, enquanto nos países desenvolvidos esse gasto de tempo é de cerca de 200 horas.

Tese 15: Para estimular a criação, o crescimento e a formalização dos empreendimentos é preciso que o Estado implemente ações para a redução, simplificação dos tributos e aumento da eficiência dos gastos públicos.

Diretrizes

- Criar mecanismos diferenciados de desoneração tributária para favorecer a geração e o crescimento de novos negócios, exploração de novos mercados e aumento da produtividade.
- Aperfeiçoar e implementar efetivamente os sistemas de governo eletrônico para simplificar os procedimentos burocráticos, dar acesso a informação orientativa, tramitação e transparência nas regras e exigências legais.
- Reduzir tempo e custos e simplificar procedimentos para abrir e fechar negócios.
- Induzir a racionalização de exigências burocráticas referentes à atividade empresarial, no sentido de torná-las mais simples e menos onerosas.

Legenda:

- Geração de Capital
- Ambos
- Geração de Renda

Microambiente

10- Cultura e Perfil Empreendedor

A atitude empreendedora é a capacidade de perceber e explorar oportunidades de novos negócios e não depende apenas da aptidão individual, mas também do contexto socioeconômico, bem como de fatores históricos e culturais. Cada região brasileira possui características e oportunidades diferentes para a criação de novos negócios.

Tese 16: É possível estimular atitudes empreendedoras em todas as regiões brasileiras, por meio de políticas específicas que levem em conta a vocação regional e os fatores socioculturais da região em que a pessoa está inserida.

Tese 17: Uma das formas de estimular as atitudes e a cultura empreendedora no País é a criação de mecanismos de reconhecimento e valorização social do empreendedorismo como opção de carreira.

Diretrizes

- Promover a valorização social do empreendedor como opção de carreira e mudança da cultura de penalização do erro e fracasso, por meio de mecanismos de reconhecimento social, criação de redes e espaços para trocas de experiência, disseminação de boas práticas, concursos e premiações.
- Promover ações sistematizadas que visem reduzir a aversão ao risco de empreender, como a revisão das normas de falência e de proteção contra o desemprego e a divulgação massificada pela mídia de casos de sucesso.

11- Empreendedorismo por Segmentos Populacionais Específicos

Os estudos mostram que, na maioria dos países, a faixa etária mais empreendedora é de 25 a 34 anos. Contudo, as políticas públicas não devem perder de vista o potencial empreendedor nos extremos, principalmente considerando que aí estão as maiores taxas de desemprego: os mais jovens e os mais velhos, que têm muito a oferecer em termos de baixa aversão ao risco e experiência profissional, respectivamente.

De outro lado, estão as mulheres, os profissionais da melhor idade e minorias em geral. A mulher brasileira é uma das que mais empreendem no mundo atual. Estudos mostram que as mulheres possuem características que favorecem a atividade empreendedora, tais como: maior estabilidade, capacidade de planejar e disposição para preparar-se para criar e gerenciar um negócio. Entretanto, foi apontado que elas têm mais dificuldade para acessar recursos financeiros.

11- Empreendedorismo por Segmentos Populacionais Específicos

Nesse quadro, as políticas devem adotar linhas de atuação voltadas especificamente para tais segmentos, principalmente facilitando o acesso à capacitação para o empreendedorismo e aos mecanismos de crédito.

Dados de 2010 indicam que existem cerca de 10.336.064 empreendedores informais no Brasil. Para esse público-alvo foi criada a legislação específica denominada Empreendedor Individual, a qual prevê facilidades para acesso a programas e recursos do governo e de instituições especializadas no apoio e incentivo ao empreendedorismo, além de direitos antes exclusivos para os trabalhadores.

Tese 18: Os atuais incentivos e mecanismos de apoio à entrada desses potenciais empreendedores no mercado formal e competitivo ainda são insuficientes ou são pouco visíveis – é preciso ampliá-los e torná-los mais acessíveis.

Diretrizes

- Criar ações específicas convergentes com o foco em geração de renda e suas formas organizativas, para o estímulo e apoio ao empreendedorismo, articulando lideranças e comunidades locais.
- Formular ações que visem preencher lacunas nas atuais iniciativas de estímulo ao empreendedorismo entre as mulheres, ampliando os incentivos para as faixas etárias dos mais jovens e dos mais velhos.
- Criar ações específicas de estímulo à permanência de pesquisadores e profissionais altamente qualificados no País, com foco no empreendedorismo de alto impacto e inovador
- Criar programas para dar sustentabilidade aos Empreendedores Individuais por meio de formação, capacitação técnica e estratégica.
- Consolidar os programas voltados ao incentivo do empreendedorismo entre os jovens, convergentes com as atuais iniciativas governamentais neste setor, e consoante com seus diferentes contextos, de modo a explorar suas potencialidades e menor aversão ao risco de empreender.
- Criar programas voltados ao incentivo do empreendedorismo entre pessoas da terceira idade, de acordo com as diferentes realidades em que estão inseridas, de modo a potencializar a experiência e conhecimentos acumulados.

Referências bibliográficas

BAUMOL, W.J. Formal entrepreneuship theory in economics: existence and bounds. *Journal of Business Venturing*, [S.l.], v. 8, n. 3, p. 197-210, maio 1993. Disponível em: <http://www.sciencedirect.com/science/article/pii/0883902693900273>. Acesso em: 13 mar. 2012.

BRASIL. Ministério da Ciência, Tecnologia e Inovação. *Estratégia nacional de ciência, tecnologia e inovação 2012 – 2015*: balanço das atividades estruturantes. Brasília, 2011.

FILION, L. J. *O Empreendedorismo como tema de estudos superiores*. In: SEMINÁRIO A UNIVERSIDADE FORMANDO EMPREENDEDORES, 1999, Brasília, CNI-IEL, 1999.

GLOBAL ENTREPRENEURSHIP RESEARCH ASSOCIATION – GERA. *Global Entrepreneuship Monitor*: 2010 global report. [S.l.]: Babson: Universidad del Desarrollo, c2012. Disponível em: <http://www.gemconsortium.org/docs/download/266>. Acesso em: 13 mar. 2012.

GRECO, S.; FRIEDLANDER, F.; DUARTE, E.; RISSETE, C.; FÉLIX, J.; MACEDO, M.; PALADINO, G. (2011). *Global Entrepreneurship Monitor* – Brazil Report. Disponível em: www.gemconsortium.org. Acesso em: 13 mar. 2012.

GRECO, S.M.S.S.et al. *Empreendedorismo no Brasil*: 2010. Curitiba: IBQP, 2010. 286 p. ISBN: 978- 85- 87466- 14- 5.

IMD BUSINESS SCHOOL. *IMD world competitiveness yearbook*: 2011. Switzerland, 2012. Disponível em: <http://www.imd.org/research/publications/wcy/index.cfm>. Acesso em: 13 mar. 2012.

MARTES, A. (2010). *Weber e Schumpeter*: a ação econômica do empreendedor. Revista de Economia Política, vol. 30, nº 2 (118), pp. 254-270.

MUGNOL, R. P. Competitividade sistêmica das micro, pequenas e médias empresas da cadeia produtiva de autopeças da Região Nordeste do Estado do Rio Grande do Sul e desenvolvimento regional. *Perspectiva Econômica*. São Leopoldo, v. 2, n. 2, p. 56-74, jul./dez. 2006. Disponível em: <http://www.perspectivaeconomica.unisinos.br/pdfs/59.pdf>. Acesso em: 13 mar. 2012.

OECD. *Entrepreneurship at a Glance* 2011. OECD Report: 2011.

OECD. Framework for the Evaluation of SME and Entrepreneurship Policies and Programmes. *OECD Report*: 2007.

ROBERTS, E.; EESLEY, C. *Entrepreneurial impact*: the role of MIT. Kansas City: Kauffman Foundation, 2009.

SAY, J.B. *Cours d'economie politique et autres essais*. Paris: Flammarion, 1996.

SEBRAE. *Lei Geral da Micro e Pequena Empresa*: conheça as mudanças, os procedimentos e os benefícios. Brasília, 2007.

SCHUMPETER, J. A. *Capitalismo, Socialismo e Democracia*. Rio de Janeiro: Zahar, 1984.

SCHUMPETER, J .A. O Fenômeno Fundamental do Desenvolvimento Econômico. In: *A Teoria do Desenvolvimento Econômico*. Rio de Janeiro: Nova Cultural, 1985.

UNCTAD. UNCTAD Entrepreneurship Policy Framework and Implementation Guidance. UNITED NATIONS: New York and Geneva, 2012.

Lista dos Participantes na Construção das Teses e Diretrizes da Política Nacional de Empreendedorismo e Negócios - PNEN

CONTATO	INSTITUIÇÃO
GOIÂNIA/GO	
ALBERTO ELIAS LUSTOSA	SERVIÇO DE APOIO ÀS MICRO E PEQUENAS EMPRESAS - GOIÁS
ANGELIA CRISTINA PEREIRA	SERVIÇO NACIONAL DE APRENDIZAGEM COMERCIAL - GOIÁS
BRUNO ALENCAR PEREIRA	UNIVERSIDADE FEDERAL DE GOIÁS
CAMILA MOREIRA	SERVIÇO DE APOIO ÀS MICRO E PEQUENAS EMPRESAS - GOIÁS
CÂNDIDO BORGES	UNIVERSIDADE FEDERAL DE GOIÁS
CAROLINA ADORNO CAMPOS	ASSOCIAÇÃO COMERCIAL INDUSTRIAL E DE SERVIÇOS - GOIÁS
CAROLINE LETÍCIA LOMPA	CONFEDERAÇÃO NACIONAL DA INDÚSTRIA
CLAUDIA GONZAGA DE SIQUEIRA	SECRETARIA DE ESTADO DE INDÚSTRIA E COMERCIO - GOIÁS
DANILO MENINA VIERA	AGENTE DE PROSPECÇÃO
DENISE CRISTINA MARTINS DOS SANTOS NERY	CENTRO UNIVERSITÁRIO DE GOIÁS - UNI-ANHANGUERA
DIOGO CASSIUS	EMPRESA DICA ARQUITETURA
EDUARDO ALCÂNTRA	SERVIÇO DE APOIO ÀS MICRO E PEQUENAS EMPRESAS - GOIÁS
EDUARDO ANTÔNIO LOBO FILHO	SECRETARIA DA MICRO EMPRESA E ECONOMIA SOLIDARIA - DF
EDWARD HUMBERTO GUIMARÃES JÚNIOR	BONUM CONSULTORIA
ELDER SOUTO SILVA PINTO	SECRETARIA DE ESTADO DA FAZENDA DE GOIÁS
EUCÁRICE CABÓ	SECRETÁRIA DE ESTADO DA EDUCAÇÃO DE ANÁPOLIS/GO
EVERALDO LEITE	CONSELHO DE DESENVOLVIMENTO ECONOMICO DO TOCANTINS
FABIO W. SOUSA	PREFEITURA MUNICIPAL DE ANÁPOLIS
FABRIZCO DE ALMEIDA RIBEIRO	PREFEITURA MUNICIPAL DE ANÁPOLIS
IESO GOMES PEREIRA DA SILVA	SERVIÇO DE APOIO ÀS MICRO E PEQUENAS EMPRESAS - GOIÁS
ILDEFONSO CAMARGO JúNIOR	VALORIMEX
IRACI VILELA GOMIDE SANTOS	EDUCAÇÃO FÍSICA EM REVISTA/CIÊNCIA
JOÃO BOSCO GOUTHER	SERVIÇO DE APOIO ÀS MICRO E PEQUENAS EMPRESAS - GOIÁS
JOEL ROCHA	SERVIÇO DE APOIO ÀS MICRO E PEQUENAS EMPRESAS - GOIÁS
KAELL CRUZ BARROS	EDITORA KELPS
LIANE CANDITO GUIMARãES CUNHA	SECRETARIA DE ESTADO DE INDÚSTRIA E COMERCIO DE GOIÁS
LUCIANA SOUZA MARQUES CHAVEIRO	SERVIÇO DE APOIO ÀS MICRO E PEQUENAS EMPRESAS - GOIÁS
LUCIANO JAIME PEIXOTO	SINDICATO DA INDUSTRIA DE FABRICAÇÃO DE ETANOL - GOIÁS
LUIZ RUFINO FEITAS FILHO	SIMPLES GDF
MARCIO C. DE SOUZA	COORDENADOR DE CURSO DE ADMINISTRAÇÃO
MARIA DE JESUS RIBEIRO LIMA	SECRETARIA DE ESTADO DE INDÚSTRIA E COMÉRCIO - GOIÁS

CONTATO	INSTITUIÇÃO
MARISA BRANDÃO	ASSOCIAÇÃO JÚNIOR
MEIRE DA SILVA PRATES	SECRETARIA DE ESTADO DE INDUSTRIA E COMÉRCIO - GOIÁS
MIRIAM PEREIRA DE SOUZA FAGUNDES	SECRETARIA DE CIÊNCIA E TECNOLOGIA - GOIÁS
NELSON GUZZO	AGÊNCIA DE FOMENTO - GOIÁS
PIERRE MARCOS DE MORÃES	SERVIÇO NACIONAL DE APRENDIZAGEM INDUSTRIAL - GOIÁS
RAFAEL LOUSA	ASSOCIAÇÃO DE JOVENS EMPREENDEDORES - GOIÁS
RICARDO FOUAD RABAHI	PREFEITURA MUNICIPAL DE APARECIDA DE GOIÂNIA
RICARDO LIMONGI	UNIVERSIDADE FEDERAL DE GOIÁS
ROSEMAR RODRIGUES DE O.MARINARI	SECRETARIA DE ESTADO DE INDÚSTRIA E COMÉRCIO
RUI BARBOSA MESQUITA	BANCO DO BRASIL
RUI DIAS DA COSTA	FEDERAÇÃO DAS INDUSTRIAS DO ESTADO - GOIÁS
SOLANGE OLIVEIRA BOTOSSO	SECRETARIA DE ESTADO DE CIÊNCIA E TECNOLOGIA
SULAMITA DE AQUINO PORTO	FEDERAÇÃO DAS INDUSTRIAS DO ESTADO - GOIAS
TASSO MENDONÇA JUNIOR	FUNDO DE FOMENTO A MINERAÇÃO - GOIÁS FOMENTO
ULISSES FONTOURA	SERVIÇO DE APOIO ÀS MICRO E PEQUENAS EMPRESAS - GOIÁS
ZEILA CÁRITA GOMES DE CARVALHO	SERVIÇO DE APOIO ÀS MICRO E PEQUENAS EMPRESAS - GOIÁS
SUBTOTAL = 47	
BELÉM/PA	
AFONSO LUIZ DE SOUZA	CENTRO UNIVERSITÁRIO DO ESTADO DO PARÁ
AIRTON LISBOA FERNANDES	SECRETARIA EXECUTIVA DE INDUSTRIA, COMÉRCIO E MINERAÇÃO - PA
ALESSANDRO DE CASTRO CORRÊA	INSTITUTO FEDERAL DO PARÁ
ANTÔNIO JORGE G. ABELÉM	PARQUE DE CIÊNCIA E TECNOLOGIA DO PARÁ
ARTUR MASCARENHAS	SECRETARIA EXECUTIVA DE INDUSTRIA, COMÉRCIO E MINERAÇÃO - PA
CARLOS DE JESUS CRISTINO	SECRETARIA EXECUTIVA DE INDUSTRIA, COMÉRCIO E MINERAÇÃO - PA
CARMEM CÉLIA COSTA DA CONCEIÇÃO	UNIVERSIDADE FEDERAL RURAL DA AMAZÔNIA
CÉLIA NASCIMENTO	SECRETARIA EXECUTIVA DE INDUSTRIA, COMÉRCIO E MINERAÇÃO - PA
CLENER LOUREIRO	BANCO DA AMAZÔNIA
DOUGLAS ALVARO	PORTAL EMPREENDEDOR
DOUGLAS DINELLY	SECRETARIA EXECUTIVA DE INDUSTRIA, COMÉRCIO E MINERAÇÃO - PA
ELANE RIBEIRO	SECRETARIA DE CIÊNCIA E TECNOLOGIA - PARÁ
FÁBIO LÚIO COSTA	ASSOCIAÇÃO COMERCIAL DO PARÁ
GABRIEL ANTÔNIO RIBEIRO DE OLIVEIRA	UNIVERSIDADE FEDERAL DA AMAZÔNIA
GREGORI GIRARD	SECRETARIA EXECUTIVA DE INDUSTRIA, COMÉRCIO E MINERAÇÃO - PA
HELEONORA NEVES	SECRETARIA EXECUTIVA DE INDUSTRIA, COMÉRCIO E MINERAÇÃO - PA
JAIR GALDINO CABRAL COSTA	CENTRO UNIVERSITÁRIO DO ESTADO DO PARÁ
LÚCIO CAVALCANTI	ASSOCIAÇÃO COMERCIAL DO PARÁ
MARCO ANTONIO SILVA LIMA	SECRETARIA EXECUTIVA DE INDUSTRIA, COMÉRCIO E MINERAÇÃO - PA
MARCOS VENANCIO C. ARAUJO	CENTRO UNIVERSITÁRIO DO ESTADO DO PARÁ
MARIA JOSÉ DE S. BARBOSA	UNIVERSIDADE FEDERAL DA AMAZÔNIA
MASSIMO ROBERTO M. MORÃES	BANCO BRADESCO
MAURO PALHETA	BANCO DO ESTADO DO PARÁ
MILTON G. DA COSTA MOTA	UNIVERSIDADE FEDERAL DO ESTADO DO PARÁ
MÔNICA MOURA	SECRETARIA EXECUTIVA DE INDUSTRIA, COMÉRCIO E MINERAÇÃO - PA

CONTATO	INSTITUIÇÃO
RAFAEL BOULHOSA	CENTRO UNIVERSITÁRIO DO ESTADO DO PARÁ
RAUL DA ROCHA TAVARES	FEDERAÇÃO DAS INDÚSTRIAS DO ESTADO DO PARÁ
RODRIGO GARCIA	SECRETARIA EXECUTIVA DE INDUSTRIA, COMÉRCIO E MINERAÇÃO - PA
SÔNIA MENDES	SECRETARIA EXECUTIVA DE INDUSTRIA, COMÉRCIO E MINERAÇÃO - PA
VERÔNICA NAGATA	UNIVERSIDADE DO ESTADO DO PARÁ
VICENTE HONORATO DA PENHA	SERVIÇO NACIONAL DE APRENDIZAGEM INDUSTRIAL - PA
SUBTOTAL = 31	
SÃO PAULO/SP	
AMÁBILA PACIOS	FEDERAÇÃO NACIONAL DAS ESCOLAS PARTICULARES
AMISHA MILLER	INSTITUTO EMPREENDER ENDEAVOR DO BRASIL
ANA MARIA DE ARAÚJO BRASILIO	SERVIÇO DE APOIO ÀS MICRO E PEQUENAS EMPRESAS - SP
ANA PAULA PEREIRA	CONFEDERAÇÃO BRASILEIRA DE EMPRESAS JUNIORES
ANA PAULA SEFTON	SERVIÇO DE APOIO ÀS MICRO E PEQUENAS EMPRESAS - SP
BRUNO GHIZONI	FEDERAÇÃO DAS INDÚSTRIAS DO ESTADO DE SÃO PAULO
BRUNO SESTOKAS FILHO	HSM EDUCAÇÃO
CASSIO SPINA	ANJOS DO BRASIL
CRISTINA ENGELS	SINDICADO DAS SOC. DE FOMENTO MERC. FACTORING - SP
DÁRIO VEDANA	INOVANDO MAIS
DIEGO REMUS	STARTUPS
DULCIMAR DE PAULA BARBETO	AGÊNCIA USP DE INOVAÇÃO
EMERSON MORAIS VIEIRA	SERVIÇO DE APOIO ÀS MICRO E PEQUENAS EMPRESAS - SP
FLÁVIO VITAL	FEDERAÇÃO DAS INDÚSTRIAS DO ESTADO DE SÃO PAULO
FRANCISCO RIBEIRO DE ALMEIDA	HSM EDUCAÇÃO
GEORGE DOI	SINDICATO DA MICRO E PEQUENA INDÚSTRIA - SP
GILBERTO SARFATI	FUNDAÇÃO GETÚLIO VARGAS - SP
JOSÉ ROBERTO RODRIGUEZ	SERVIÇO DE APOIO ÀS MICRO E PEQUENAS EMPRESAS - SP
LINA MARIA USECHE JARAMILLO	ASSOCIAÇÃO ALIANÇA
LUCIMAR DANTAS	INCUBADORA DO COPPE/UFRJ
MARCELLA MONTEIRO DE BARROS	FEDERAÇÃO DAS INDÚSTRIAS DO ESTADO DE SÃO PAULO
MARCOS ZEKCER	FEDERAÇÃO DAS INDÚSTRIAS DO ESTADO DE SÃO PAULO
MARINA MIRANDA	FEDERAÇÃO DAS INDÚSTRIAS DO ESTADO DE SÃO PAULO
MARDUK DUARTE	CONFEDERAÇÃO NACIONAL DOS JOVENS EMPRESÁRIOS
MATEUS AGUIAR SAMPAIO DOS SANTOS	FEDERAÇÃO DAS EMPRESAS JUNIORES - RIO JUNIOR - RJ
RENATO FONSECA DE ANDRADE	SERVIÇO DE APOIO ÀS MICRO E PEQUENAS EMPRESAS - SP
RICARDO SANTOS NAVAS	BANCO SANTANDER BRASIL
ROBERT PARKINSON	SERVIÇO DE APOIO ÀS MICRO E PEQUENAS EMPRESAS - SP
ROGÉRIO VICENTE DE S. GURGEL	BANCO ITAÚ/UNIBANCO
SÉRGIO WIGBERTO RISOLA	CENTRO DE INOVAÇÃO, EMPREENDEDORISMOS E TECNOLOGIA
SILVÉRIO CRESTANA	SEC. EXEC. DA FRENTE PARLAMENTAR DE EMPREENDEDORISMO
TOSHIHIRO YOSIDA	PREFEITURA MUNICIPAL DE SÃO JOSÉ DOS CAMPOS
VÂNIA MARIA JORGE NASSIF	FACULDADE CAMPO LIMPO PAULISTA
VERAMIVALDO NOGUEIRA FONSECA	FEDERAÇÃO DAS INDÚSTRIAS DO ESTADO DE SÃO PAULO
SUBTOTAL = 34	

CONTATO	INSTITUIÇÃO
PORTO ALEGRE/RS	
AADEL SANTOS	ASSOCIAÇÃO DE JOINVILLE E REGIÃO DA MPE
ADEMIR GERSON DEITOS	ASSOCIAÇÃO SUL DE MOVEIS REDLAR
ALBERTO ROSSI	SECRETÁRIA DE CIÊNCIA, INOVAÇÃO E DESENV TECNOLOGICO - RS
ALCIDES ANDRADE	FEDERAÇÃO DAS ASSOC. DE MICRO E PEQUENAS EMPRESAS - SC
ALEXANDRE AVILA	EMPRESA FORMAQ FORNECEDORA DE MÁQUINAS - RS
ANACLETO ANGELO ORTIGARA	SERVIÇO DE APOIO ÀS MICRO E PEQUENAS EMPRESAS - SC
ANDRÉ LUIZ RONCATTO	SISTEMA FECOMERCIO DO RIO GRANDE DO SUL
ANDRE VALMIR DOS SANTOS LEMAN	EMPRESA LEMAN GERADORES
CARLOS AUGUSTO HARGES	GOVERNO DO ESTADO DE SANTA CATARINA
CARLOS EDUARDO ARANHA	PARQUE TECNOLÓGICO DE SÃO LEOPOLDO - TECNOSINOS
CARLOS TADEU SOARES	SECRETARIA DA ECONÔMIA SOLIDÁRIA E APOIO À MICRO E PEQUENA EMPRESA
CAROLINE KOTHE	ASSOCIAÇÃO PRÓ-ENSINO EM SANTA CRUZ DO SUL - RS
CELIOMAR ANTÔNIO RAIMONDI	CAIXA ECONÔMICA FEDERAL
CELSO POZZEBON	ASSOC. DAS EMPRESAS DE PEQUENO PORTE DO NORDESTE DO RS
CLEDSON ROSA	EMPRESA HP ELETRICIDADE
DANTE TOMEI	CONFEDERAÇÃO BRASILEIRA DE EMPRESA JUNIORES
DOMINGOS MOURA GUARANHA	CAIXA ECONÔMICA FEDERAL
EDSON ROBERTO ROTHFEL DA SILVA	EMPRESA CATENA INDÚSTRIA METALURGICA
ELIZETE S. DOS SANTOS	REDE DELICICHIS
HELTER CECATTO	PROFESSOR DE DESIGN ESTRATÉGICO E COMUNICAÇÃO
IVEL XARÃO	ASSOC. DAS PEQUENAS E MICROEMPRESAS DE SÃO GABRIEL - RS
JORGE TAKEDA	INSTITUTO DE TECNOLOGIA DO PARANÁ
LIANE PETRY HARSTEZN	CAIXA ECONÔMICA FEDERAL
LUCIANO SERGIO MICHELAN	SECRETARIO DO FÓRUM MPE DE SANTA CATARINA
LUIS CARLOS WALCZAK	EMPRESA GREIF EMBALAGENS
LUIZ CARLOS GAUTERIO PINHEIRO	SINDICATO DA INDÚSTRIA GRAFICA DO RIO GRANDE DO SUL
GUSTAVO GRISA	CONSULTOR AUTÔNOMO PARA O MDIC
LUIZ OTAVIO DA SILVA NASCIMENTO	EMPRESA MERITA CONSULTORIA
MARA DENISE FRANCK SCHIERHOLT	ASSOCIAÇÃO SUL DE MOVEIS REDLAR
MARCOS HANS	ASSOCIAÇÃO BRASILEIRA DE BARES E RESTAURANTES
MARCOS NOBRE	ASSOCIAÇÃO DE ENTIDADES EMPRESARIAIS DE SANTA CRUZ DO SUL
MARIA APARECIDA HEROK	CIDA CULTURAL
MARIA CRISTINA BOHNENBERGER	UNIVERSIDADE FEEVALE
MARINA MARTINS	SECRETARIA DE ESTADO DE COMUNICAÇÃO - RS
MAURICIO MICHELON	ASSOC. DAS EMPRESAS DE PEQUENO PORTE DO NORDESTE DO RS
NAIRA LIBERMANN	PONTIFÍCIA UNIVERSIDADE CATÓLICA DO RIO GRANDE DO SUL
ORACELIA ALBIERO DE CESARO	UNIV. REGIONAL INTEGRADA DO ALTO URUGUAI E DAS MISSÕES
PAULO CESAR SOUSA DA COSTA	ASSOCIAÇÃO SUL MOVEIS ELETRODOMÉSTICOS - REDLAR
PAULO SALVI	ASSOCIAÇÃO DE PEQUENAS E MÉDIAS EMPRESAS DE GARIBALDI
RAEL MAIRESSE	CONFEDERAÇÃO BRASILEIRA DE EMPRESAS JUNIORES
RENATA PAMELA ROTHEFEL DA SILVA	EMPRESA CATENA INDÚSTRIA METALURGICA

CONTATO	INSTITUIÇÃO
ROSALINA DUARTE MEDEIROS	UNIVERSIDADE FEDERAL DO RIO GRANDE DO SUL
SANDRA DE OLIVEIRA	ASSOCIAÇÃO COMERCIAL E INDUSTRIAL
VERA TERESINHA DANIEL STRINGHINI	AGÊNCIA DE DESENVOLVIMENTO ECONÔMICO DE CANOAS
VICTOR KOCHELLA	ASSOC. DE JOINVILE E REGIÃO DA PEQ. E MICROEMPRESA
VIVIANE ANDRESSA PINTO	SERVIÇO DE APOIO ÀS MICRO E PEQUENAS EMPRESAS - RS
SUBTOTAL = 46	
BELO HORIZONTE/MG	
ADÉLIA GALANTINI	EMPRESA ADELIA GALANTINI ASSESSORIA
ANDRÉ LUIZ ZAMBALDE	UNIVERSIDADE FEDERAL DE LAVRAS
ANDREA MAGESTE DAMÁZIO	EMPRESA ANIMUS CONSULTORIA
ARNALDO CORREIA SILVA FILHO	GOVERNO DO ESTADO DE MINAS GERAIS
BELCHIOR G. SILVA	FEDERAÇÃO DAS CÂMARAS DE DIRIGENTES LOJISTAS - MG
BENJAMIN VITO GUIMARÃES	GOVERNO DO ESTADO DE MINAS GERAIS
EDVAR DIAS CAMPOS	EMPRESA CED CONTABILIDADE
FÁBIO ROBERTO FOWLER	UNIVERSIDADE FEDERAL DE ITAJUBA - MG
FERNANDO DE ARAÚJO ABREU	FACULDADE BATISTA DE MINAS GERAIS
FERNANDO PASSALIO AVELAR	SECRETARIA DE ESTADO DE DESENV. ECONÔMICO DE MINAS GERAIS
JEFERSON NEY AMARAL	SERVIÇO DE APOIO ÀS MICRO E PEQUENAS EMPRESAS - MG
JOÃO ÁVILA	ANJOS DO BRASIL
JOSE OSWALDO CASMAR	FUNDAÇÃO JOÃO PINHEIRO
JUAREZ LEITÃO	GOVERNO DO ESTADO DE MINAS GERAIS
LEONARDO PURRI MIRANDA	ASSOCIAÇÃO DE MICRO E PEQUENAS EMPRESAS
LEONARDO SILVA HORTA	SECRETARIA DE ESTADO DE DESENV. ECONÔMICO DE MINAS GERAIS
LUCAS PÊGO OLIVEIRA PEREIRA	ASSOCIAÇÃO BRASILEIRA DE BARES E RESTAURANTES
LUCIANA RAMOS SOARES	SERVIÇO DE APOIO ÀS MICRO E PEQUENAS EMPRESAS - MG
MARCILENE CEDRO	EMPRESA BRASILEIRA DE CORREIOS E TELÉGRAFOS - CORREIOS
MARIA CONCEIÇÃO BOAVENTURA	EMPRESA BRASILEIRA DE CORREIOS E TELÉGRAFOS - CORREIOS
MARIA DULCINEIA DIAS CARDOSO	SECRETARIA DE ESTADO DE DESENVOLVIMENTO ECONÔMICO - MG
MARINA BRANDÃO DUTRA	SECRETARIA DE ESTADO DE DESENVOLVIMENTO ECONÔMICO - MG
MARINELY DE PAULA BOMFIM	JUNTA COMERCIAL DO ESTADO DE MINAS GERAIS
MARIO FERNANDO C. RODRIGUES	CENTRO TEC. DE DESENVOLVIMENTO REGIONAL DE VIÇOSA - MG
NAIR APARECIDA DE ANDRADE	SERVIÇO DE APOIO ÀS MICRO E PEQUENAS EMPRESAS - MG
PATRICIA GOMES CARNEIRO DA SILVA	SEC. DE ESTADO DE CIÊNCIA, TECNOLOGIA E ENSINO SUPERIOR - MG
PATRICIA MIRANDA	SUP. ARTESÃO - SECRETARIA DE DESENVOLVIMENTO ECONÔMICO
PAULO MÁRINS CAMPOS	CENTRAL EXPORTAMINAS
PEDRO PAULO SALES	INSTITUTO FEDERAL SUDESTE DE MINAS GERAIS
RICARDO LUIZ ALVES PEREIRA	SERVIÇO DE APOIO ÀS MICRO E PEQUENAS EMPRESAS - MG
RODRIGO LACERDA SALES	CENTRO TEC. DE DESENVOLVIMENTO REGIONAL DE VIÇOSA - MG
ROSÂNGELA CALDEIRA	SECRETARIA DE DESENVOLVIMENTO ECONÔMICO
RUBIA MARA PIMENTA DE CARVALHO	JUNTA COMERCIAL DO ESTADO DE MINAS GERAIS
THAMIRES SALES BONUTTI SILVA	CENTRAL EXPORTAMINAS
THIAGO LUIZ RODARTE	SECRETARIA DE ESTADO DE DESENVOLVIMENTO ECONÔMICO - MG
SUBTOTAL = 35	

CONTATO	INSTITUIÇÃO
SALVADOR/BA	
ADEMIVAL JÚNIOR	FACULDADE DOIS DE JULHO
ANA LUISA BAHIA MASCARENHAS	SECRETARIA INDÚSTRIA COMÉRCIO E MINERAÇÃO
ANDRE LUIS PINTO	INICIATIVA PRIVADA
ANDRE LEVIT	INSTITUTO EUVALDO LODI - BA
ANDRE LUIS SABACK COHIN	ASSOCIAÇÃO NACIONAL DOS MUTUÁRIOS - RJ
ANDREA A. DE OLIVEIRA SANTANA	ASCOPLAN - ASSESSORIA CONTABIL E PLANEJAMENTO
ÂNGELO JOSE LEITE OLIVA	SECRETARIA INDÚSTRIA COMÉRCIO E MINERAÇÃO
ANTÔNIO CARLOS SANTOS	COOHBA
ARISTEU BANDARÓ	INSTITUTO BAIANO DE METROLOGIA E QUALIDADE
BIANCA DE PAIVA	SERVIÇO DE APOIO ÀS MICRO E PEQUENAS EMPRESAS - BA
CARLOS AMARAL	FACULDADE DOIS DE JULHO
CARLOS S. ANDRADE	FEDERAÇÃO DO COMÉRCIO - BA
CARLOS DE CARVALHO PAIVA	SECRETARIA DE CIÊNCIA,TECNOLOGIA E INOVAÇÃO
CARMEM LÚCIA RODRIGUES M. COSTA	SECRETARIA INDÚSTRIA COMÉRCIO E MINERAÇÃO
CLAUDIONOR SANTANA MACEDO	SINDICATO DOS CONTADORES - BA
CRISTIANO GUERRA BRASILEIRO	BANCO DO NORDESTE
CRISTINA MARIA QUINTELA	UNIVERSIDADE FEDERAL DA BAHIA
DANIELA MASCARENHA CARDOSO	FEDERAÇÃO DAS ASSOCIAÇÕES DE MICROEMPRESA
DANIELA SOUZA DA SILVA	AGÊNCIA DE FOMENTO DO ESTADO DA BAHIA
DARIUS VINÍCIUS Q. DA SILVA	UNIVERSIDADE DE SALVADOR
EDNALDO T. FERREIRA	CAIXA ECÔNÔMICA FEDERAL
EDSON SANTOS DE JESUS	SECRETARIA INDÚSTRIA COMÉRCIO E MINERAÇÃO
EDUARDO FARIA DALTRO	ASSOCIAÇÃO DE JOVENS/BA
EDUARDO FAUSTO BARRETO	UNIVERSIDADE FEDERAL DA BAHIA
EDVALDO ROMÃO	FÊNIX REPRESENTAÇÕES
ELANO SOLEDADE	EMPRESA BFCM CONSULTORIA
EMERSON GOMES OLIVEIRA	EMPRESA ASCOPLAN CONSULTORES
EUGÊNIO LASSERRE B. BADARÓ	FÓRUM PERMANENTE DAS MPE - BA
FABIANA CARVALHO	INSTITUTO EUVALDO LODI - BA
FABIO TEIXEIRA	SERVIÇO DE APOIO ÀS MICRO E PEQUENAS EMPRESAS - BA
FERNANDA FERRAZ PENA	REDE DE PROPRIEDADE E TRANSFERÊNCIA TECNOLÓGIA - BA
FERNANDO AFONSO TEIXEIRA	FEDERAÇÃO DAS ASSOCIAÇÕES DE MICROEMPRESA
FRANCISCO MONTEIRO	SECRETARIA DE CIÊNCIA,TECNOLOGIA E INOVAÇÃO
FRANCISCO NOBRE	SISTEMA DE INFORMAÇÃO AO CIDADÃO - BA
FREI ROGERIO SOARES	PARÓQUIA NOSSA SENHORA DA LUZ
FRUTOS G. DIAS NETO	FEDERAÇÃO DAS CÂMARAS DE DIRIGENTES LOJISTAS - BA
GEYSA MARA DE BARROS SANTOS	EMPRESA BRASILEIRA DE CORREIOS E TELÉGRAFOS
GILBERTO MARCOS	SERVIÇO DE APOIO ÀS MICRO E PEQUENAS EMPRESAS - BA
GIOVANE ARCANJO	INCUBADORA DE EMPRESA
GLÓRIA FEITOSA	SERVIÇO DE APRENDIZAGEM COMERCIAL - BA
IANE SOUZA	SECRETARIA ESTADUAL DO TRAB. EMPREGO E RENDA - BA
ISABEL CRISTINA OLIVEIRA	FACULDADE DO ESTADO DA BAHIA

CONTATO	INSTITUIÇÃO
IVANA LÚCIA DOS SANTOS SANTIAGO	SECRETARIA DA INDUSTRIA, COMÉRCIO E MINERAÇÃO - BA
JANAÍNA NEVES SILVA	SERVIÇO DE APOIO ÀS MICRO E PEQUENAS EMPRESAS - BA
JANEMARY MONTEIRO NASCIMENTO	FÓRUM PERMANENTE DAS PME - CE
JAQUELINE SOARES	SECRETARIA DA INDUSTRIA, COMÉRCIO E MINERAÇÃO - BA
JEAN FREITAS	SECRETARIA DA INDUSTRIA, COMÉRCIO E MINERAÇÃO - BA
JERÔNIMO JORGE DE ALMEIDA BATISTA	AGÊNCIA DE FOMENTO DO ESTADO DA BAHIA
JOAQUIM GUIMARÃES DOS SANTOS	SECRETARIA DE INDUSTRIA, COMÉRCIO E MINERAÇÃO - BA
JOSÉ ANTÔNIO COELHO DE ALMEIDA	UNIVERSIDADE DE SALVADOR
JURANILDES ARAUJO	SECRETARIA DE COMUNICAÇÃO DO ESTADO DA BAHIA
JUSSARA DE FATIMA AMARAL	SERVIÇO DE APOIO ÀS MICRO E PEQUENAS EMPRESAS - BA
KILDERE ABREU	ASSOC. BRAS. DE DESENV. ECON. DOS MUN. INTEGRADOS
LAUREDITE SILVA TRINDADE	SERVIÇO DE APRENDIZAGEM COMERCIAL - BA
LEANDRO SANDY RODRIGUES	INSTITUTO BAIANO DE METROLOGIA E QUALIDADE
LENA MARIA DE CARVALHO CAVALCANTI	SECRETARIA DO TRABALHO, EMPREGO, RENDA E ESPORTE
LITELTON BISPO PIRES	INSTITUTO EUVALDO LODI - BA
LORENA ROSA S. DE LIRA	SECRETARIA DA INDÚSTRIA, COMERCIO E MINERAÇÃO - BA
LUCIANA FERREIRA MENEZES	SECRETARIA DA INDUSTRIA, COMÉRCIO E MINERAÇÃO - BA
LUCIANO SEIXA IVO	SERVIÇO DE APOIO ÀS MICRO E PEQUENAS EMPRESAS - BA
LUIZ HENRIQUE AMARAL	ASSOCIAÇÃO BRASILEIRA DE BARES E RESTAURANTES
MARCELLE FATESENK	SECRETARIA INDÚSTRIA COMÉRCIO E MINERAÇÃO - BA
MARCELO PEREIRA MELO DULTRA	UNIVERSIDADE SALVADOR
MARCIO RICARDO G. GUEDES	SECRETARIA DE INDUSTRIA, COMÉRCIO E MINERAÇÃO - BA
MARCIO M. L. OITICICA	CONSELHO REGIONAL DE ADMINISTRAÇÃO DA BAHIA
MARIA CECILIA C. B. DE SANTANA	INSTITUTO NACIONAL DE PROPRIEDADE INTELECTUAL
MARIA DA GRAÇA PITIÁ BARRETO	UIVERSIDADE FEDERAL DA BAHIA
MARIA DAS GRAÇAS H. ALVES	DIVISÃO GERAL BAHIA
MARIA DOS PRAZERES SILVA DE SOUZA	UNIVERSIDADE DE SALVADOR
MARIA MICHELENE ALMEIDA	SECRETARIA DE CIÊNCIA, TECNOLOGIA E INOVAÇÃO - BA
MARIA RAMOS NAPOLI	SECRETARIA DA INDUSTRIA, COMÉRCIO E MINERAÇÃO - BA
MARIA THEREZA ANDRADE	SUPERINTENDÊNCIA DE DESENVOLVIMENTO DO TRABALHO
MÁRIO FREITAS	INSTITUTO RECÔNCAVO DE TECNOLOGIA
MÁRCIO RICARDO G. GUEDES	SERVIÇO DE APOIO ÀS MICRO E PEQUENAS EMPRESAS - BA
MÁRIO REZENDE	EMPRESA DONA PROPAGANDA
MAURICIO CARVALHO	ASSEMBLEIA LEGISLATIVA DA BAHIA
MIRIAN LEMOS	SERVIÇO DE APOIO ÀS MICRO E PEQUENAS EMPRESAS - BA
MOACIR VIDAL COSTA	FEDERAÇÃO DAS ASSOCIAÇÕES DE MICROEMPRESA
NILO MEIRA FILHO	BANCO DO NORDESTE
PAULO RICARDO O.M. COUTO	SERVIÇO DE APRENDIZAGEM COMERCIAL - BA
PEDRO AUGUSTO S. FERREIRA	PRODUTOR INDEPENDENTE
RITA DE CÁSSIA RIOS SIMÕES	SERVIÇO DE APOIO ÀS MICRO E PEQUENAS EMPRESAS - BA
ROBERIO IBRAHIM	CONSELHO REGIONAL DE ADMINISTRAÇÃO DA BAHIA
ROBSON COSTA PEREIRA	INCUBADORA DE EMPRESA
RODRIGO PAULINO	CONFEDERAÇÃO NACIONAL DOS JOVENS EMPRESARIOS

CONTATO	INSTITUIÇÃO
SIMONE ARAUJO NETO	SECRETARIA DA ADMINISTRAÇÃO DO ESTADO DA BAHIA
SOLANGE F. NERY	CONSELHO REGIONAL DE ADMINISTRAÇÃO DA BAHIA
TAÍS CARVALHO SILVA	RODRIGUES & VASCONCELOS ADVOGADOS
TALITA ASSIS	FUNDAÇÃO DE AMPARO À PESQUISA DO ESTADO DA BAHIA
TÉRCIO DE M. ROGÉRIO DE SOUZA	NÚCLEO DE INOVAÇÃO TECNOLOGICA - BA
VANESSA WOLNEY SCHIMIDT	SECRETARIA DE ADMINISTRAÇÃO DA BAHIA
VÍVIAN COSTA ALVES	FUNDAÇÃO DE AMPARO À PESQUISA DO ESTADO DA BAHIA
UIRATAN OLIVEIRA SANTOS	FEDERAÇÃO DAS ASSOCIAÇÕES DE MICROEMPRESA
WILSON ANDRADE	FEDERAÇÃO DE ARTE EDUCADORES DO BRASIL
SUBTOTAL = 94	
MINISTÉRIOS - BRASILIA - 14/5/2012	
DIOGO BEZERRA BORGES	MINISTÉRIO DA CIÊNCIA, TECNOLOGIA E INOVAÇÃO
EDGAR ROCCA	FINANCIADORA DE ESTUDOS E PROJETOS
ISOLDA DANTAS	MINISTÉRIO DO DESENVOLVIMENTO AGRÁRIO
LUCIANA GUILHERME	MINISTÉRIO DA CULTURA
LUCILENE SANTANA	MINISTÉRIO DO TRABALHO E EMPREGO
MARCELO CAMARGO	FINANCIADORA DE ESTUDOS E PROJETOS
MARCIA PONTES	MINISTÉRIO DO DESENVOLVIMENTO, INDÚSTRIA E COMÉRCIO EXTERIOR
RENATO CARLOS	SERVIÇO NACIONAL DE APOIO ÀS MICRO E PEQUENAS EMPRESAS
ROCHESTER COSTA	FINANCIADORA DE ESTUDOS E PROJETOS
SANDRA UNGAR	MINISTÉRIO DE EDUCAÇÃO
SILMAR P. RODRIGUES	SERVIÇO NACIONAL DE APOIO ÀS MICRO E PEQUENAS EMPRESAS
VERA HARCAR	REDE DE TECNOLOGIA E INOVAÇÃO DO RIO DE JANEIRO
SUBTOTAL = 12	
MINISTÉRIOS - BRASILIA - 29/5/2012	
AMÁBILE PACIOS	FEDERAÇÃO NACIONAL DE ESCOLAS PARTICULARES
CRISLENE ESTEVAM	MINISTÉRIO DO TRABALHO E EMPREGO
CRISTINA SHIMODA	MINISTÉRIO DE CIÊNCIA, TECNOLOGIA E INOVAÇÃO
DANIELLA PRADO	MINISTÉRIO DO DESENVOLVIMENTO SOCIAL E COMBATE A FOME
DIOGO BEZERRA BORGES	MINISTÉRIO DE CIÊNCIA, TECNOLOGIA E INOVAÇÃO
ELIANA RAMIREZ	INSTITUTO BRASILEIRO DE INFORMAÇÃO EM CIÊNCIA E TECNOLOGIA
FABIO H. SAKATSUME	MINISTÉRIO DA PESCA E AQUICULTURA
FERNANDA NAHUZ	INSTITUTO BRASILEIRO DE INFORMAÇÃO EM CIÊNCIA E TECNOLOGIA
GERALDO MAGELLA	BANCO DO BRASIL
GIANCARLO MURARO	MINISTÉRIO DE CIÊNCIA, TECNOLOGIA E INOVAÇÃO
ILIANA CANOFF	AGÊNCIA NACIONAL DE VIGILÂNCIA SANITÁRIA
JANEMARY MONTEIRO	SECRETARIA DO TRABALHO E DESENVOLVIMENTO SOCIAL - CEARÁ
JOÃO MARIA DE OLIVEIRA	INSTITUTO DE PESQUISA ECONÔMICA APLICADA
JOSÉ AIRTON MENDONÇA	BANCO DO NORDESTE DO BRASIL
LHAIZ NAYANNA	FUNDO NACIONAL DE DESENVOLVIMENTO DA EDUCAÇÃO
LUIZ LESSE M. SANTOS	MINISTÉRIO DA AGRICULTURA, PECUÁRIA E ABASTECIMENTO
MARCELA C. TRAJANO	MINISTÉRIO DA PESCA E AQUICULTURA
MARCOS AURELIO R. SANTOS	MINISTÉRIO DO TURISMO

CONTATO	INSTITUIÇÃO
NEIVA APARECIDA DUARTE	MINISTÉRIO DO TURISMO
NILVANA SOARES	MINISTÉRIO DO TURISMO
PAULO CARNEIRO	MINISTÉRIO DO TRABALHO E EMPREGO
RAUL FERNANDO PORTUGAL	COMISSÃO DE VALORES MOBILIÁRIOS
RAUL SUSTER	INSTITUTO NACIONAL DE PROPRIEDADE INTELECTUAL
ROCHESTER COSTA	FINANCIADORA DE ESTUDOS E PROJETOS
SILMAR P. RODRIGUES	SERVIÇO BRASILEIRO DE APOIO ÀS MICRO E PEQUENAS EMPRESAS
SILVIO HENRIQUE PERFEITO	GOVERNO DO DISTRITO FEDERAL
SILVIO ROBERTO SAKATA	GOVERNO DO DISTRITO FEDERAL
VERA HARCAR	REDE DE TECNOLOGIA E INOVAÇÃO DO RIO DE JANEIRO
SUBTOTAL = 28	
SEMINÁRIO INTERNACIONAL	
ALBINO POLI JUNIOR	SECRETARIA DE POLÍTICAS DE PROMOÇÃO DA IGUALDADE RACIAL
ALESSANDRO VASCONCELLOS DA SILVA	MOPH - DIVISÃO AGE E PROTEÇÃO SOLAR
AMISHA MILLER	ENDEAVOR
ANA CARTAXO B. DE MELO	CENTRO DE APOIO AO DESENVOLVIMENTO TECNOLÓGICO - UNB
RAFAEL LOVIA	ASSOCIAÇÃO DE JOVENS EMPRESÁRIOS - GO
ANA MARIA DE ALMEIDA RIBEIRO	EMPRESA BRASILEIRA DE CORREIOS E TELÉGRAFOS
ANA MARIA OLIVEIRA DE SOUZA	SUPERINTÊNCIA DA ZONA FRANCA DE MANAUS
ANA PAULA DO NASCIMENTO	EMPRESA BRASILEIRA DE CORREIOS E TELÉGRAFOS
ANA ROSA ATIQUE	EMPRESA BRASILEIRA DE CORREIOS E TELÉGRAFOS
ANADETE APOLIANO A. TORRES	BANCO DO NORDESTE DO BRASIL
ANDREA CRISTINA DOS SANTOS	UNIVERSIDADE DE BRASÍLIA
ANDREIA DE JESUS DIAS PEREIRA	SECRETARIA DE ESTADO DA MICRO EMPRESA E ECONOMIA SOLIDÁRIA - DF
ANITA GALLO	CONSULTORIA EM COMÉRCIO EXTERIOR
ANTONIO EVERTON CHAVES JUNIOR	CONFEDERAÇÃO NACIONAL DO COMÉRCIO
ANTONIO LUIZ OL. CORREA DA SILVA	COMPANHIA DE DESENV DOS VALES DO SÃO FRANCISCO E DO PARNAÍBA
ARIJ MOHAMAD RADWAN OMAR CHABRAWI	CENTRO DE APOIO AO DESENVOLVIMENTO TECNOLÓGICO - UNB
BARBARA LAYZA RAMALHO DOS SANTOS	ASSOCIAÇÃO BRASILEIRA DA INDÚSTRIA TÊXTIL E DE CONFECÇÃO
BRUNO MONTEIRO	SECRETARIA DE ESTADO DA MICRO EMPRESA E ECONOMIA SOLIDÁRIA - DF
BRUNO VIEIRA	CENTRO DE APOIO AO DESENVOLVIMENTO TECNOLÓGICO
CACILDA MARIA DE ALMEIDA	SERVIÇO DE APOIO ÀS MICRO E PEQUENAS EMPRESAS - MG
CAIO CORBADO	CORBADO GROUP
CÂNDIDO BORGES	UNIVERSIDADE FEDERAL DE GOIÁS
CARLOS FERRAZ	POLARIS
CARLOS VELOSO	MINISTERIO DO DESENVOLVIMENTO, INDÚSTRIA E COMÉRCIO EXTERIOR
CARLA MIRANDA	MINISTÉRIO DA EDUCAÇÃO
CARLOS ALBERTO DE REZENDE	CONFEDERAÇÃO DAS ASSOCIAÇÕES COMERCIAIS E EMPRESÁRIAIS DO BRASIL
CELIA CRISTINA BARBOSA	CENTRO DE APOIO AO DESENVOLVIMENTO TECNOLÓGICO - UNB
CESAR PANTALEAO A. SILVA	TOTUS
CLEIBES T. RIBEIRO	MINISTÉRIO DA EDUCAÇÃO
CRISTIANO SILVA	CONFEDERAÇÃO NACIONAL DA INDÚSTRIA
DEBORA HORN	ASSOC. NAC. DE ENTIDADES PROMOTORAS DE EMPREEND. INOVADORES

CONTATO	INSTITUIÇÃO
DINIS SANTOS	HALIFAR
DIOGO BEZERRA BORGES	MINISTÉRIO DA CIÊNCIA, TECNOLOGIA E INOVAÇÃO
DUAR PIGNATON	CONFEDERAÇÃO NACIONAL DOS JOVENS EMPRESÁRIOS
EDUARDO MARTINS BORGES	SECRETARIA MICRO PEQUENA EMPRESA ECONÔMIA SOLIDÁRIA
ELANY LEÃO	ASSOCIAÇÃO DOS JOVENS EMPRESÁRIOS DO DF
ELIANA MARIA DE OLIVEIRA SÁ	FEDERAÇÃO DAS INDÚSTRIAS DO ESTADO DE ALAGOAS
ENIO ZAPIERI	CONFEDERAÇÃO NACIONAL DO COMÉRCIO
ERIC VALENZUELA	EMBAIXADA DAS FILIPINAS
EVA BETITA	EMBAIXADA DAS FILIPINAS
EVELEN LOISE	ASSOCIAÇÃO DOS MUNICÍPIOS DO ARAGUAIA, TOCANTINS E CARAJÁS
FÁBIO ROBERTO FOWLER	UNIVERSIDADE FEDERAL DE ITAJUBÁ/MG
FABIO HIDEKI SAKATSUME	MINISTERIO DA PESCA E AQUICULTURA
FABRICIO ZASTAWNY	FEDERAÇÃO BRASILEIRA DE HOSPEDAGEM E ALIMENTAÇÃO
FERNANDA MARTINS VIANA DE CASTRO	CAIXA ECONÔMICA FEDERAL
FERNANDA OLIVEIRA	CENTRO DE APOIO AO DESENVOLVIMENTO TECNOLÓGICO - UNB
FERNANDA PINHEIRO LISBOA	SERVIÇO DE APOIO ÀS MICRO E PEQUENAS EMPRESAS - RJ
FERNANDO PASSALIO	GOVERNO DE MINAS GERAIS
FRANCISCO RIBEIRO DE ALMEIDA	HSM EDUCAÇÃO
GERALDO MAGELLA RIBEIRO JUNIOR	BANCO DO BRASIL
GETULIO VAZ	SERVIÇO BRASILEIRO DE APOIO À MICRO E PEQUENAS EMPRESAS
GIANCARLO MURARO	MINISTÉRIO DA CIÊNCIA, TECNOLOGIA E INOVAÇÃO
GUSTAVO DE PAULA GASBARRO	MINISTÉRIO DO DESENVOLVIMENTO, INDÚSTRIA E COMÉRCIO EXTERIOR
GUSTAVO GORENSTEIN	POUP
HAROLDO CESAR BEZERRA DE OLIVEIRA	BLAZEI BRAZIL
ILDEFONSO CAMARGO	VALORESMEX
INGRID JANSCH PORTO	REDE GAÚCHA DE INCUBADORAS DE EMPRESAS E PARQUES TECNOLÓGICOS
ISOLDA DANTAS	MINISTÉRIO DO DESENVOLVIMENTO AGRÁRIO
IVAN BICUDO	MINISTERIO DO DESENVOLVIMENTO INDUSTRIA E DO COMÉRCIO EXTERIOR
IVANA RESENDE DE OLIVEIRA	COMPANHIA DE DESENV DOS VALES DO SÃO FRANCISCO E DO PARNAÍBA
JANEMARY MONTEIRO	SECRETARIA DE TRABALHO E DESENVOLVIMENTO SOCIAL - CE
JEAN STYLIANOUDAKIS	CAIXA ECONÔMICA FEDERAL
JEAN FREITAS	SECRETARIA DA INDÚSTRIA E DO COMÉRCIO E MINERAÇÃO - BAHIA
JEFERSON NEY AMARAL	SERVIÇO DE APOIO ÀS MICRO E PEQUENA EMPRESA - MG
JOÃO MARIA OLIVEIRA	INSTITUTO DE PESQUISA DE ESTATISTICA APLICADA
JOAQUIM NEVES DE CARVALHO FILHO	FED. DAS ENTIDADES DE MICRO E PEQUENAS EMPRESAS DE PEQUENO PORTE
JOSEALDO TINNOLO	UNIVERSIDADE FEDERAL DE ALAGOAS
JOSÉ AVANDO SOUZA SALES	ASSOCIAÇÃO TELECENTRO DE INFORMAÇÃO E NEGÓCIO
JOSE PORTELLA	MINISTERIO DO PLANEJAMENTO
JOSE TARCISIO DA SILVA	CONFEDERAÇÃO NAC. DAS MICRO EMPRESAS E EMPRESA DE PEQUENO PORTE
JOSE PAULO LOUREIRO FILHO	MINISTERIO DO TRABALHO E EMPREGO
JEAN FREIRAS	SECRETARIA DA INDÚSTRIA, COMÉRCIO E MINERAÇÃO - BA
JULIANA DIB	CENTRIA PARTNERS
JULIANA KROETZ CEZIMBRA	SECRETARIA DE ECONOMIA SOLIDÁRIA E APOIO À MICRO E PEQ. EMPRESA

CONTATO	INSTITUIÇÃO
JULIO CESAR DURANTE	SERVIÇO DE APOIO ÀS MICRO E PEQUENAS EMPRESAS - SP
JULIO MARIANO	TRAMITTY BUSINESS TO GOVERNMENT
KAELL CRUZ BARROS	EDITORA KELPS
KARLA RUAS BARCELLOS DO MONTE	CAIXA ECONÔMICA FEDERAL
LAURA NASCIMENTO MOREIRA	MINISTÉRIO DO TRABALHO E EMPREGO
LENDRO ROBERTO DOMINIQUINI	BANCO DO ITAU S.A
LEANTHO LIMIRIO GONÇALVES	SECRETARIA DE INDUSTRIA E COMÉRCIO - GO
LELIO ALBERTO SARTINI	CAIXA ECONÔMICA FEDERAL
LENNA CARVALHO	SECRETARIA DE TRABALHO, RENDA, EMPREGO E ESPORTE
LIANE CANDIOTTO GUIMARÃES CUNHA	SECRETARIA DE INDUSTRIA E COMERCIO - GO
LILIAM SANTOS	ASSOCIAÇÃO BRASILEIRA DE AUTOMAÇÃO
LIPEL CUSTODIO	ABIMÓVEL
LIVIA CARLA MACHADO	CENTRO DE APOIO AO DESENVOLVIMENTO TECNOLÓGICO - UNB
LORENA SOARES	CENTRO DE APOIO AO DESENVOLVIMENTO TECNOLÓGICO - UNB
LUCAS VIEIRA MATIAS	MINISTÉRIO DA FAZENDA
LUCIA VIEIRA	FEDERAÇÃO DO COMÉRCIO DE BENS, SERVIÇOS E TURISMO - MG
LUCIMARY GOMES MONTENEGRO	M5 ETIQUETAS
LUIS FELIPE S. T. CARVALHO	PONTIFÍCIA UNIVERSIDADE CATÓLICA DO RIO DE JANEIRO
LUIZ CARLOS REBELATTO DOS SANTOS	WERT CONSULTORIA E TREINAMENTO
LUIZ SOARES DO NASCIMENTO JUNIOR	SECRETARIA DO TRABALHO E DESENVOLVIMENTO SOCIAL - CE
LUIZA BARCELOS	SECRETARIA DE POLÍTICAS DE PROMOÇÃO DA IGUALDADE RACIAL
MARCELO LIMA COSTA	MCL CONSULTORIA
MARCIA DE SOUZA PONTES	MINISTERIO DESENVOLVIMENTO, INDÚSTRIA E COMÉRCIO EXTERIOR
MARCIA DIAS RAMOS	SECRETARIA DE ESTADO DO TRAB. EMPREGO E ECON. SOLIDÁRIA
MARCIO PADILHA	ASSOCIAÇÃO DE JOVENS EMPRESÁRIOS
MARCOS ANDRÉ FARIAS DE OLIVEIRA	SECRETARIA DE TRABALHO, QUALIFICAÇÃO E EMPREENDEDORISMO
MARIA ANGELA MACHADO	SERVIÇO BRASILEIRO DE APOIO À MICRO E PEQUENAS EMPRESAS
MARIA APARECIDA ROSA V. B. BOGADO	SERVIÇO BRASILEIRO DE APOIO À MICRO E PEQUENAS EMPRESAS
MARIA CLEIDE M. SILVA	BANCO DA AMAZÔNIA
MARIA HELENA ATRASAS	MINISTERIO DO DESENVOLVIMENTO, INDÚSTRIA E COMÉRCIO EXTERIOR
MARIA LUIZA COSTA	RM CONSULTORIA
MARIA DE NAZARE BEZERRA DE OLIVEIRA	SECRETARIA EDUCAÇÃO PROFISSIONAL E TECNOLOGICA
MARIA TERESA RODRIGUES REZENDE	INSTITUTO NACIONAL DE METROLOGIA, QUALIDADE E TECNOLOGIA
MARISA BRANDÃO MARTINS	JUNIOR ACHIEVEMENT - GOIÁS
MARIZA DAS GRAÇAS BARBOSA CRUZ	SECRETARIA DE ESTADO DE INDÚSTRIA E COMÉRCIO
MAURO ODDO NOGUEIRA	INSTITUTO DE PESQUISA DE ESTATISTICA APLICADA
MICHELLE MARQUES	CENTRO DE APOIO AO DESENVOLVIMENTO TECNOLÓGICO
MOISES ANTONIO BORTOLOTTO	CONFEDERAÇÃO NACIONAL DAS PROFISSÕES LIBERAIS
MURILO AUGUSTO CARRETEIRO CHAVES	SECRETARIA DE INDÚSTRIA, COMÉRCIO E MINERAÇÃO
MURILO DE SOUSA BORGES	SANPLASTIC EMBALAGENS
MYRIAM DAMIANI DUARTE GODOY	MINISTERIO DAS COMUNICAÇÕES
NATALIA VERIDIANA OLIVEIRA	ABIMÓVEL
OLIVIA VOLKER RAUTER	JUNIOR ACHIEVMENT - DF

CONTATO	INSTITUIÇÃO
PATRICK WALLACE	CENTRO DE APOIO AO DESENVOLVIMENTO TECNOLÓGICO
PAULO JOSE WANDERLEY BRAGA	BANCO DO NORDESTE DO BRASIL
PAULO DE ROCHA FERREIRA BORBA	BANCO CENTRAL DO BRASIL
PEDRO EUGÊNIO DE CASTRO TOLETO CABRAL	COMISSÃO PERMANENTE DE MICRO E PEQUENA EMPRESA
POLIANNA BUGARIN	SECRETARIA DO PLANEJAMENTO DESENV. ECONÔMICO DE ALAGOAS
PRISCILA DOS SANTOS	MINISTERIO DESENVOLVIMENTO, INDÚSTRIA E COMÉRCIO EXTERIOR
RAAD MASSOUH	SECRETARIA DE ESTADO DA MICRO EMPRESA E ECONOMIA SOLIDÁRIA - DF
RAEL MAIRESSE	CONFEDERAÇÃO BRASILEIRA DE EMPRESAS JUNIORES
RAUL CURRO	MINISTERIO DO DESENVOLVIMENTO, INDÚSTRIA E DO COMÉRCIO EXTERIOR
RAUL PORTUGAL	COMISSÃO DE VALORES MOBILIÁRIAS
RENATO CASTELO	SERVIÇO BRASILEIRO DE APOIO À MICRO E PEQUENAS EMPRESAS
RENATO DE LIMA DIAS	EMATER
RENATO ROSSI	CONFEDERAÇÃO DAS ASSOCIAÇÕES COMERCIAIS E EMPRESÁRIAIS DO BRASIL
RICARDO LIMONGI FRANÇA COELHO	UNIVERSIDADE FEDERAL DE GOIÁS
ROBERT PARKINSON	ANDE POLO BRASIL
RODOLFO RAJA GABAGLIA ARTIAGA	SECRETARIA DE INDÚSTRIA E COMÉRCIO
ROQUE ALVES	MINISTÉRIO DO PLANEJAMENTO, ORÇAMENTO E GESTÃO
ROSANGELA MEDEIROS	CENTRO DE APOIO AO DESENVOLVIMENTO TECNOLÓGICO
ROSANGELA RIBEIRO	CENTRO DE APOIO AO DESENVOLVIMENTO TECNOLÓGICO
RUI DIAS DA COSTA	FEDERAÇÃO DAS INDÚSTRIAS DO ESTADO DE GOIÁS
SANDRA MARIA SILVA UNGAR	MINISTÉRIO DA EDUCAÇÃO
SHEILA O. PIRES	ASSOC. NAC. DE ENTIDADES PROMOTORAS DE EMPREEND. INOVADORES
SILMAR P. RODRIGUES	SERVIÇO BRASILEIRO DE APOIO À MICRO E PEQUENAS EMPRESAS
SILVIO R. SAKATO	SECRETARIA DE ESTADO DA MICRO EMPRESA E ECONOMIA SOLIDÁRIA - DF
SOILA BRILHANTE	UNIVERSIDADE FEDERAL DO PARÁ
SULAMITA A. PORTO	FEDERAÇÃO DAS INDÚSTRIAS DO ESTADO DE GOIÁS
TAIS PEREIRA VILELA	CAIXA ECONÔMICA FEDERAL
TATIANA DORIA	CAIXA ECONÔMICA FEDERAL
TELEZAIDA A. SILVA	Z.A.EMPREENDIMENTOS
THIAGO CUNHA SOARES	SERVIÇO BRASILEIRO DE APOIO À MICRO E PEQUENAS EMPRESAS
THIAGO DE SOUZA PEIXOTO	SECRETARIA DE INDUSTRIA E COMÉRCIO - GO
TIAGO MENEZES MACHADO	RECEITA FEDERAL DO BRASIL
UBAJARA BEROCAN LEITE	MINISTÉRIO DA INTEGRAÇÃO NACIONAL
VALTER CESAR PAGANI	PAGANI & ATIQUE REPRESENTAÇÕES.
VINICIUS O. RIBEIRO	MINISTERIO DO PLANEJAMENTO
VIVIANE ANDRESSA PINTO	SERVIÇO DE APOIO À MICRO E PEQUENA EMPRESA - RS
VIVIANE FERRAN	SERVIÇO DE APOIO À MICRO E PEQUENA EMPRESA - RS
WANDERLEY SILVA JUNIOR	TOTVS
WANY LEITE PASQUARELLI	CONFEDERAÇÃO NACIONAL DO COMÉRCIO
SUBTOTAL = 156	
TOTAL GERAL DE PARTICIPANTES NAS OFICINAS E SEMINÁRIO INTERNACIONAL = 483	